Ausführliche Informationen zu jedem unserer lieferbaren und geplanten Bücher finden Sie im Internet unter www.junfermann.de – mit ausführlichem Infotainment-Angebot zum JUNFERMANN-Programm ... mit Newsletter und Original-Seiten-Blick ...

Besuchen Sie auch unsere e-Publishing-Plattform www.active-books.de – mittlerweile rund 250 Titel im Angebot, mit zahlreichen kostenlosen e-Books zum Kennenlernen dieser innovativen Publikationsmöglichkeit.

Übrigens: Unsere e-Books können Sie leicht auf Ihre Festplatte herunterladen.

Eine Auswahl von e-Books bei www.active-books.de

Schmidt-Tanger, Martina: „Glaube versetzt Berge" (kostenlos)
Seiwert, Lothar J.: „Zeit-Balance" (kostenlos)
Lenk, Wolfgang: „Heilungsstrategien des Jesus von Nazareth aus NLP-Sicht" (kostenlos)
Grochowiak, Klaus: „Vom Glück und anderen Sorgen" (€ 6,50)
Birkenbihl, Vera F.: „Sprache als Instrument des Denkens" (€ 6,00)
Reschkowski, Robert: „Schule der Sinnlichkeit" (€ 6,00)
Fiolka, Eckart & Rückerl, Thomas: „Positive Gesprächsführung" (€ 5,00)
Betz, Roland: „Menschen motivieren: Die 18 wichtigen Erfolgsgesetze" (€ 2,00)

Layout: Martina Lorenz

Druck: Media-Print, Paderborn

Bibliographische Information der Deutschen Bibliothek
Die Deutsche Bibliothek verzeichnet diese Publikation in der Deutschen Nationalbibliographie; detaillierte bibliographische Daten sind im Internet über http://dnb.ddb.de abrufbar.

ISBN 3-87387-570-5

Martin Weiss

Quest

Die Sehnsucht nach dem Wesentlichen

Junfermann Verlag . Paderborn
2004

INHALT

Für Maren & Rocco

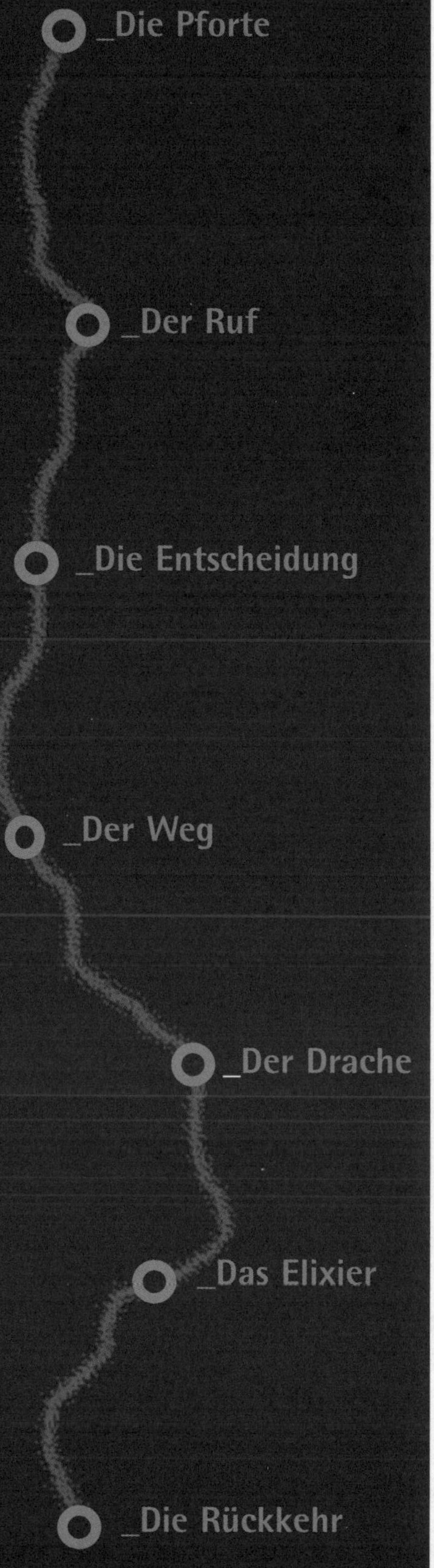
_Die Pforte
_Der Ruf
_Die Entscheidung
_Der Weg
_Der Drache
_Das Elixier
_Die Rückkehr

PROLOG

Im Laufe eines jeden Lebens stellen sich
immer wieder dieselben Fragen.
Das, was sich ändert, sind die Antworten.
Octavio Paz

_Die Pforte

_Der Ruf

_Die Entscheidung

_Der Weg

_Der Drache

_Das Elixier

_Die Rückkehr

Warum Quest?

1994 war ich als NLP-Experte an einem Projekt beteiligt, in dem für eine Franchisekette ein so genannter »Markencharakter« entwickelt wurde – quasi ein unverwechselbares Aushängeschild, das die Tonalität der gesamten Werbemaßnahmen vorgibt.

Bei meinen Recherchen stolperte ich in einem Buch vollkommen unvermutet über eine Spur, die mich im Laufe der darauf folgenden Jahre zu einer Reihe von Entdeckungen führen sollte, aus denen letztendlich **Quest** hervorgegangen ist.

In dem Buch[1] hieß es sinngemäß, dass man die Mythen und Märchen unserer Zivilisation studieren solle, um eine Marke zu schaffen, die Menschen auf einer sehr tiefen Ebene anspreche. Es wurde auf die Arbeit eines gewissen Joseph Campbell verwiesen, dessen Werk unter anderem die Grundlage für die *Star Wars*-Saga von George Lucas gebildet haben sollte.

Von Campbell hatte ich bis dahin noch nie gehört. Von George Lucas dagegen sehr wohl. *Star Wars* hatte auf mich – wie auf viele andere meiner Generation – eine starke und intensive Faszination ausgeübt. Die gesamte Trilogie hatte ich gut und gerne siebenmal gesehen, und ich war jedes Mal aufs Neue von der epischen Wucht der Saga berührt worden. Aber worin eigentlich der genaue Reiz lag, den *Star Wars* auf mich ausübte, vermochte ich nicht zu sagen.

Sicher: Die Weltraumaufnahmen waren atemberaubend, die fremden Welten fantasievoll und zugleich bestechend realistisch dargestellt worden. Aber es gab später durchaus Filme, die *Star Wars* technisch um Längen überboten – und denen doch das gewisse »Etwas« fehlte.

Aber was war dieses »Etwas«?
Neugierig begab ich mich auf die Suche nach Campbells Arbeit und wurde schnell fündig. Sein Buch »Die Kraft der Mythen«, das auf einer amerikanischen Fernsehserie mit millionenfacher Einschaltquote beruht, war ein in Interviewform gehaltener Streifzug durch die Mythen der Urzeit bis hin in die Moderne.

Verwundert und verblüfft las ich, wie Campbell die Mythen vergangener Zeiten und Kulturen untersucht und ein Muster entdeckt hatte, das sich wie ein roter Faden durch indianische, griechische, spanische, japanische, ägyptische oder biblische Geschichten und Erzählungen zog.

Jonas, der vom Wal verschlungen wurde, Prometheus, der den Göttern das Feuer stahl, Ödipus, der seinen Vater erschlug und seine eigene Mutter heiratete – sie alle sind Helden einer grundlegenden Geschichte, die George Lucas aufgegriffen und in *Star Wars* wiedergegeben hatte.

Mein Instinkt sagte mir, dass hier der Schlüssel für die Faszination liegen konnte, die von *Star Wars* ausging. Vielleicht, so dachte ich mir, waren Mythen Ausdruck von etwas, das tief in uns verborgen lag. Und vielleicht gelang es Lucas, mit dieser tiefen Ebene in uns in Kontakt zu treten und eine Saite zum Schwingen zu bringen.

Nachdenklich und in höchstem Maße inspiriert legte ich das Buch zur Seite und beschloss, dass ich irgendwann zu Campbells Arbeit zurückkehren würde. Das war, wie gesagt, 1994.

Krisenzeiten

1995 schlitterte ich in eine Krise. Ungewollt. Gegen meinen Willen begann sie schleichend um sich zu greifen und vertiefte sich dann mit einigen beruflichen Rückschlägen rapide. Was auch immer ich anfasste, es glückte einfach nicht. Bis dahin war ich beruflich durchgehend erfolgreich gewesen. Wenn ich mir etwas vorgenommen hatte, konnte ich es früher oder später erreichen. Natürlich war ich schon ein paar Mal auf die Nase gefallen – aber ich hatte mich ebenso schnell wieder aufgerappelt und war weitergegangen.

Das änderte sich jetzt. Irgendetwas passte einfach nicht in meinem Leben, und wo ich sonst schnell Aufträge an Land zog, packte mich eine gähnende Leere und warf mich zurück. Auf mich selbst zurück, würde ich heute sagen, aber damals habe ich das ganz anders gesehen. Streit, Schwierigkeiten, Enttäuschungen – die Kette an Widrigkeiten schien nicht abzubrechen. Ich fluchte, regte mich auf, verzog mich niedergeschlagen unter die Bettdecke, biss die Zähne zusammen, stand wieder auf und sagte mir immer wieder: »Da musst du jetzt durch. Jetzt ist eben mal dein Wille gefragt.« Aber alles in allem beschlich mich immer wieder das Gefühl, dass ich etwas ganz Wesentliches übersah und all meine psychologischen Kenntnisse in dieser Situation versagten. Hier war etwas zugange, das ich nicht begriff.

Joseph Campbell (1904 - 1987)

Ich hatte keine Ahnung, dass ich mich auf einer so genannten »Nachtmeerfahrt« befand. Einer Art Midlife-Crisis, die mich mit 35 Jahren zugegebenermaßen ungewöhnlich früh erwischte, die aber in Symptomen, Ausprägung und Lebensgefühl dem in vielen Mythen geschilderten Abstieg in die Unterwelt ähnelte.

Eines Samstagabends surfte ich mehr aus Langeweile denn aus echtem Interesse im Internet und entdeckte zufällig eine Site, die sich mit »König Ödipus« befasste. Etwas in mir begann zu läuten, und so lud ich mir eine Zusammenfassung dieses griechischen Dramas samt einigen Interpretationen auf meinen PC, legte mich mit dem Ausdruck auf mein Sofa und begann zu lesen. Je mehr ich in die jahrtausende alte Geschichte hineinglitt, desto intensiver hatte ich das Gefühl, dass ich von Ödipus lernen konnte: Ödipus erschlägt – ohne es zu wissen – seinen Vater und heiratet seine Mutter. Er wird König von Theben und regiert einige Jahre erfolgreich, bis das Reich von schweren Plagen heimgesucht wird. Ein blinder Seher prophezeit ihm, dass die Plagen erst verschwänden, wenn der Mörder des Vaters gefunden wäre. Als schließlich die Wahrheit ans Tageslicht kommt, blendet Ödipus sich selbst und wird ins Exil verstoßen. Dort aber entwickelt sich Ödipus zum Weisen und erlangt am Ende seines Lebens einen Platz an der Tafel der Götter.

In jener Samstagnacht begann mir zu dämmern, dass der Schlüssel zu meiner Krise nicht in oberflächlichen »Jetzt-geht's-mir-wieder-gut«- Maßnahmen zu finden sein konnte, sondern dass es darum ging, etwas tiefer Verborgenes zum Vorschein zu bringen. So wie König Ödipus' Reich Theben von Plagen heimgesucht wurde, um zu erkennen, was er falsch gemacht hatte, so war auch mein Leben »geplagt«, weil ich nicht sehen wollte, was eigentlich offensichtlich war: Ich hatte mich festgebissen in ein äußerliches Image und in einen für mich unpassenden Beruf (Marketing), der nicht meinem Inneren entsprach. Aus der großen Kluft zwischen innen und außen war eine schwerwiegende Unzufriedenheit emporgestiegen, deren Ursprung ich jedoch nicht bei mir selbst, sondern im Äußeren vermutete. Und weil ich wirklich glaubte, dass andere Leute an meiner Situation schuld seien, hatte ich mich in eine Spirale des Streites verstrickt und mich damit zunehmend von meiner Umwelt isoliert. Ich war frustriert, enttäuscht und verärgert.

Erst als ich wie Ödipus meine Augen, die immer nur nach außen gerichtet waren, blendete und nach innen sah, erkannte ich die wahren Ursachen meiner Lebenssituation. Und siehe da: Mit der Einsicht, dass ich einen falschen Weg eingeschlagen und mich verirrt hatte, begann sich meine Situation nach und nach zu bessern.

Die Rückkehr
In dem Maße, wie sich die Krise aus meinem Leben zurückzog, wuchs in mir der Wunsch heran, aus meinen Erfahrungen zu lernen und herauszufinden, was man tun kann, damit einen diese Art von Krise nicht so hart erwischt – oder wie man mit ihr umgeht, wenn man in sie hineingerutscht ist.

In dieser Zeit kehrte Campbells Arbeit in mein Leben zurück. Diesmal in Gestalt eines Buches von Christoph Vogler[2], einem amerikanischen Drehbuchexperten, der unter anderem für die Disney-Studios gearbeitet hatte.

Obwohl ich selbst schon einige Kurzgeschichten und ein Hörspiel geschrieben hatte, entdeckte ich nun zu meinem Erstaunen, dass in der Welt von Drehbuchautoren Campbells »Heldenreise« ein fester Bestandteil von fast jedem »Storyboard« war – ja, dass Drehbücher von »Scriptdoktoren« wie Vogler darauf hin untersucht wurden, wie konsequent und gekonnt sie die mythischen Motive anwandten.

Die Macht des Mythos

Durch Voglers Arbeit erkannte ich etwas sehr Wesentliches: Ob *Der Zauberer von OZ*, *Unheimliche Begegnung der dritten Art*, *Das Schweigen der Lämmer*, *Der Pferdeflüsterer*, *Harry Potter* oder *Titanic*: Jeder dieser Filme (und jedes der Bücher) fußt auf dem Muster von Campbell und erzählt die gleiche Geschichte in stets neuem Gewand.

Und nach und nach begann ich zu begreifen, wie machtvoll Mythen sind. Ob sie sich als Abenteuererzählung eines Schamanen beim Flackern eines nächtlichen Lagerfeuers verwirklichten, in den kunstvollen Dramen eines Sophokles zum Vorschein kamen oder im 21. Jahrhundert als schillernde Kinospektakel zelebriert wurden – die zeitlose Botschaft der Mythen hatte stets einen Weg gefunden, sich mitzuteilen.

Worin aber besteht diese Botschaft?

Die Reise des Helden

Rein oberflächlich betrachtet scheint es sich zunächst um eine Abenteuergeschichte zu handeln, die trotz vieler Abwandlungen stets einem gleichen Grundgerüst folgt.

Die normale Welt
Ein Held lebt in einer »normalen Welt«.

Eines Tages ereilt den Helden ein Ruf – entweder als Inspiration (Lebensziel, Vision), oft aber auch in Form eines Problems, das die »normale Welt« bedroht und gelöst werden muss.

Die neue Welt
Der Held begibt sich auf die Reise in eine »neue Welt«, wo er Erfahrungen sammelt, Prüfungen meistert und Freunde gewinnt.

Auf dem Höhepunkt des Abenteuers wird der Held mit einer großen Herausforderung (dem Drachen) konfrontiert.

Meistert der Held die Herausforderung, wird er mit einem »Schatz« belohnt: Er gewinnt nicht nur das Herz der Frau, das Geld oder Gold, sondern auch die Lösung für das Problem (das Elixier), weswegen er aufgebrochen ist. Vor allem aber ist der Held persönlich gereift, oft sogar ein bisschen »weiser« geworden.

Rückkehr in die normale Welt
Der Held kehrt mit dem Schatz zurück in die »normale Welt« und löst das »Problem«.

Das ist die Geschichte, wie sie nach außen hin scheint.

Aber Campbell verweist darauf, dass dieses äußerliche Abenteuer sinnbildlich für eine Suche im Inneren steht: »Diese ganzen verschiedenen Mythologien zeigen uns dieselbe wesentliche Suche. Man verlässt die Welt, in der man ist, und geht in eine Tiefe oder in eine Ferne oder eine Höhe hinauf. Dann gelangt man zu dem, was einem in der Welt, die man zuvor bewohnte, bewusstseinsmäßig fehlte.«[3]

Es geht also im Wesentlichen um eine persönliche Entwicklung

Campbell drückt dies an anderer Stelle so aus: »Es geht darum, sich vom Schauplatz der Erscheinungen ... zurückzuziehen und die ursächlichen Zonen der Seele aufzusuchen, wo die wahren Schwierigkeiten liegen, um dort die Hemmnisse aufzuklären und bei sich selbst ... zu überwinden.«[4]

Demnach ist die Heldenreise eine Metapher für eine innere Verwandlung:

_Etwas in unserem Leben ruft uns auf, uns auf eine Reise zu begeben. Entweder eine Inspiration (wir sind fasziniert von einem bestimmten Thema) oder als Problem (etwas in unserem Leben passt nicht, wie bei mir in meiner Krisenphase).

_Man begibt sich auf eine Reise nach innen.

_Dort entdeckt man die Ursachen des Problems: einen »Drachen«, der einen Schatz hütet.

_Meistert man die Herausforderung des »Drachens«, so gewinnt man einen Schatz (Einsichten, innerliche Stärken und Ressourcen etc.), mit dem man in die »normale Welt« zurückkehrt und für Veränderung sorgt.

Genau darum geht es bei **Quest**.

Die Stationen der Reise

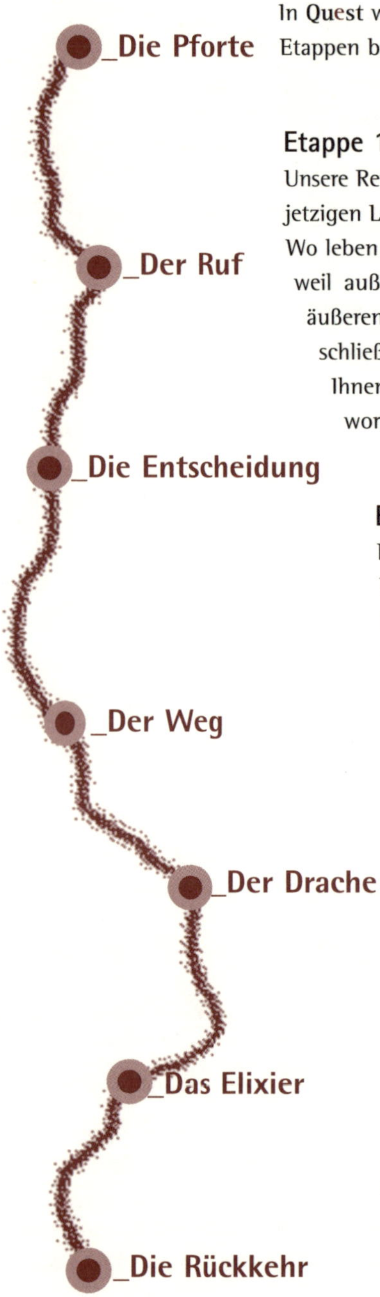

In **Quest** werden wir also gemeinsam eine Reise antreten, die aus folgenden Etappen besteht:

Etappe 1: Die Pforte

Unsere Reise beginnt genau da, wo wir uns momentan befinden: in unserer jetzigen Lebenssituation. Wir beginnen mit den äußeren Lebensumständen: Wo leben Sie? Wie leben Sie? Was läuft gut? Was könnte besser sein? Und weil außen wie innen ist, wie ein altes Sprichwort sagt, spiegeln diese äußeren Lebensumstände unsere Innenwelt wider. Darum werden wir abschließend eine erste Inventur von dem vornehmen, was Sie lieben, was Ihnen Freude bereitet, womit Sie hadern und worin Sie schwach und worin Sie stark sind.

Etappe 2: Der Ruf

Damit wir uns auf die Suche nach dem Wesentlichen begeben können, müssen wir wissen, wohin die Reise gehen soll. Welches Lebensziel, welche Lebensaufgabe steht für Sie an? Das sind große Fragen (engl. Questions), aber: Die Antwort ist bereits in Ihnen. Es kommt lediglich darauf an, den Ruf in uns zu hören.

Etappe 3: Die Entscheidung

Sich seiner Lebensaufgabe zu stellen, heißt oft, etwas Vertrautem, dem man entwachsen ist, den Rücken zuzukehren und sich etwas ganz Neuem zuzuwenden. Etwas Neues zu wagen, heißt jedoch auch: sich auf das Unbekannte einzulassen. Und genau an dieser Stelle kommen Ungewissheiten auf: Was werden die anderen dazu sagen? Was, wenn die ganze Sache schief geht? Was, wenn ich versage?

Diese Zweifel sind normal. Dennoch ist es wichtig, an dieser Stelle der gemeinsamen Reise eine Entscheidung zu treffen: Sind Sie bereit, die Schwelle zu überschreiten und sich auf Ihr neues Abenteuer einzulassen?

Etappe 4: Der Weg

Als Nächstes erkunden Sie Ihren Weg. Welche Richtung schlagen Sie ein? Was werden Sie unternehmen, um Ihre Lebensaufgabe zu realisieren? Wer wird Sie begleiten? Wer kann Ihnen helfen? Über welche Ressourcen und Hilfsmittel verfügen Sie bereits? Welche benötigen Sie noch?

Etappe 5: Der Drache

In den Mythen und Märchen begegnet der Held früher oder später seiner größten Herausforderung: dem Drachen. Der Drache steht symbolisch für eine Seite in uns, die uns bekämpft. Die uns das Leben schwer macht. Die uns im Wege steht.

Wenn wir aber von Großem träumen, wenn wir wirklich etwas Neues schaffen wollen, müssen wir uns dieser Seite stellen. Jedoch nicht, um sie zu bekämpfen, zu bedrängen und im Zaum zu halten. Sondern um uns mit ihr zu versöhnen.

Etappe 6: Das Elixier

Erst wenn wir dem transformierten Drachen einen angemessenen Platz in unserem Leben einräumen, können wir uns seinen Schatz, das Elixier erschließen.

Dieses Elixier ist das »Wesentliche«, nach dem wir suchen.

Etappe 7: Die Rückkehr

Sobald Sie das Wesentliche entdeckt haben, gilt es, Ihr Elixier ins echte Leben zurückzubringen – und in Ihrem Alltag anzuwenden. Sie lernen bodenständige Methoden und Maßnahmen kennen, wie Sie auch große Ziele Schritt für Schritt realisieren.

Reisevorbereitungen

Bevor wir unsere gemeinsame Reise antreten können, lassen Sie uns noch ein paar Vorbereitungen treffen.

Die Filme

In **Quest** beziehe ich mich immer wieder auf vier Filme, die zu den erfolgreichsten Werken in unseren westlichen Breitengraden zählen. Falls Sie keinen dieser Titel gesehen haben oder Ihr Besuch im Kino schon lange zurückliegt, empfehle ich Ihnen, sich vielleicht einen oder mehrere der folgenden Filme zu beschaffen:

_*Titanic* von James Cameron, der von einer der größten Schiffskatastrophen unserer Zeit berichtet.

_*Harry Potter und die Kammer des Schreckens* von Joanne K. Rowling.

_*Star Wars* von George Lucas, die Saga um Luke Skywalker, die in den Episoden vier bis sechs erzählt wird.

_*Die fabelhafte Welt der Amélie* von Jean-Pierre Jeunett, der als europäischer Kunstfilm einen Gegenpol zu den amerikanischen Hollywood-Produktionen bildet.

Es reicht vollkommen, wenn Sie einen dieser Filme gesehen (oder *Harry Potter* als Buch gelesen) haben. Es geht aber auch ohne.

So arbeiten Sie optimal mit Ihrem Quest-Buch

Obwohl wir uns in diesem Buch mit sehr tiefgründigen Themen befassen, handelt es sich bei der Ausgabe, die Sie nun in Händen halten, um ein Arbeitsbuch. Theorie ist schön, Praxis ist jedoch um ein Vielfaches besser.

Damit Sie Ihre Berufung herausfinden und sich inspirierende Lebensziele setzen können, ist das Buch nach einem ganz bestimmten Prinzip aufgebaut, das wie folgt funktioniert:

1. Lassen Sie sich inspirieren

In **Quest** erzähle ich Ihnen viele Geschichten und Erlebnisse, die Sie zum Nachdenken inspirieren können. Nehmen Sie sich deswegen bei der Lektüre einen Stift zur Hand, um ganz spontan Ihre Gedanken, Einfälle und Ideen zu notieren. Ich habe Ihnen dafür extra neben dem Text Platz gelassen.

Dabei spielt es keine Rolle, ob Sie ganze Sätze oder einfach nur Stichworte notieren: Fangen Sie einfach auf, was innerlich nach oben steigt, wenn Sie den Text lesen.

2. Nutzen Sie die Übungen, um Ihre Inspirationen zu vertiefen

In jeder Etappe von **Quest** finden Sie Übungen, die Sie dabei unterstützen, Ihre Einfälle, Ideen und Intuitionen zu erforschen.

3. Schreiben Sie abschließend Ihr »Lebensdrehbuch«

Am Ende einer Etappe lade ich Sie, sich selbst als Held oder Heldin in ihrem eigenen Lebensfilm vorzustellen. Wenn Sie zu denen gehören, die solche Übungen ungern schriftlich machen, reicht es vollkommen, wenn Sie sich einige Minuten Zeit nehmen und Ihren »Film« einfach in Ihrer Fantasie wahrnehmen. Mehr dazu erzähle ich Ihnen im nächsten Kapitel »Die Pforte«.

Wichtig: Lassen Sie Quest wirken.

Viele Menschen, die an **Quest** gearbeitet haben, berichteten mir, dass die Inhalte auch dann noch in Ihnen arbeiteten, wenn sie sich etwas anderem widmeten. Dem Abwasch zum Beispiel, der Beantwortung von E-Mails oder einem feuchtfröhlichen Abend mit Freunden. Gut möglich, dass mitten in einem Gespräch oder beim Auskratzen eines angebrannten Topfes plötzlich Intuitionen und Einfälle in Ihnen aufsteigen, die Ihnen etwas Wesentliches deutlich machen. Lassen Sie sich einfach überraschen.

Der digitale Fundus

Quest gab es zu Anfang nur als reines Online-Seminar, das ich über das Internet gegeben habe. Sie finden deswegen weiteres Bonus-Material im Internet unter der Adresse *http://das-buch.qu-e-st.de*: häufig gestellte Fragen und deren Antworten, interaktive Coachingprozesse, mit denen Sie Ihre persönliche Entwicklung bei **Quest** unterstützen können, sowie zusätzliche Hintergrundinformationen. Sie benötigen zur Freischaltung Ihres persönlichen Zugangs dieses Buch. Besuchen Sie dazu einfach die oben genannte Internetadresse und melden Sie sich als Mitglied an.

Die Anhänge

Am Ende des Buches finden Sie weitere Arbeitsmaterialien:

Literaturliste

Dieses Buch fußt auf einer Vielzahl von Ideen, Ansichten und Ausführungen anderer Menschen. Um Ihnen einen Wust von Fußnoten ersparen und Ihnen zugleich weitere Lesetipps vorschlagen zu können, habe ich am Ende meine Inspirationsquellen zusammengetragen.

Meine persönliche Geschichte

Sie finden in jedem Kapitel persönliche Erlebnisse aus meinem eigenen Leben, die ich der Orientierung halber in einem Zeitstrahl zusammengefasst habe.

Dabei werden Sie feststellen, dass mein eigener Weg keineswegs gradlinig verlief, sondern dass ich eine ganze Reihe von »Schlenkern« passieren musste, wovon sich einige als Sackgasse entpuppten.

Es liegt mir ungemein am Herzen, dass Sie sehen, dass ich weit davon entfernt bin, ein »perfekter« Mensch zu sein. Und ich führe auch keineswegs ein »perfektes« Leben. Ich habe – wie alle anderen Menschen auch – meine Schwächen, und ich kann Ihnen versichern, dass noch viele »Entdeckungen« vor mir liegen.

So, nun aber genug der einleitenden Worte.

Es wird Zeit, dass wir die Reise antreten.

Sind Sie bereit?

Anmerkungen

Web-Tipp

Wie weiter vorne schon erwähnt, finden Sie auf der Website mit der Internet-Adresse *http://das-buch.qu-e-st.de* zusätzliche Informationen zu diesem und allen anderen Kapiteln.

Unter anderem:

_Biographische Informationen zum Leben von Joseph Campbell

_Einen kurzen Videomitschnitt aus einem seiner Vorträge

_Literaturtipps

Fußnoten

[1]: Gerd Gerken, 1994, Seite 408

[2]: Vogler, 1992

[3]: Campbell, 1999, Seite 35

[4]: Campbell, 1999, Seite 26

DIE PFORTE

Ihre Reise beginnt genau da, wo Sie sich momentan befinden.
In Ihrer jetzigen Lebenssituation.

_Die Pforte
_Der Ruf
_Die Entscheidung
_Der Weg
_Der Drache
_Das Elixier
_Die Rückkehr

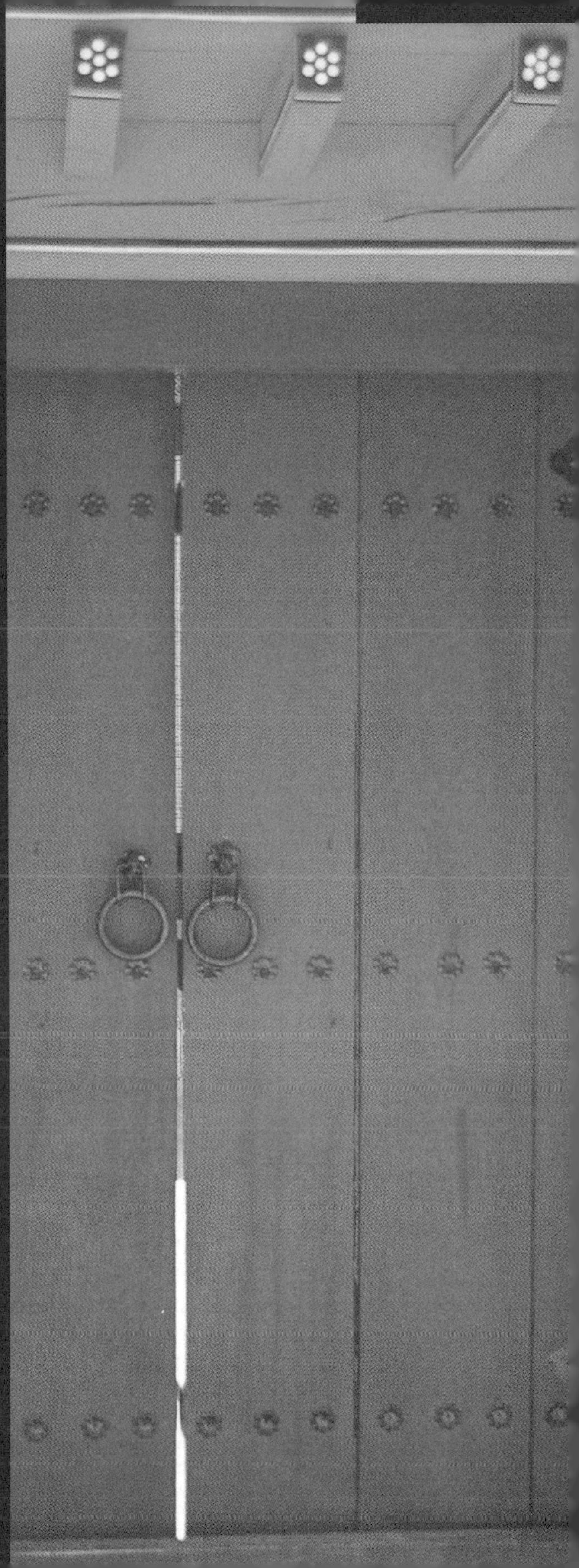

Perspektivenwechsel

Der Anfang unserer Reise besteht in einem sehr ungewöhnlichen Perspektivenwechsel.

Ich lade Sie ein, im Rahmen von aus Ihrer gewohnten Rolle zu schlüpfen und Ihr Leben einmal aus der Sicht eines Drehbuchautors oder einer Drehbuchautorin[1] zu betrachten.

Warum ausgerechnet dieser Blickwinkel? Nun, aus zwei Gründen:

Grund 1: Erst aus der Distanz sieht man Zusammenhänge
Wenn Sie Ihr Leben aus der Sicht eines Außenstehenden betrachten, werden Ihnen neue und zusätzliche Informationen zugänglich, die Sie vorher so noch nicht gesehen haben.

Ich bin sicher, Sie haben genau das schon mal bei einem Bekannten oder bei einem Freund erlebt: Er erzählt Ihnen von einem Problem, und Sie sehen sofort, was bei ihm schief läuft. Denn sobald wir etwas als Außenstehende betrachten, entdecken wir Zusammenhänge, die man als Beteiligter, der mitten im Geschehen steckt, einfach nicht wahrnimmt. »Den Wald vor lauter Bäumen nicht sehen« wird das im Volksmund genannt.

Da wir bei **Quest** aber den Wald, also das große Ganze, entdecken wollen, ist es hilfreich, Distanz zu gewinnen und unser Leben, die Menschen, mit denen wir zu tun haben, und natürlich auch uns selbst mit Abstand zu betrachten.

Grund 2: Die eigene Geschichte verstehen
Das von Joseph Campbell entdeckte Muster, das sich in den Erzählungen der Antike bis hin zu den Blockbuster-Filmen von heute immer wieder aufs Neue manifestiert, spielt – so behaupte ich an dieser Stelle – auch in Ihrem Leben eine Rolle. Das Problem ist nur: Solange man nicht erkennt, dass das eigene Leben einem gewissen Handlungsstrang folgt, kann man Gefahr laufen, dass man lediglich Hauptdarsteller in seinem eigenen Leben ist – nicht aber dessen Autor.

[*Gibt es eine bestimmte Geschichte, die sich in Ihrem Leben beständig zu wiederholen scheint?*]

Mit dem Ergebnis, dass man »irgendwie« immer wieder in der gleichen Geschichte landet, egal, was auch immer man anstellt. Man verliebt sich immer wieder in eine bestimmte Art von Frau oder Mann, und wenn sich die rosa Wolken der ersten Verliebtheit auflösen, findet man sich in genau dem gleichen Drama wieder, das man mit diversen anderen Partnern zuvor durchlebt und immer wieder Türen knallend verlassen hatte. Oder man arbeitet hart für seinen beruflichen Erfolg, aber kurz vor dem Durchbruch erscheint immer wieder jemand, der einem ungerechterweise Steine in den Weg legt. Und zwar jedes Mal. Man kann fast schon die Uhr danach stellen.

Kennen Sie so etwas? Trifft das vielleicht auch auf Ihr Leben zu? Wenn ja, lohnt es sich, einen Blick ins Drehbuch zu werfen. Denn erst dann kann man verstehen, worum es hier eigentlich geht und was uns diese Geschichte eigentlich sagen möchte – damit wir dieses Kapitel unseres Lebens beenden und ein neues aufschlagen können.

Wenn Sie bereit sind und Lust haben, sich auf dieses Abenteuer einzulassen, dann folgen Sie mir nun in die Welt des Films ...

Ein packender Anfang

Stellen Sie sich also vor, Sie sind ein frisch gebackener Drehbuchautor und Ihre Aufgabe ist es, ein Drehbuch über Ihr eigenes Leben zu verfassen.

Wie gehen Sie jetzt vor?

Da wir uns die Story Schritt für Schritt erarbeiten, beginnen wir einfach und logischerweise mit – dem Anfang.

Jede gute Drehbuchautorin weiß: Die wichtigste Aufgabe am Anfang einer Filmstory besteht darin, den Zuschauer emotional zu packen. Sie müssen ihn quasi direkt mit den ersten Szenen in den Film hineinziehen, damit er sich voll und ganz auf Ihre Geschichte einlässt. Damit dies gelingen kann, benötigen Sie zwei sehr wichtige Zutaten: einen Helden, mit dem man sich identifizieren kann. Und einen starken Konflikt, der die Geschichte unter Spannung setzt.

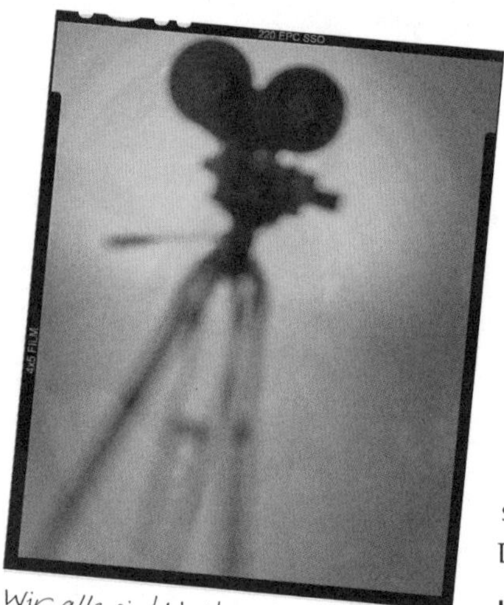

Wir alle sind Helden oder Heldinnen eines Films, der unser Leben zum Inhalt hat. Bei Quest geht es aber nicht nur darum, vor der Kamera zu stehen – sondern auch dahinter. Besser noch: das Drehbuch selbst zu verfassen.

Wir alle brauchen Helden, mit denen wir uns identifizieren können

Wie sehr uns ein Roman oder Film anspricht, hängt davon ab, wie stark wir uns als Zuschauer mit dem Helden oder der Heldin identifizieren können. Sobald Sie bei einem Film oder Buch denken »Der ist ein bisschen auch wie ich«, fühlen Sie sich innerlich angesprochen und werden vielleicht neugierig.

In Ihrem Fall ist die Identifikation natürlich sehr einfach denn schließlich sind Sie ja selbst der Held oder die Heldin Ihres Drehbuchs.

Konflikte sind das Salz in der Suppe

Aber ein Held, mit dem man sich identifizieren kann, reicht nicht. Damit Sie den Zuschauer richtig packen, brauchen Sie noch einen guten, anständigen Konflikt. Der Funke zündet erst, wenn Sie über einen Helden denken: »Der hat genau so ein Problem wie ich zurzeit.« Oder: »Interessante Situation. Wie würde ich wohl reagieren?«

Das machen sich zum Beispiel viele so genannte »Seifenopern« wie *Gute Zeiten, schlechte Zeiten* oder *Lindenstraße* zunutze. Wir sehen dort ganz normale Menschen, die uns ähneln und die in Probleme verwickelt sind, die wir aus unserem Leben kennen. Aus diesem Grund müssen Sie als Drehbuchautorin Ihrer Heldin von Anfang an ein paar ordentliche Herausforderungen und Schwierigkeiten in die Wiege legen.

Um Spannung zu erzeugen, benötigen Sie eine große Herausforderung, die sich wirklich lohnt
Ohne eine große Herausforderung, die wir attraktiv und begehrenswert finden, ist unser Leben weniger aufregend, faszinierend, lebens- und liebenswert.

Denken Sie einmal darüber nach: Was wäre Ihr Leben ohne Probleme?

Haben Sie es schon einmal erlebt, dass in einer Liebesbeziehung alles glatt lief und nach und nach erstarrte alles in Routine? Können Sie sich daran erinnern, wie stupide und langweilig alles wurde, weil alles seinen gewohnten, stets eintönigen Gang ging? Und dass Sie sich immer wieder dabei erwischten, dass Sie in Tagträumen anfingen, sich nach einem anderen Leben zu sehnen?

Warum ist das so?

Nun, die Antwort ist einfach:

Menschen lieben Probleme
Sicher: Niemand würde das zugeben, wenn er gerade in einer schwierigen Situation steckt. Aber achten Sie einmal darauf, mit welcher Beharrlichkeit und Hartnäckigkeit sich Menschen immer wieder Probleme schaffen.

Denken Sie nur an die Freundin, die immer wieder an den Falschen gerät. Obwohl Sie ihr schon so oft gesagt haben, was sie da falsch macht, und sie Ihnen jedes Mal Recht gibt, bleibt sie in der Beziehung gefangen. Oder, wenn gar nichts mehr geht, dann geht sie. Nur, um dann wieder bei einem weiteren Kandidaten zu landen, der äußerlich anders aussieht, aber genau die gleichen Macken aufweist wie all ihre anderen Verflossenen.

Achten Sie in der nächsten Zeit darauf, wie sehr Menschen Probleme lieben. Sie geradezu anziehen und provozieren.

Ganze Industrien leben davon. Zum Beispiel der Markt der Computerspiele. Jedes dieser Spiele ist ein Problem, das in einer bunten Verpackung ausgeliefert wird. Ob Sie mit Super-Mario von Level zu Level kämpfen, als Eisenbahn-Tycoon Ihre Expansionsgelüste im amerikanischen Transportgewerbe ausleben oder in einem Abenteuerspiel in die Haut eines durchtrainierten Kriegers schlüpfen, immer konfrontieren Sie sich mit einer Herausforderung. Und je größer die Probleme, desto höher der Spielspaß.

Menschen lieben Herausforderungen: Quizshows, Seifenopern, Mini-Golf oder der tägliche Klatsch am Kaffeeautomaten in der Firma zeigen deutlich, wie sehr Konflikte das Salz in der Suppe unseres Lebens sind.

Und das ist keineswegs zufällig so:

Herausforderungen sind notwendig für unser persönliches Wachstum
Oft sind es Situationen, die wirklich schwierig sind, die uns dazu bringen, über uns hinauszuwachsen.

Auch wenn Sie keine Computer-Spiele mögen und um Mini-Golf stets einen großen Bogen geschlagen haben, zeigt uns all das doch, was Menschen fasziniert – und was wir als Drehbuchautor oder Drehbuchautorin benötigen, um eine packende Geschichte schreiben zu können: einen Helden, mit dem man sich identifizieren kann – und einen ordentlichen Konflikt, der Spannung erzeugt.

Die Parade der Helden

Um einem Vorurteil gleich vorzubeugen: Damit wir uns mit einem Helden in einem Film oder einem Roman identifizieren können, muss er nicht unbedingt sympathisch sein.

Im Gegenteil: Ecken, Kanten und vor allem auch Schwächen sind notwendig, um eine Identifikation mit einem Helden zu ermöglichen. Selbst der früher aalglatte und stets souveräne James Bond ist heute eine Figur, die Rückschläge einstecken muss und dessen machohafte Einstellung zum Gespött seiner Chefin wird.

Aber genau das macht einen Hauptdarsteller wirklich interessant: Je widersprüchlicher sein Charakter, je mehr Stärken, aber eben auch Schwächen er besitzt, desto mehr Tiefe strahlt er aus und wirkt damit sowohl auf der Leinwand als auch im echten Leben interessanter und faszinierender.

Titanic

Der Film wird aus der Perspektive einer fast hundertjährigen Frau namens Rose DeWitt Bukater erzählt, die als 17-Jährige von ihrem schwerreichen Verlobten Cal Hockley auf die Titanic eingeladen wird.

In der ersten Szene, die wir von ihr als junge Frau zu sehen bekommen, erleben wir sie als hochmütig. Während alle anderen von der Imposanz der Titanic beeindruckt und überwältigt sind, gibt sie sich kühl und sagt über das Schiff: »Sie sieht überhaupt nicht größer aus als die Mauretania.«[2]

Ein gewagter Anfang, vor allem für eine zentrale Figur, die uns durch einen dreistündigen Film führen soll. Aber Hochmut ist eigentlich nicht ihre wahre Schwäche, denn die alte Dame erzählt uns, was Sie damals als junge Frau wirklich dachte und fühlte: »Für alle anderen war es das Traumschiff schlechthin. Für mich war es ein Sklavenschiff, das mich in Ketten nach Amerika zurück bringen sollte.«[3]

[Würden Sie gern wie Rose ein anderes Leben führen?]

Sie ist im wahrsten Sinne des Wortes todunglücklich, weil sie eine Ehe mit Cal eingehen soll, den sie nicht liebt und der sie nicht versteht. »Nach außen hin war ich das wohlerzogene Mädchen, das ich sein sollte. In meinem Inneren habe ich geschrien.«

Voilà! Das ist ein sehr gelungener Einstieg. Wir haben eine Heldin, die etwas durchmacht, das wir alle schon mal erlebt haben: **das Gefühl, nicht das tun zu können, was man wirklich machen möchte.**

Rose wird aber nicht nur als schwach und unglücklich dargestellt. In einer weiteren Schlüsselszene erleben wir, wie sich ihr Verlobter Cal über ihre in Paris gekauften Bilder lustig macht.

»**Cal:** Diese Klecksmalereien waren die reinste Geldverschwendung.

Rose: Das stimmt nicht. Sie sind faszinierend. Wie in einem Traum. Es hat Wahrheit, aber keine Logik. Wie hieß er doch gleich ...?

Cal (liest den Namen auf dem Bild): Picasso. Aus dem wird nichts ... Niemals, glaub mir. Na, wenigstens waren sie billig.«

Dies ist eine starke Seite von Rose: Sie hat ein sehr ausgeprägtes Gespür für Kunst. Ihre Intuition lässt sie Dinge verstehen, die dem materialistisch ausgerichteten Cal entgehen. So verfügt sie wie jeder gute Held über Stärken und (!) Schwächen. Erst beides zusammen macht sie interessant.

Harry Potter

In Harry Potter erleben wir ein anderes, typisches Motiv, das uns in vielen Filmen und Romanen wieder begegnet. Wir sehen Harry zu Anfang als einen Menschen, der seine wahre Natur nicht kennt und deswegen in unwürdigen Verhältnissen lebt. Von seinem Cousin Dudley gepiesackt, von seinem Onkel Vernon verachtet und von seiner Tante Petunia stets in Schach gehalten, lebt er in einem Besenschrank unter der Treppe.

[*Würden Sie vielleicht mal etwas ganz anderes wagen – wenn bloß die anderen Leute nicht wären?*]

Harry ist einsam. Niemand spielt mit ihm, er hat keine Schulkameraden, und keiner versteht seine seltsamen Erfahrungen, in die er immer wieder gerät. So schneidet ihm Tante Petunia gegen seinen Willen die Haare bis fast auf eine Glatze herunter – aber am nächsten Morgen sind sie wieder nachgewachsen. Allerdings löst dies bei den anderen keinen Respekt, sondern nur Spott und Widerwillen aus.

Harry spiegelt einen anderen, aber durchaus ähnlichen Konflikt wie Rose wider: **Er hat ein Potenzial in sich, das nicht in ein gewohntes Schema passt, und wird deswegen von den anderen nicht ernst genommen.** Traurigerweise aber auch nicht von ihm selbst.

Star Wars

Der junge Luke Skywalker lebt wie Harry Potter nicht bei seinen echten Eltern, sondern wächst bei seinen Stiefeltern Onkel Owen und Tante Beru als armer Farmerjunge in den Sandhügeln des abgeschiedenen Wüstenplaneten Tatooine auf.

Das ist übrigens kein Zufall. In vielen Mythen wird der Held direkt nach der Geburt von seinem wahren Elternhaus getrennt. Zum Beispiel Ödipus, der als Säugling in der Wildnis ausgesetzt, von fremden Hirten gefunden und zum Hof eines anderen Königs gebracht wird, wo er zum jungen Mann heranwächst. Oft wird dieses Motiv gewählt, um zu verdeutlichen, dass man erst ein gewisses Alter, ein gewisses Stadium der Entwicklung erreichen muss, bevor man mit seiner wahren Herkunft konfrontiert werden kann. So erfährt Luke auch erst im zweiten Teil von *Star Wars*, dass der böse Darth Vader, den er bekämpft, in Wirklichkeit sein Vater ist. Und auch Ödipus wird erst als junger Mann mit der Tatsache konfrontiert, dass seine Eltern nicht die richtigen Eltern sind. In beiden Fällen wirkt diese Erkenntnis wie ein Schock, der die Jugend der Helden ein für alle Mal beendet.

[*Stecken Sie wie Luke in einer Lebenssituation fest, aus der Sie sich gerne befreien möchten – ohne zu wissen, wie Sie genau vorgehen?*]

Lukes Charakter ist nicht so eindeutig gezeichnet wie bei *Harry Potter* oder Rose aus *Titanic*. Im Gegenteil, er ist noch »ungeformt, ungeprüft, unschuldig und ohne größere Welterfahrung«, wie Mary Henderson[4] beschreibt. Trotz seiner Naivität spürt Luke einen großen Drang hinaus in die Welt. Da ihn jedoch sein Onkel Owen ausbremst (»Er soll nicht so werden wie sein Vater«), erleben wir Luke als **frustrierten Charakter, der im Grunde festsitzt und nicht weiß, wie er sich aus der Situation befreien soll.**

Die fabelhafte Welt der Amélie

Amélie ist schon als kleines Mädchen ein einsames Wesen. Ihr Vater, ein pedantischer Arzt, nimmt sie kaum in den Arm und interpretiert das Herzpochen, das seine Tochter empfindet, wenn er sie einmal im Monat medizinisch untersucht, irrtümlich als Herzfehler. Die Folge: Amélie darf nicht zur Schule gehen. Ihre neurotische Mutter, eine Lehrerin, unterrichtet sie zu Hause. Kontakte zu anderen Kindern werden unterbunden.

Als schließlich ihre Mutter unter tragischen Umständen stirbt, zieht sich ihr Vater vom Leben zurück und wird wunderlich. Er widmet sich fortan der Pflege eines Miniatur-Mausoleums, das er mit einem Gartenzwerg verziert, der im weiteren Laufe der Geschichte noch eine wichtige Rolle spielen wird.

Amélie selbst verbringt ihre restliche Kindheit in einer Fantasiewelt. Zwar verlässt sie als erwachsene Frau Ihr Zuhause, aber im Grunde lebt sie noch immer mit dem Kopf in den Wolken. Sie kellnert in einem Café in Montmartre, in dem das pralle Leben tobt: von der hypochondrischen Georgette über den gescheiterten Schriftsteller Hipolito bis hin zu dem eifersüchtigen Joseph, der mit Argus-Augen jeden Schritt seiner Exfreundin Gina überwacht – in diesem Panoptikum geht es alles andere als langweilig zu.

Und obwohl sie, wie jemand später im Film bemerken wird, an zentraler Stelle sitzt, hat sie keinen echten Kontakt mit den Beteiligten. In ihrem Herzen ist sie immer noch einsam. Weder hat sie einen Freund noch einen Liebhaber.

[*Sehnen Sie sich wie Amélie nach einer großen Liebe, die Sie erfüllt und glücklich macht?*]

Neben dieser so offensichtlichen Schwäche, unter der unsere Heldin leidet, und die notwendig ist, damit überhaupt eine Geschichte erzählt werden kann, verfügt Amélie über sehr liebenswerte Stärken: Sie kann wie kaum jemand anders den Augenblick genießen. Sie ist offen und empfindsam für die kleinen großartigen Momente des Lebens: zum Beispiel, wenn sie ihre Hand in einen vollen Getreidesack taucht, die Kruste ihrer Crème Brûlé mit einem Teelöffel aufschlägt oder Steinchen über die Oberfläche eines Teiches springen lässt.

Soweit die Parade unserer Helden und Heldinnen, deren Spuren wir auf unserer Reise zum Wesentlichen folgen werden.

Vielleicht fragen Sie sich jetzt aber dennoch ...

Und im echten Leben?

Gestatten Sie mir bitte eine kurze Zusammenfassung: Mythen, Filme und Romane bedienen sich oft einer entfernten, fremden, manchmal auch märchenhaften Welt, um unsere Aufmerksamkeit zu fesseln und unsere Fantasie anzuregen. Dies ist aber nur die leckere Bonbonhülle, in deren Innern eine sehr bodenständige Botschaft darauf wartet, gehört und verstanden zu werden.

Auch wenn Sie nicht in einer »weit entfernten Galaxis vor langer Zeit« wohnen oder als angehender Zauberlehrling in einer Besenkammer hausen: Rose, Harry, Amélie und Luke stehen für Probleme, die wir alle kennen.

Vielleicht ...

_sind wir wie Harry, Luke oder Rose frustriert und fühlen uns festgefahren, weil die äußeren Umstände nicht mehr unseren inneren Wünschen und Sehnsüchten entsprechen;

_verfügen wir wie Harry oder Rose über ein ungewöhnliches Talent, das von der Umwelt nicht akzeptiert wird und deswegen auch uns nicht akzeptabel zu sein scheint;

_träumen wir wie Amélie von einem anderen, aufregenden Leben und trauen uns doch nicht, den ersten Schritt zu wagen, oder wir ...

_fühlen uns wie Luke unruhig, weil wir Lust auf ein neues Abenteuer haben und nur darauf warten loszulegen.

Wo auch immer Sie sich momentan befinden: Es wird Zeit, dass Sie in Ihre Rolle als Drehbuchautorin oder Drehbuchautor schlüpfen und Ihrem ganz persönlichen Helden einen Einstieg in den Film Ihres Lebens gewähren ...

ÜBUNG

Ihr Lebensdrehbuch

Sie haben die Wahl, ob Sie diese Übung schriftlich oder einfach so in Gedanken lösen möchten. Beides geht.

Wenn Sie Bücher ungern mit persönlichen Notizen versehen, können Sie diese Seiten kopieren oder kostenlos als Wordvorlage aus dem »digitalen Fundus« im Internet (http://das-buch.qu-e-st.de) herunterladen.

Beim Aufschreiben Ihrer Gedanken und Eindrücke haben Sie nicht nur den Vorteil, dass Sie später auf das Geschriebene zurückgreifen und es ergänzen können, sondern dass Ihr innerliches Erleben stärker und detaillierter ausfallen kann.

Aber vielleicht gehören Sie zu denjenigen, die die für Selbsthilfebücher üblichen Übungsbögen mit ihren Fragen und den unterstrichenen Antwortzonen nur sehr selten bearbeiten. Dann machen Sie doch die folgende Übung ganz bequem in Gedanken. Stellen Sie sich die Szenen, um die ich Sie gleich bitten werde, einfach vor, während sie meine Anleitung lesen. Und nur wenn Sie wirklich Lust haben, können Sie am Seitenrand rasch einige Stichworte notieren. Aber nur dann.

Tipp: Sehen. Hören. Fühlen.
Sie können sich selbst von außen nicht richtig sehen? Macht nichts. Wichtig ist nur, dass Sie einen Eindruck davon bekommen, wie Sie sich von außen wahrnehmen. Möglicherweise fällt es Ihnen viel leichter, es zu spüren, dass Sie sich für einen kurzen Augenblick außerhalb Ihrer selbst befinden? Oder ist es einfacher für Sie zu hören, wie Sie die Seiten dieses Buches raschelnd umblättern? Es ist vollkommen in Ordnung, auf Ihre ganz persönliche Weise so zu tun, als nähmen Sie sich selbst aus der Perspektive eines Zuschauers wahr.

Ein Tag im Leben Ihres Helden

Ihre Aufgabe besteht darin, einen typischen Tag aus dem Leben Ihres Helden in ein paar Szenen darzustellen. Nein! Keine Sorge. Sie müssen jetzt keine geschliffenen Dialoge schreiben oder sich komplizierte Kamerafahrten ausdenken. Gefragt sind ganz einfache Szenen, die Sie in Ihrem jetzigen Alltag zeigen.

Wie wacht Ihr Held, Ihre Heldin (der oder die ja Sie sind) morgens auf?
Ist er eher ein Langschläfer und braucht Zeit, um wach zu werden? Oder steht Ihre Heldin mit einem Ruck auf, um frisch mit dem Tag durchzustarten?

Wie verbringt Ihr Held den Vormittag?
Geht sie arbeiten? Zieht sie Kinder groß? Oder betätigt er sich als Hausmann?

Was macht Ihr Held am Nachmittag?
Geht sie der gleichen Tätigkeit nach? Oder holt er sein Kind vom Kindergarten ab?

Womit beschäftigt er sich abends oder in der Freizeit?
Geht Ihre Heldin oft aus? Oder ist er eher ein Pantoffelheld, der seine größten Abenteuer vor dem Fernseher besteht? Ist Ihr Held eher gesellig oder führt er ein abgeschiedenes Leben? Wenn ich zum Beispiel meine eigene Lebenssituation in einigen Szenen beschreiben sollte, würde ich notieren: »Man sieht Martin Weiss, ...

_wie er morgens aufwacht – neben ihm seine Frau und sein kleiner Sohn, mit dem er kurz kuschelt,

_wie er schlaftrunken seine E-Mails abruft,

_wie er tagsüber vor einem Computer sitzt und schreibt,

_wie er fluchend mit seinem Programmierer telefoniert und dabei auf eine Website schaut, auf der eine Fehlermeldung prangt,

_wie er gemeinsam mit seiner Frau Gäste empfängt, die er bekocht«

Weitere Beispiele

Wenn Sie Hausfrau und Mutter sind, würden Sie vielleicht Szenen zeigen, in denen Ihre Heldin ihren Kindern morgens Frühstück macht und sie dann in den Kindergarten bringt. Später würde man sie vielleicht im Haushalt agieren oder einkaufen gehen sehen.

_Wenn Sie ein Außendienstmitarbeiter sind, sähe man Sie vielleicht morgens ins Auto steigen, Autobahn fahren und dann einen Kunden besuchen.

_Wenn Sie arbeitslos sind, sieht man vielleicht Szenen, in denen Sie morgens beim Frühstück die Zeitung auf Stellenanzeigen durchsehen, Bewerbungsschreiben aufsetzen und zur Post bringen.

_Wenn Sie Grafik-Designer sind, sähe man Sie vielleicht vor einem PC, an dem Sie gerade an einer Anzeige oder der Gestaltung einer Pralinenverpackung arbeiten.

ÜBUNG

ÜBUNG

Es muss nicht spektakulär sein

Machen Sie sich bitte keine Sorgen in der Art wie: »Naja, mein Leben ist ja nicht so spektakulär, wie soll daraus ein großer Stoff für ein Drehbuch entstehen?«

Wie weiter vorne schon erwähnt: Oft führen die Helden am Anfang ein einfaches, geradezu langweiliges Leben. Rose ist vielleicht eine luxuriöse Ausnahme, aber Harry gehört nicht gerade zu den Gewinnern. Amélies Leben als Kellnerin ist genauso wenig glamourös wie Lukes Dasein, auch wenn er in einer anderen Galaxie zu Hause ist. Im Gegenteil: Das Reizvolle an einer guten Story liegt darin, dass alles erst ganz normal anfängt, bis die große Wendung kommt, die ...

Halt! So weit sind wir noch nicht. Für den ersten Schritt reicht es, wenn wir uns mit dem Anfang unseres Abenteuers befassen – der Rest kommt später.

Bitte führen Sie jetzt die Übung durch, falls Sie es noch nicht getan haben, und erst dann folgen Sie mir bitte zu einer altbekannten Wahrheit.

Wie innen so außen

In dem letzten Kapitel haben wir uns mit den nach außen hin sichtbaren Lebensumständen unseres Helden befasst. Jetzt begeben wir uns hinab auf eine Entdeckungsreise ins Innere. Was für ein Mensch ist unser Held? Was für einen Charakter hat er? Was findet er gut? Was lehnt er ab? Welche schlechten Angewohnheiten hat er? Welche Stärken besitzt er?

Der Reiseleiter-Tipp: Tempo!

Es gibt eine Hürde bei der Reise nach innen, die Sie unbedingt umgehen sollten: Zu viel Analyse. Zu viel Grübelei. Zu viel Brüterei.

Ich kann mich selbst noch lebhaft daran erinnern, wie oft ich bei ähnlichen Übungen vor einem weißen Blatt Papier gesessen habe – und es fiel mir einfach nichts ein. Das änderte sich erst, als ich genau das Gegenteil tat und einfach drauflos schrieb. Oft schrieb ich dann erst »dummes Zeug« – aber nach einigen Sätzen meines Gedankengequassels tauchten »Botschaften« aus der Tiefe auf: Worte, Gedankenfetzen, die »irgendwie« Sinn ergaben und mich auf etwas Wesentliches verwiesen.

Testen Sie es am besten selbst. Gehen Sie einfach jede Übung zügig an! Je schneller, desto besser. Falls Sie vielleicht denken, dass das zu einer gewissen Oberflächlichkeit verleitet, kann ich Sie beruhigen: Die Schnelligkeit ermöglicht es, dass wir eher gewillt sind, etwas Tieferes an die Oberfläche gelangen zu lassen. Setzen Sie sich deshalb für den ersten Durchlauf ein knappes Zeitlimit und arbeiten Sie die Übungen flott durch.

Millimeter-Arbeit? Denken Sie in großen Dimensionen!

Bei unserer Analyse geht es nicht darum, ein vielschichtiges Bild aufzuzeichnen, das subtile Nuancen der menschlichen Persönlichkeit sichtbar machen möchte.

Bei **Quest** geht es darum, das größere Ganze zu betrachten. Die wesentlichen Charakterzüge. Die großen Trends. Die wichtigen Strömungen: Nicht die feineren Kräuselbewegungen auf der Wasseroberfläche eines Flusses interessieren uns – sondern in welche Richtung der Fluss fließt. Und ob es sich dabei um eine gemächlich dahingleitende Wasserstraße oder um einen reißenden Strom handelt.

Erster Durchgang: Arbeiten Sie spontan

Obwohl Sie natürlich selbst entscheiden sollten, welche Verfahrensweise für Sie die beste ist, empfehle ich Ihnen, **beim ersten Durchgang nicht mehr als zwei Minuten bei einer Frage zu verweilen** und alles aufzuschreiben, was Ihnen dazu einfällt. Danach sollten Sie einfach eine Pause einlegen, um sich vom Thema zu lösen. Vielleicht erledigen Sie ein paar Telefonanrufe oder vertreten sich die Beine. Hauptsache, Sie gewinnen Abstand.

Zweiter Durchgang: Arbeiten Sie, wenn Sie inspiriert sind

Speziell für den zweiten Durchgang sollten Sie sich eine schöne Atmosphäre schaffen. Schalten Sie das Telefon aus, sagen Sie Ihren Lieben für eine Weile »Auf Wiedersehen« und ziehen Sie sich an einen ruhigen Ort zurück. Legen Sie sich Ihre Lieblingsmusik auf. Gönnen Sie sich einen Kaffee, einen Tee, eine eiskalte Cola oder was auch immer Sie gerne trinken, und machen Sie es sich einfach gemütlich.

Lesen Sie dann die Fragen und Ihre Antworten aus dem ersten Durchgang und achten Sie darauf, an welchen Stellen es Ihnen spontan in den Fingern juckt, Ihre Notizen zu ergänzen oder zu verändern. Halten Sie hier inne und schreiben Sie alles auf, was Ihnen zu dem jeweiligen Thema einfällt.

Wenn Sie nicht weiterwissen, holen Sie sich Feedback von anderen

Sollten Ihnen partout keine Stärken oder Schwächen zu Ihrem Helden einfallen, fragen Sie andere nach ihrer Meinung. Ob Sie dabei direkt und unvermittelt vorgehen (»Du, ich lese da gerade dieses Buch, und der Autor will jetzt wissen, was ich ...«) oder es eher diplomatisch angehen (»Sag mal, du kennst mich doch schon ein bisschen länger, und ich würde gerne mal wissen, was du eigentlich an mir ...«), ist Ihnen überlassen. Ich weiß, das kostet Überwindung. Ist nicht einfach. Schließlich: Was könnten die anderen von einem denken? Tun Sie es trotzdem. Denn:

Blinde Flecken werden sichtbar

Wann immer ich jemanden um eine Rückmeldung bat, habe ich davon profitiert. Oft genug wurde mir ein Aspekt aufgezeigt, den ich so an mir noch nicht gesehen hatte – obwohl er die ganze Zeit in mein Leben hineinwirkte.

Oft wurde mir auch im Gespräch etwas deutlich, was mir bis dahin lediglich auf der Zunge gelegen hatte. Manchmal weiß man ja schon »irgendwie«, was es ist – aber es fehlen die passenden Worte dazu. Ein Gespräch mit anderen kann Ungesagtes in glasklare Einsichten umformatieren.

Den richtigen Partner finden

Suchen Sie sich bitte einen guten Sparringspartner. Manche Menschen sind mit Fragen zur Persönlichkeit überfordert, anderen wiederum mangelt es an der Sensibilität, schwierige Sachverhalte in neutrale Formulierungen zu verpacken. Jemand, der im »normalen« Leben dazu neigt, andere »runterzumachen«, ist nicht gerade der ideale Gesprächspartner für Ihre persönliche Inventur.

Auf das »Aha!« kommt es an.

Glauben Sie aber bitte nicht alles, was Ihnen andere über Sie erzählen. Vieles von dem, was Leute an und in Ihnen wahrzunehmen meinen, hat vielmehr mit denen als mit Ihnen zu tun. Achten Sie stattdessen auf unvermutete Perspektiven, die ein »Aha!« oder ein spontanes »Stimmt!« in Ihnen auslösen. Das ist es, wonach wir suchen. Kurz: Nutzen Sie die Meinung anderer Menschen als *zusätzliche* Quelle, als *Ergänzung* für Ihre eigene Analyse.

Ein differenziertes Bild

Wir werden uns als gewiefte Drehbuchautoren immer zwei Seiten einer Medaille anschauen. Stärken **und** Schwächen. Einige Menschen neigen leider dazu, einseitig vorzugehen. Entweder sehen sie sich permanent in einem schlechten Licht oder sind ganz im Gegenteil so von sich eingenommen, dass sie kaum zu Selbstkritik imstande sind. Bei **Quest** wollen wir aber ganz bewusst beides. Erinnern Sie sich noch an Luke, Rose, Amélie und Harry aus dem letzten Kapitel? Alle vier haben Schwächen und (!) Stärken. Die daraus resultierenden Kontraste verleihen dem Charakter Ihrer Figur Tiefe.

Seien Sie einseitig. Aber zweimal

Ich empfehle Ihnen, sich erst auf eine Seite zu konzentrieren, bspw. Ihre Schwächen, und diese so weit, wie es geht, auszuloten – und dann eine Pause einzulegen, in der Sie sich direkt aus Ihrer momentanen Gefühlslage herausmanövrieren. Vielleicht machen Sie sich etwas zu essen, steigen unter die Dusche, gehen ins Kino oder räumen das Geschirr in der Küche weg. Was immer Sie auch tun: Erlaubt ist, was Ihnen eine ganz neue Stimmungslage beschert. Sobald Sie genügend Abstand gewonnen haben, gehen Sie ein zweites Mal an die Sache heran, konzentrieren sich auf die positive Seite und loten diese mit der gleichen Konsequenz aus, mit der Sie vielleicht Ihre so genannten »Schwächen« bilanziert haben.

Erst die Arbeit, dann das Vergnügen

Ich würde mich dabei auch an die vorgeschlagene Reihenfolge halten: Befassen Sie sich erst mit den negtaiven Aspekten (dann haben Sie das schon mal hinter sich) und wenden Sie sich erst danch dem Positiven zu.

So wichtig der Blick auf beide Pole ist: Schließen Sie Ihre Innenschau stets mit einem guten Gefühl ab.

Ihre Schwächen: Schlecht ist gut

In vielen Selbsthilfe-Büchern findet man Anleitungen, wie man seine Schwächen überwindet, um ein »erfolgreiches«, »glückliches«, »zufriedenes« Leben zu führen. Dagegen ist wenig zu sagen.

Außer –

dass in unserem Gewerbe als Drehbuchautoren »schlecht« in Wirklichkeit ziemlich gut ist.

Ohne Schwächen keine Story

Denn ohne Schwächen, ohne Schwierigkeiten, ohne persönliche Hemmschwellen haben Sie keine Story zu erzählen. Ein Held darf nicht nur, er soll auch Ecken und Kanten haben. Mehr noch: Er soll nicht nur Schwächen besitzen, er muss (!) auch welche haben, weil es sonst keine Herausforderung und damit leider auch keine Story gibt. Erst die Möglichkeit, dass jemand ein Spiel auch verlieren kann, schafft echten Kitzel. Alles andere ist nur Routine: langweilig und monoton.

Schwächen sind ein gutes Zeichen

Gestatten Sie mir, dazu folgendes Beispiel[5] heranzuziehen: Wenn Sie Tennis lernen möchten, suchen Sie sich niemanden aus, der weniger kann als Sie. Auch werden Sie keinen »Gleichschwachen/Gleichstarken« aussuchen, denn was sollte der Ihnen beibringen? Was Sie brauchen, ist jemand, der stärker ist als Sie. Jemand, der Sie fordert. Jemand, an dessen Widerstand Sie nach und nach Ihre eigene Stärke hochtrainieren können.

Was bedeutet aber in diesem Zusammenhang »Schwäche«?

Sie haben erkannt, dass Sie sich in einem bestimmten Bereich Ihres Lebens anders und besser verhalten können und wollen. Sie kennen mindestens einen Menschen, der in dieser Situation stärker, souveräner, ressourcevoller, spontaner oder »wie auch immer« vorgeht. Das ist sozusagen Ihr Vorbild. Und im Vergleich zu Ihrem Vorbild sind Sie schwächer. Wenn Sie sich also in einem Lebensbereich verbessern möchten, müssen Sie sich notgedrungen »schwach« fühlen. Ohne dieses Gefühl wüssten Sie gar nicht, wo Ihr Ziel ist.

Kurz und gut: Dass Sie sich im Vergleich zu einem anderen »schwach« fühlen, ist kein Defizit Ihres Charakters, sondern ein positives Zeichen.

Es bedeutet, dass Sie sich innerlich ein Ziel gesetzt haben, das Sie früher oder später erreichen möchten. Vielleicht werden Sie es nicht auf Anhieb schaffen. Vielleicht müssen Sie noch das ein oder andere dazulernen. Vielleicht dauert es noch ein Weilchen. Durchaus möglich. Die Frage ist allerdings: Muss man sich dafür verurteilen?

Unser täglicher Leistungsanspruch – eine Aktie mit hohen Wachstumschancen

Wir leben heutzutage in einer Leistungsgesellschaft, die Woche für Woche neue Anforderungen katalogisiert, die wir angeblich erfüllen müssen, um auf der Höhe der Zeit zu bleiben. Das gilt für den Beruf genauso wie für unser Privatleben.

So schreibt Fredmund Malik[6] zu der beruflichen Seite: »Manager sollen enablen, empowern, supporten. Sie sollen Koordinatoren, Kommunikatoren, Kultivatoren und Katalysatoren, natürlich auch Motivatoren, Moderatoren, Mentoren und Mediatoren sein.«[7]

[Wo fühlen Sie sich in Ihrem Leben unter Druck gesetzt?]

Seine Schlussfolgerung: »Irgendwie ist die Vorstellung in die Welt gekommen, Manager, insbesondere jene an der Spitze von Großkonzernen, müssten eine Mischung aus Albert Einstein, Alexander dem Großen und Thomas Gottschalk sein – Universalgenies ...«[8]

Aber auch privat ist unser Leben keineswegs einfach.

So kommt der Trendforscher Matthias Horx in punkto Liebesbeziehungen zu folgender Einschätzung: »Wie in einem inneren »Prüfmodus« testen die Individuen ständig ihren Zufriedenheitsgrad – und suchen unablässig nach anderen, vielleicht besseren Optionen. Ist mein Partner der richtige? Könnte ich nicht einen verständnisvolleren, sensibleren, interessanteren, erfolgreicheren, besser aussehenden, jüngeren Partner haben?«[9]

Die Folge? »Die Partnerwahl ist im Grunde brutaler, darwinistischer ›auslesehafter‹ geworden denn je.«

Schlimmer noch: »Der Essstörungs-Trend in der westlichen Welt ist ohne diesen Mechanismus nicht zu verstehen. Anorexie (Magersucht) und Bulimie (Brech- und Esssucht) basieren auf dem »Terror der äußeren Gestalt«, auf dem Zwang zum Gutaussehen, zum Schlanksein, der besonders für Frauen zur Ultima Ratio zu werden droht.«

Das sind drastische Worte. Ich weiß. Aber sie bringen auf den Punkt, was uns heutzutage das Leben schwer macht: die ewige Anforderung, einem äußeren Ideal gleichen zu müssen – statt einfach so zu sein, wie man ist.

Dabei weiß doch jeder gute Drehbuchautor:

Das Publikum liebt Schwächen

Der amerikanische Drehbuchexperte Christopher Vogler schreibt in seinem Buch *The Writers Journey*: »Schwächen geben dem Charakter jedoch auch ein Ziel ..., indem sich der Held von Punkt A zu Punkt B durch eine Serie von einzelnen Schritten entwickelt. Schwächen sind eine Art Ausgangspunkt, an dem der Charakter noch fehlerhaft und unvollständig ist und von dem aus sich der Charakter entwickeln kann ...

Das fehlende Stück kann ein wichtiges Element der Persönlichkeit sein, wie bspw. die Fähigkeit zu lieben oder zu vertrauen. Der Held muss vielleicht ein Problem wie ein Mangel an Geduld oder Entschlossenheit überwinden. Das Publikum liebt es, den Helden erst mit dem Problem kämpfen und ihn am Ende siegen zu sehen.«[10]

Na, also! Wenn das so ist, sollten wir sofort nach ein paar wirklich starken Schwächen fahnden.

ÜBUNG

Starke Schwächen

Ziehen Sie bitte einmal kurz Bilanz: In welchen der unten genannten Bereichen läuft es für Ihren Helden eher gut und in welchen eher schlecht?

Ich habe sehr bewusst das Wörtchen »eher« gewählt, weil es natürlich in allen Bereichen unseres Lebens Sonnen- und Schattenseiten gibt. »Eher« heißt deshalb hier: Wohin tendiert insgesamt der einzelne Lebensbereich?

Lebensbereich	Eher gut	Eher schlecht
Gesundheit	○	○
Besitz/Finanzen	○	○
Partnerschaft	○	○
Familie	○	○
Freunde	○	○
Beruf	○	○
Hobbys	○	○

Wenn Sie sich jetzt diese Problemzonen als Drehbuchautor/in ansehen:

Welche Problemzonen hat Ihr Held selbst verschuldet?

Da Sie ja ein Drehbuch schreiben möchten und handfeste Schwächen benötigen, um Spannung in Ihre »Story« bringen zu können, sind »hausgemachte« Probleme natürlich von besonders hohem Interesse.

Externe Faktoren versus Eigenanteil

Dabei gilt es zu differenzieren, was dem Held extern widerfährt und wo er selbst zu einem Dilemma beiträgt.

Beispiel Finanzen: Vielleicht ist Ihr Held in bescheidenen Verhältnissen aufgewachsen. Dafür kann er nichts. Dass er sich aber heute noch als »Underdog« fühlt, muffig durchs Leben läuft und seine Chancen nicht sieht, geht auf sein Konto.

Beispiel Liebe: Dass Ihre Heldin ein schwieriges Verhältnis zum Vater hatte, ist eine Sache, für die sie nur bedingt verantwortlich gemacht werden kann (wenn überhaupt). Sie war noch ein Kind, er nicht. Dass sie aber heute noch komplizierte Beziehungen mit Männern führt, ist eindeutig ein »hausgemachtes Problem«. Wenn Sie Ihren Held so ansehen: Was tut er dafür, dass die Problemzonen entstehen und vor allem: beibehalten werden?

Wofür könnten Sie Ihren Helden durchschütteln?

Haben Sie es auch schon mal erlebt, dass ein guter Freund (oder eine gute Freundin) sich in bestimmten, immer wieder typischen Situationen derart im Weg stand, dass Sie ihn oder sie am liebsten mal so richtig durchgeschüttelt hätten? Damit er oder sie mal so richtig aufwacht? Und endlich sieht, was Sache ist?

Schauen Sie sich bitte jetzt einmal ALLE Lebensbereiche an, in denen es für Ihren Helden nicht so toll läuft. Zeichnet sich darin ein typisches Muster, eine typische Verhaltensweise oder eine bestimmte Einstellung ab? Fragen Sie sich: Welches Problemverhalten legt Ihr Held an den Tag, von dem er einfach nicht merkt, was er da macht? Wofür würden Sie Ihren Helden mal so richtig durchschütteln?

Der Schwach-Punkt

Nun zu einer heftigen Seite Ihres Helden: Wo befindet sich der Punkt, an dem er sich komplett überfordert und hilflos fühlt? Beispiel: »Wenn meine Heldin Tag und Nacht hart arbeitet und ihre Kräfte zur Neige gehen und dann wird sie von jemandem kritisiert, dann rastet sie aus, obwohl es der andere nicht böse gemeint hat.« Fragen Sie sich jetzt: In welchen Situationen hat Ihr Held das hilf- und machtlose Gefühl, keine Wahl zu haben und einer Situation ausgeliefert zu sein? Wo zieht er sich zurück? Wo reagiert er mit Apathie und Kälte?

Der große Sprung

Wenn Sie sich die jetzige Situation Ihrer Heldin ansehen:

Was ist die eine Sache, die Ihre Heldin so richtig nach vorne katapultieren würde, wenn sie sich ab sofort und mit aller Konsequenz anders verhalten oder anders denken würde?

Dazu ein paar Beispiele:

_Meine Heldin sollte aufhören, sich so hart zu fordern, und einfach auch mal abschalten und Pause machen.

_Wenn er anfangen würde, sich selbst zu vertrauen, könnte er wirklich erfolgreich sein.

_Wenn sie sich endlich aus dieser Beziehung zurückzieht und sich einen Partner sucht, der sie wirklich liebt, dann würde sich so einiges in ihrem Leben ändern.

Also: Was ist es, das Ihrer Heldin den größten Durchbruch bringen wird?

ÜBUNG

Sind Sie stark genug für Ihre Stärken?

Während es manchen Leuten schwer fällt, sich Schwächen einzugestehen, gibt es natürlich auch das umgekehrte Phänomen: die Unfähigkeit, das Gute, Besondere und Starke in sich zu sehen. In Seminaren sind diese Menschen leicht zu erkennen: Ihre Schwäche-Liste scheint vor Informationsüberfrachtung zu bersten, während auf der gegenüberliegenden Plus-Seite einige magere Stichworte betrübt vor sich hindümpeln. Warum das so ist, darüber streiten sich die Schriftgelehrten. Schlechte Erziehung? Gesellschaftliche Prägung? Ein aus unglückseligen Ereignissen zusammengepuzzeltes Schicksal, das zu einer Verengung des persönlichen Horizonts geführt hat? Der Erklärungen gibt es viele, und vermutlich liegt der Fall bei jedem Betroffenen anders. Sicher aber ist, dass ein Verkennen der eigenen Stärken einen hohen Preis fordern kann:

Ohnmacht: Ein lähmendes Gefühl der Ohnmacht ist geradezu charakteristisch für die Mehrzahl aller Menschen, die sich ihre eigenen Stärken nicht eingestehen können. Denn ohne das Bewusstsein der eigenen Kraft fühlt man sich in der Tat »ohn' Macht«.

Arroganz/Scheu: Nein, das ist kein Widerspruch. Wer seine Stärken nicht kennt, ist im Umgang mit anderen behindert. Entweder fühlt man sich zu schwach und weicht anderen aus – oder man kaschiert das scheinbare Defizit mit einer ordentlichen Dosis Hochmut.

Abhängigkeit: Wir alle brauchen das Gefühl echter Stärke genauso wie Essen, Trinken, Schlaf, Sex und Liebe. Das sind Grundbedürfnisse. Wird es innerlich nicht gestillt, holt man es sich von außen: Status-Symbole, Karriere, die Zuneigung anderer Menschen – alles kann zur Ersatzdroge werden. Mit der Gefahr, sich »auf Entzug« zu fühlen: Aus der Verleugnung der eigenen Kräfte entsteht eine ungesunde Abhängigkeit, in der man den wechselhaften Launen seiner Umwelt ausgesetzt ist.

Stärken stärken das Vertrauen ins Selbst

Selbstvertrauen kann nur entstehen, wenn man sich seiner echten Stärken bewusst ist: ein hellwacher Verstand, der »grüne Daumen« bei Pflanzen, andere zum Lachen zu bringen, der sensible Umgang mit alten Menschen oder die Kunst, einen Motor reparieren zu können. All das sind Stärken, auf die man wirklich stolz sein kann. Einige davon kann man beruflich in klingende Münze verwandeln – andere sind mehr fürs Private geeignet. Aber wo immer wir sie auch einsetzen: Diese Stärken sind unser Privatbesitz, den uns niemand geben oder wegnehmen kann, weil wir diejenigen sind, die dabei am »Drücker« sind. Also, lassen Sie uns die Feder spitzen und unserem Helden ein paar handfeste Stärken entlocken ...

ÜBUNG

Stärke finden

Eine der großen Schwächen von Stärken ist, dass sie für uns selbstverständlich sind. Wenn wir etwas besonders gut beherrschen, schenken wir ihm kaum Aufmerksamkeit. Das ist ein großes Problem, so paradox es auch klingen mag. Das, was wir gut können, ist für uns »normal«, »nicht der Rede wert«: Das kann doch jeder. So meinen wir zumindest.

Und dennoch gibt es einfache Wege, den Stärken Ihres Helden auf die Spur zu kommen.

Was läuft gut?

Bitte nehmen Sie sich Ihre Liste mit den Lebensbereichen vor und konzentrieren Sie sich auf die Zonen, in denen es für Ihren Helden eine positive Bilanz zu ziehen gibt: Gesundheit, Besitz/Finanzen, Partnerschaft, Familie, Freunde, Beruf oder Hobbys?

Was tut Ihr Held dafür, dass es in diesem Bereich gut läuft?

Vielleicht schreiben Sie etwas wie:

»Mein Held ist ein guter Freund, der zuhören kann.«

»Meine Heldin kennt sich sehr gut mit ebay aus und kann immer wieder Schnäppchen ersteigern.«

»Mein Held ist ein ausgezeichneter Heimwerker.«

»Meine Heldin beherrscht die doppelte Buchführung im Schlaf.«

____

____

Du, kannst du mal gerade ...

Viele Menschen haben ein sehr gutes Gespür für die Fähigkeiten anderer Leute. Sie wissen ganz genau, wen sie fragen müssen, wenn sie an einer bestimmten Stelle nicht weiterwissen.

Hier ein paar typische (möglicherweise klischeehafte) Beispiele:

_Der PC-Spezi kennt sich mit Rechnern und Software bestens aus. Sobald irgendwo im Bekanntenkreis die Festplatte abstürzt, klingelt bei ihm das Telefon.

_**Die Stimmungskanone.** Sie ist meistens ziemlich gut drauf, und die Leute lieben es, in ihrer Gegenwart zu sein.

_**Der Handwerker.** Ob Waschmaschine anschließen, in die Fliesen des Badezimmers bohren oder ein Regal anbringen – er weiß, wie es geht.

_**Die Dekorateurin.** Sie hat ein gutes Händchen für alles Schöne und wird oft gebeten, bei der Gestaltung von Wohnbereichen mit Tipps und Anregungen zur Seite zu stehen.

Wenn Sie jetzt an Ihren Helden denken: Wonach wird Ihr Held gefragt? Welche Hilfe kann er geben?

Der Stärken-Generator

Der Stärken-Generator[11], der Ihnen auch als interaktives Werkzeug im digitalen Fundus zur Verfügung steht, führt Sie durch eine Reihe von Fragen, um aus den erfolgreichen Erlebnissen, in denen Ihnen etwas leidenschaftlich gut gelungen ist, Stärken zu destillieren.

Die Übung ist einfach und macht viel Spaß.

Frage 1: Finden Sie ein Erfolgserlebnis
Was ist Ihnen einmal oder vielleicht sogar mehrmals ganz besonders gut geglückt?

Denken Sie doch bitte einmal zurück und finden Sie die Erinnerungen und Erlebnisse, in denen Sie:

_eine große Herausforderung mit Bravour gemeistert haben

_etwas richtig Gutes auf die Beine gestellt haben

_vielleicht so sehr vertieft waren, dass die Zeit nur so an Ihnen vorbeigerauscht ist

_etwas besonders gerne getan haben

_etwas getan haben, das Ihnen fast wie von selbst gelungen ist

_etwas getan haben, das Ihnen richtig Spaß gemacht hat

ÜBUNG

Schreiben Sie jetzt spontan (und schnell) auf, was Ihnen dazu einfällt.

Wählen Sie jetzt ein Erfolgserlebnis aus und notieren Sie es als Stichwort.

Beispiel: Ich habe vor einigen Jahren ein Hörspiel geschrieben, das vom RIAS Berlin vertont wurde. Mein Stichwort lautet also: »Hörspiel«..

Frage 2: Was war das Ziel, das Sie damals verfolgt haben?
In meinem Beispiel: eine eigene Kurzgeschichte als Hörspiel umschreiben und einen Rundfunksender für die Produktion finden.

Frage 3: Welches Problem mussten Sie lösen?
Welche Schwierigkeiten haben sich bei der Umsetzung in den Weg gestellt? Welche Hürden mussten Sie meistern?

Bei mir gab es folgende »Probleme«: Ich hatte bis dahin noch nie ein Drehbuch geschrieben. Und ich wusste nicht, wie man ein Drehbuch »an den Mann oder die Frau« bringt.

Frage 4: Was haben Sie konkret getan, um Ihr Ziel zu erreichen?
In diesem Fall sind konkrete Handlungen und Maßnahmen gefragt. Beim »Hörspiel« bin ich bspw. wie folgt handfest vorgegangen:

_Ich habe mir ein »Handbuch für Autoren« gekauft, um herauszufinden, wie das »Schreib-Business« funktioniert.

_Ich habe das Manuskript einfach direkt und ohne Umschweife in einem Rutsch über mehrere Tage hintereinander weg geschrieben.

_Ich habe es einem anderen Autoren zu lesen gegeben, der mir wertvolles Feedback für die Überarbeitung gab.

_Ich habe mir nach der Überarbeitung vier Radiosender herausgegriffen und diese einfach angeschrieben.

_Nachdem sich eine Redakteurin des RIAS Berlin kurze Zeit später gemeldet hatte, bin ich mit ihr in einen konstruktiven Dialog gegangen, um das Drehbuch weiter zu verbessern und zu optimieren.

Frage 5: Welche Fähigkeiten haben Sie dabei an den Tag gelegt?
Jetzt geht es darum, aus dem konkreten Verhalten allgemeine Fähigkeiten herauszuarbeiten. Bei meinem »Hörspiel« konnte ich folgende Fähigkeiten herausfinden:

_**Kreativität:** Ich war kreativ, künstlerisch tätig (Schreiben).

_**Lernfähig:** Ich war in der Lage, Kritik konstruktiv zu nutzen (manchmal zugegebenermaßen auch etwas widerwillig).

_**Praxisorientiert:** Ich war direkt und geradeaus. Statt lange zu grübeln, habe ich einfach gehandelt.

_**Intuition:** Ich bin meiner »inneren Stimme« gefolgt.

_**Selbstvertrauen:** Ich habe an mich geglaubt.

ÜBUNG

ÜBUNG

Diese Übung funktioniert übrigens nicht nur bei den ganz großen »Höhepunkten« des Lebens, sondern auch bei den so genannten Kleinigkeiten: einem gelungenen Essen, das Sie gekocht, einen Garten, den Sie angelegt, oder einen Streit zwischen Freunden, den Sie erfolgreich geschlichtet haben.

Ihr Lebensdrehbuch

Den Helden charakterisieren

Ergänzen Sie jetzt abschließend das Drehbuch um vier Szenen, in denen Ihr Held Stärken oder Schwächen zeigt. Das können vier verschiedene Szenen sein oder eine Sequenz, in der beide Seiten zum Tragen kommen.

Als Beispiel eine typische Szenenabfolge aus meinem Leben:

_Martin nimmt sich zu viel vor, arbeitet bis spät in die Nacht und fühlt sich gehetzt und gestresst.

_Martin arbeitet an einem Konzept. Als er später im Bett darüber nachdenkt, tauchen viele Zweifel auf, die ihn verunsichern. Ist das Konzept wirklich gut? Vermutlich nicht! Unzufrieden schläft er ein.

_Als er sich am nächsten Morgen das Konzept vornimmt, entdeckt er, dass es ihm immer noch gefällt. Die Zweifel aber helfen ihm, es noch zu verbessern.

_Martin präsentiert sein Konzept vor einem Kunden. Er kann auf alle Einwände des Kunden eingehen, weil er sich im Vorfeld gut vorbereitet hat. Am Ende ist der Kunde überzeugt und gibt ihm einen Auftrag.

Wie immer gilt: Ihre Szenen müssen nicht perfekt sein. Im Gegenteil, es reichen auch Stichworte oder kurze Sätze. Wir sind noch dabei, uns aufzuwärmen und erste Erfahrungen zu sammeln. Entscheidend ist nur, dass Sie aus der Distanz des Drehbuchautors einen guten Zugang zu Ihrem Helden finden.

Zusammenfassung

Herzlichen Glückwunsch: Sie haben die erste Station unserer gemeinsamen Reise gemeistert. Bevor wir jedoch zu Ihrem Ruf kommen, Ihrer Einladung zu Ihrem ganz persönlichen Abenteuer, gestatten Sie mir abschließend eine Zusammenfassung der wesentlichen Kernaussagen:

Ein Held braucht nicht nur Stärken, sondern auch Ecken, Kanten und Schwächen
Je reichhaltiger ein Held mit – durchaus – widersprüchlichen Charakterzügen ausgestattet ist, desto eher kann man sich mit ihm identifizieren. Und desto interessanter wirkt er.

Spannung ist wichtig für jede Story (und jedes Leben)
Auch wenn wir Konflikte und Probleme nicht immer positiv sehen: Sie verleihen einem Roman, einem Film und auch unserem Leben Spannung.

Das Märchenhafte von Mythen ist ein Kunstgriff für unsere Fantasie
Dass viele Romane und Filme in fremden Welten spielen, ist nur ein Bonbon, das eine bodenständige Botschaft beinhaltet, die gehört und verstanden werden möchte.

Pluralismus zählt
Beim Drehbuchschreiben ist es wie im echten Leben: Erst beide Seiten einer Medaille ergeben ein Ganzes.

Schwächen sind stark
Schwächen, die Sie an sich wahrnehmen, sind ein Zeichen, dass Sie Lust haben, sich weiterzuentwickeln.

Das Publikum liebt Schwächen
Die Herausforderung durch Probleme und Schwächen ist etwas zutiefst Menschliches, das uns alle anspricht.

Stärken sind heilsam
Wem das Bewusstsein für die eigenen Stärken fehlt, fühlt sich oft ohnmächtig, abhängig und hat Schwierigkeiten im Umgang mit anderen.

Anmerkungen

Web-Tipp

Zu dieser Etappe finden Sie unter *http://das-buch.qu-e-st.de*:

_Fragen und Antworten zu Stärken und Schwächen

_Den Stärken-Generator als interaktive Anwendung

Fußnoten

[1]: Es ist sprachlich immer wieder schwierig, zugleich auf die weibliche und männliche Form von Worten einzugehen. Entweder endet man in Sprachkonstrukten (BürgerInnen) oder man bläht den Text unnötig auf. Der Einfachheit halber wechsele ich immer wieder mal von der männlichen zur weiblichen Bezeichnung.

[2]: Cameron, 1999, Seite 17

[3]: Cameron, 1999, Seite 20

[4]: Henderson, 1998, Seite 22

[5]: Harald Wessbecher, Selbstverantwortung und Vertrauen, Vortrag, 1992

[6]: Professor an der Universität St. Gallen

[7]: http://www.manager-magazin.de/koepfe/mzsg/0,2828,179489,00.html

[8]: Siehe: http://www.manager-magazin.de/koepfe/mzsg/0,2828,182013,00.html

[9]: Matthias Horx, 1995, Seite 25

[10]: Vogler, 1992, Seite 44. Siehe auch http://www.thewritersjourney.com/employee-bios.html

[11]: Richard Nelson Bolles, USA 2003

DER RUF

Jede Reise beginnt mit einem Ruf,
einer Einladung zu einem Abenteuer.

_Die Pforte

_Der Ruf

_Die Entscheidung

_Der Weg

_Der Drache

_Das Elixier

_Die Rückkehr

Ein erster Ruf

Das Ziel dieser Reise-Station ist es, Ihnen dabei zu helfen, Ihren Ruf herauszufinden. Dabei spielt es keine Rolle, ob es sich schon um eine relativ deutlich ausgestaltete Zukunftsvision handelt oder eher um eine intensive Sehnsucht, der noch die klaren Bilder fehlen. Beides ist richtig. Denn es geht beim Ruf eher um eine Richtung als um ein eindeutig definiertes Ziel.

Ich werde mit Ihnen den Ruf von ganz verschiedenen Seiten angehen. Es ist gut möglich, dass Sie schon nach den ersten Seiten wissen, was es ist. Dann wäre Ihre Aufgabe gelöst.

Es ist hilfreich, sich für die Lektüre der nächsten Seiten einen Stift zur Hand zu nehmen, um sich spontan Notizen machen zu können. Ich schlage Ihnen vor, dass Sie den Text zunächst einfach nur durchlesen und die Fragen, die Sie über die Seiten verstreut finden, so beantworten, wie es Ihnen in den Sinn kommt. Fällt Ihnen zu einer Frage nichts ein, lesen Sie einfach weiter.

Sollten Sie Ihren Ruf nicht sofort finden, gönnen Sie sich in jedem Fall am Ende dieses Abschnittes eine Pause. Oft entfalten die Geschichten und Erlebnisse, die ich Ihnen erzählen werde, erst etwas später ihre volle Wirkung.

Fosters Haus in San Francisco (rechts unten sieht man übrigens seinen quietschgelben Kastenwagen). Das Fenster, in dem ich saß, als mich mein Ruf ereilte, liegt im ersten Stock.

Wie gesagt: Sie müssen noch keine vollständig klare Zielrichtung vor Augen haben. Es reicht, wenn Sie innerlich eine erste Ahnung, eine erste Sehnsucht spüren. Die Details können und werden wir später ausarbeiten.

San Francisco

Es war an einem Abend Ende Januar 1987, als mich ein – erster – Ruf ereilte, der schließlich mein ganzes Leben verändern sollte. Ich befand mich auf einer zweiwöchigen Geschäftsreise in den USA und hatte gerade eine Zwischenstation in San Francisco eingelegt.

Foster Reed, der Besitzer eines kleinen Musiklabels, hatte mich eingeladen, bei ihm für ein paar Tage zu Gast zu sein. Er lebte zusammen mit seiner Familie in einer jener altmodischen Holzvillen, die eine anmutige und zugleich gemütliche Eleganz ausstrahlen.

Am zweiten Abend setzte ich mich nach einem ausgiebigen Essen in den Erker des Wohnzimmers und blickte auf das abendliche Panorama von San Francisco. Foster war in den Keller gegangen, und seine Frau hatte die Kinder mit in die Küche genommen, um den Abwasch zu erledigen. So saß ich nun in der mit Sitzpolstern ausstaffierten Nische und sah auf die vielen kleinen Lichterschnüre hinunter, die sich durch die Straßen der Stadt schlängelten. Und in genau diesem Augenblick überkam mich eine unglaublich große Sehnsucht.

Es war ein tiefer, intensiver Wunsch nach –

einem anderen Leben.

Nach was genau, vermochte ich in dem Augenblick nicht zu sagen. Es war einfach ein starkes, noch unbestimmtes Drängen nach einem Leben, das anders war als mein jetziges. Und der Gedanke daran ließ eine tiefe Traurigkeit in mir hochsteigen.

Kurze Zeit später, vielleicht nach ein oder zwei Minuten, zog sich das Gefühl wie eine Welle, die sich überschlagen hatte, wieder zurück und – hinterließ in mir eine eigenartige Empfindung von Fremde. Ich wusste nun: Etwas stimmte nicht in meinem Leben.

Das Geklapper und Gekicher aus der Küche holte mich zurück in die Gegenwart. Da saß ich nun von einem pulsierenden Fragezeichen befruchtet und wusste nicht, was tun. Schließlich kam Foster wieder ins Wohnzimmer, und wir verbrachten noch einen langen, unterhaltsamen Abend, ohne dass ich weiter an die große Sehnsucht denken musste, die mich im Erker ergriffen hatte.

[*Was finden Sie in Ihrem Leben einfach nicht mehr in Ordnung?*

Was müsste sich dringend ändern?]

Ich kehrte wenig später nach Deutschland zurück, wo die Brandung des Alltags mit all ihrer Betriebsamkeit über mir zusammenschlug – und so vergaß ich den Vorfall.

Eines Tages, es war mittlerweile Mai, trottete ich nach einem arbeitsreichen Tag von der Bushaltestelle nach Hause, als es plötzlich und unvermutet zu regnen begann. Da ich keinen Schirm dabei hatte, flüchtete ich unter einen Baum, stellte meine Tasche ab und blickte in den Himmel hoch. Ich sah die grünen Blätter des Baums und darüber die grauen Wolkenschwären, die sich zum Horizont hin jäh in ein sonnendurchflutetes Blau lichteten. Ich hörte das Rauschen und Geprassel des Regens, sah das Zittern der Äste und spürte die warme, feuchte Maiwärme auf meiner Haut. Und in genau diesem Augenblick drang mit starker Wucht eine Frage in mir hervor: »Martin, was machst du hier eigentlich?« Ich spürte, wie mir unwillkürlich die Tränen hochstiegen. Blitzartig schossen Bilder meines jetzigen Lebens vor die Augen: das sündhaft teure, aber vollkommen einsame Appartement in Oberkassel, mein Schreibtisch im Büro, die leeren Abende am Wochenende ...

Ich war erst fünfundzwanzig und trotzdem hatte ich das Gefühl, irgendwie an einer Endstation gestrandet zu sein. Achtung Fahrgäste: Bitte aussteigen!

Was machte ich also hier eigentlich? Das war die Frage.

Und um ehrlich zu sein: Ich konnte mir keine gescheite Antwort darauf geben. Heute, fünfzehn Jahre danach, weiß ich, was nicht stimmte: Ich hatte mich in Düsseldorf in einen beruflichen Ehrgeiz vergraben und dabei den Faden verloren.

Diese Erfahrung konnte ich in den darauf folgenden Wochen nicht vergessen, und ich wusste instinktiv, dass sie mit meinem Erlebnis in San Francisco zusammenhing. Mir war klar, dass beide aus ein und der selben Quelle empor gestiegen waren. Und was mich am meisten daran beunruhigte, war nicht die Einsicht, dass etwas in meinem Leben nicht stimmte. Sondern dass etwas tief in mir offensichtlich besser Bescheid wusste als ich.

Einige Wochen später besuchte ich einen alten Freund in meiner Heimatstadt Bielefeld. Er teilte sich gemeinsam mit einem jungen Schriftsteller eine 3-Zimmer Wohnung, die an allen chaotischen Symptomen einer typischen WG litt – aber um ein Vielfaches sympathischer wirkte als mein fußbodenbeheiztes und mit Marmorbadezimmer ausgestattetes Appartement im Düsseldorfer Edelviertel Oberkassel.

Wir kochten an dem Abend gemeinsam, tranken Wein, erzählten Geschichten und lachten viel. Später kamen noch andere Gäste hinzu, und wir waren eine ziemlich ausgelassene Gruppe. Die Dämmerung hatte schon eingesetzt, als ich in einer kurzen Verschnaufpause auf den Balkon trat und auf die Bäume eines Parks blickte, der direkt an den Garten des Hauses grenzte. Zu meiner Linken ging ein Licht an, und ich sah durch die verschleierten Scheiben eines kleinen Badezimmerfensters schemenhaft eine Frau in eine Badewanne steigen. Ich wandte mich ab, sah wieder zu den Bäumen hinaus, und in diesem Augenblick ergriff mich erneut eine tiefe Sehnsucht, nur dass sie diesmal anders war: Konkreter. Direkter. Klarer. Kein Zweifel: Hier! fühlte ich mich wohl. Der Blick auf die Bäume, der italienische Knoblauchgeruch, das Lachen der Freunde, die warme Sommerluft und das Gefühl einer tiefen Sehnsucht nach einem Leben jenseits von Umsatz, Erträgen und verkauften Stückzahlen war nun so deutlich, dass ich instinktiv beschloss, nach meiner Rückreise eine neue Richtung einzuschlagen. Ich hatte keine Ahnung, was ich tun sollte, ich wusste nicht, wohin ich mich wenden sollte und ich konnte beim besten Willen nicht die Konsequenzen meiner Entscheidung abschätzen. Aber das war mir in diesem Augenblick vollkommen egal. Ich wusste nur: So lebe ich nicht weiter.

Birgit, die „Frau im Badezimmer".

Gedacht. Getan. Nach Düsseldorf zurückgekehrt sprach ich mit meinem damaligen Arbeitgeber, der mich bat, den Sommer über noch zu bleiben, bis er einen geeigneten Nachfolger gefunden hatte. Dafür bot er mir im Gegenzug ein Arrangement an, das mich zumindest für einige Monate nach dem Ende der Tätigkeit finanziell absichern würde.

Etwas erwacht

Kurze Zeit später ging ein Angebot für einen ATARI-Computer durch die Firma, und ich beschloss spontan, einen zu kaufen. Vielleicht, dachte ich, kann ich ja mal wieder versuchen, etwas zu schreiben.

Ich hatte bis dahin mehrere Anläufe gemacht. Auch schon mal ein paar Kurzgeschichten geschrieben. Aber ich war mit der Schreibmaschine und der Vorstellung, immer alles richtig tippen zu müssen, nicht zurecht gekommen.

Meine Ahnung erwies sich als richtig: Kaum hatte ich den Computer ausgepackt, sprudelte es aus mir heraus.

Natürlich waren die ersten Gehversuche äußerst ungelenk. Aber das störte mich nicht. Denn was viel mehr zählte, war die enorme Intensität, mit der das Schreiben aus mir heraus brach. Kaum hatte ich mich abends nach der Arbeit an meinen Rechner gesetzt, schrieb es schon in mir los. Richtig gelesen: »es« schrieb. Ich saß nach innen lauschend da und tippte ein, was ich innerlich hörte. Manchmal kam ich an einen Punkt, an dem ich nicht mehr hörte – sondern nur noch tippte. So saß ich da, Abend für Abend, und begann nach und nach die ersten achtzig Seiten eines Romans zu verfassen.

»Verhonkt« – aber glücklich: in meinem WG-Zimmer – am Hörspiel arbeitend.

Anfang Oktober verließ ich Düsseldorf und traf gegen Abend, begleitet von einem feuchtkalten Nieselregen, in meiner Heimatstadt Bielefeld ein, um in ein 12qm großes und mit lauter Ramsch zugestelltes WG-Zimmer ohne Heizung zu ziehen. Als ich mich nach dem Abendessen in mein Zimmer zurückzog und auf das Sofa legte – für ein Bett gab es einfach keinen Platz–, war ich trotz der etwas desolat wirkenden Umgebung irgendwie: glücklich.

Und zugleich fragte ich mich beunruhigt, was jetzt aus meinem Leben werden würde.

Heute, fünfzehn Jahre, später weiß ich, dass meine Beunruhigung verständlich, aber unbegründet war. Lassen Sie mich in einigen kurzen Sätzen die Ereignisse zusammenfassen, die sich in den nächsten Monaten auftaten. Die Frau, die ich an jenem Sommerabend baden gesehen hatte, wurde meine Freundin. Uns verband eine sehr intensive, lebhafte Beziehung, die zwei Trennungen überlebte und schließlich in eine enge platonische Freundschaft mündete, die mich heute noch mit ihr verbindet.

Mein Mitbewohner Florian, der ja selbst schrieb, erwies sich als sehr kompetenter Beschützer für meine eigenen schriftstellerischen Gehversuche. Zwischen uns entspann sich ein durchaus kontroverser, aber sehr fruchtbarer Diskurs, mit dem ich meinen eigenen Schreibstil erheblich weiter entwickeln konnte.

Den Roman legte ich nach ca. 140 Seiten beiseite, aber der Drang zu schreiben war so intensiv, dass ich stattdessen einige Kurzgeschichten verfasste. Die Beste davon schrieb ich, wie in der letzten Station schon erwähnt, zu dem Hörspiel *Der Name des Spiels* um, das der RIAS Berlin u.a. mit der Synchronstimme von Robert De Niro produzierte und das von verschiedenen Sendern ausgestrahlt wurde.

Meine schriftstellerische Arbeit führte mich schließlich zu der Entdeckung von NLP, die mein ganzes Leben veränderte und die letztendlich zur Folge hatte, dass ich Ihnen diese Zeilen schreibe.

19. Januar SA

Deutschlandfk.

NACHR. *zur vollen Stunde (außer 21.00); dazu 4.30, 5.30, 6.30, 7.30*
5.05 Melodie und Rhythmus. 5.35 Presse. **6.10** Musik; 6.35 Andacht: Pastor Klaus Dierschauer, Bremen / 7.05 Presse. **8.10 Journal.** Welttreffen der Skilehrer in St. Anton (Live). Mit Dietmar Timm. **9.05** Presse. **10.05** Klassik, Pop, et cetera. Mit Angelo Branduardi. **11.05 Karnevalsschlager.**
11.50 Landfunk. **12.10** Informationen: 12.50 Presse / 13.10 Themen der Woche / 13.30 Eine Welt. **14.05 Franz Grundheber, Bariton.** Porträt von Barbara Stein. **15.05** Ein Streifzug durch die Berliner Szene. Von Harald Kleinschmid. **16.10** Büchermarkt. **16.30** „Pinnwand". **17.30** Kultur. **18.10** Informationen. **18.40** Politik. **19.10** Sport und Musik. **20.05 Der Name des Spiels.** Hörspiel von Martin Weiss. – Michelle Leijders (Ad Hoeymans). Trummel (Helmut Ahner). Pherguson (Van S. Wunder). Sekretärin (Marietta Bürger). Frau (Helga Lehner). S., Biograph (Max-V. Martens). Zuhälter (Curt LaReine). Arthur Havenstein, 19, 27 und 34 Jahre (Siemen Rühaak). Arthur Havenstein, 73 Jahre (Hans Teus ner). Arthur Havenstein,) Jahre (Felix Leiberg). agmar Havenstein (Ma eike Carrière). Horst Daub (Christian Bruckner). – Regie: Celia Turner. Ca. **21.35** Jazz-Studio. **22.05** Sport. **22.15** Eurosounds. **0.05 Catarina Valente** zum 60. Geburtstag. **2.05** Jazz. **3.05-5.00 Klassik zur Nacht**

Radio Aktuell

4.05 Frühzeit; 6.08 Presse / 7.33 Reisewetter. **8.05** Musik und Werbung. **8.40** Das Butzemannhaus. **9.05** Wirtschaft. **9.15 Spaßvögel.** **10.05** Presse. **10.10** 57 78 – Hörzeit. **12.05** Für und Wider. **12.55** Die Wasserstände. **13.05** Ohrzeit. **16.05 Musik spezial:** Ray Charles. **17.05** Sportzeit. **18.05** Soft-Mix. **18.55** Der Sandmann. **19.00** Politik und Sport. **19.30** Er-Volksmelodien. **20.05 Deutsche Rockmusik.** **21.05** „Sams-Takt"; 22.05 Sport heute; 23.50 Literatur. **0.05-4.05 Pop-Mobil.** Pop-Specials / Telefonkontakt: 57 78

DS Kultur

5.05 Klassisch aufstehen. **8.10 Keller-Quartett;** Kalman Berkes, Klarinette: Bartok, Mozart. **10.05** Kontrovers. **11.00** Orchestermusik. **12.05** Interview. **12.20** Cembalomusik von J. A. P. Schulz. **12.30** Kirchenjournal. **13.05** Presse. **13.10 Chormusik.** **14.05** Untopien: Kommt die Info-Diktatur? **14.45** Kritiker am Mikrofon. **15.15 Musikal. Weltliteratur.** **17.05** Aus Politik und Gesellschaft. **17.30** Kulturspiegel. **18.10** Alte Musik. **19.05 W. A. Mozart.** Eine kleine Nachtmusik KV 525 / Violinkonzert B-Dur KV 207 / Sinfonia Concertante Es-Dur KV 297 b. **22.05 „Infarkt".** Von Joachim Walther (Hörspielpreis 1991). **23.00 Neue Musik:** A. Lourie, Ch. Ives, Stockhausen. **0.05** bis **5.00 Nacht spezial;** 1.35 „Ediths Tagebuch". Hörspiel von M. Pfennig

Diese sehr persönliche Schilderung meiner Erlebnisse sollte Sie nicht zu der Annahme verleiten, dass es bei Ihnen genauso ablaufen müsste. Ganz im Gegenteil.

Jeder Mensch hört seinen Ruf anders.

Trotzdem zeigt meine Geschichte einige typische Merkmale, die einen echten Ruf auszeichnen. Lassen Sie uns diese gemeinsam jetzt untersuchen – und durch weitere Beispiele ergänzen.

Fangen wir mit den äußerlichen Aspekten an ...

Wie tritt ein Ruf in Erscheinung?

Wie Sie meiner Geschichte entnehmen konnten, trat mein Ruf als starke Emotion in Erscheinung, die mir an bestimmten Punkten den Weg wies. Das war für mich genau richtig. Aber für Sie kann der Ruf ganz anders in Erscheinung treten.

Zum Beispiel als konkretes Job-Angebot, das sie anspricht, als Leidenschaft, die in Ihren Tagträumen pulsiert, oder auch als ein Problem, das Sie unbedingt lösen möchten.

[Woran müssen Sie in letzter Zeit immer wieder denken, das Sie endlich mal in Angriff nehmen sollten?]

Der Ruf kann – wie bei mir – als Gefühl auftreten, in Form von Bildern oder auch als innere Stimme. Oft nehmen wir den Ruf über mehrere Sinne wahr. Wir sehen etwas, spüren ein innerliches Kribbeln und denken: »Damit müsste ich mal was auf die Beine stellen.«

Harry Potter: Ein Ruf kommt immer wieder

Es gibt einen klaren Unterschied zwischen einem spontanen, aber unwichtigen Impuls und einem echten Ruf. Ein Impuls drängt sich momentan auf, ist aber schon kurze Zeit später vergessen. Ein echter Ruf dagegen kommt einfach immer wieder und bleibt auch dann beharrlich, wenn wir ihn verdrängen oder einfach nur ignorieren.

In meiner Geschichte meldete sich der Ruf kontinuierlich zurück. Hätte ich nicht nach dem halben Jahr die Konsequenzen gezogen, hätte er sich immer wieder bei allen passenden Gelegenheiten gemeldet, um mir zu sagen: »Hallo Martin, dein Leben sollte jetzt in eine andere Richtung gehen.«

Dieses Motiv finden wir übrigens bei Harry Potter besonders deutlich wieder: Eines Tages trifft ein Brief für Harry Potter ein, der ihn zum Besuch der Zauberschule Hogwarts einlädt. Natürlich zerreißt Onkel Vernon diesen Brief. Aber am nächsten Tag kommt wieder ein Brief, den Vernon ebenfalls verschwinden lässt. Obwohl er sich mit einem Schlafsack auf die Lauer legt, kommen am Freitag zwölf und am Sonnabend sogar vierundzwanzig Briefe. Am Montag sind es hundert, und im Film sehen wir schließlich, wie tausende von Briefen das ganze Haus durchflattern.

Diese Metapher zeigt, wie der Ruf »funktioniert«. Er meldet sich zunächst mit leiser, normaler Stimme und wird eindringlicher, wenn man ihn überhört.

Luke Skywalker: Der erste Ruf ist oft unspezifisch

Es wäre schön, wenn wir wie Harry Potter eines Tages einen Brief bekommen würden, in dem etwas steht wie: »Sehr geehrte/r ..., die Behörde für Lebensplanung teilt Ihnen mit, dass Ihr Leben zum 01.07. eine neue Wendung nimmt. Ihre Aufgabe wird es sein, innerhalb der nächsten fünf Jahre eine Musikschule zu gründen, viele Kinder zu unterrichten und so einerseits ihren eigenen musikalischen Ambitionen Rechnung zu tragen und andererseits einen Beitrag zum kulturellen Leben Ihrer Stadt zu leisten.«

Oft ist es umgekehrt: Man spürt zunächst vielleicht nur eine Unzufriedenheit. Dann kommen ab und zu Gedanken wie: »Ich würde ja gerne mal was anderes machen.« Vielleicht entdecken Sie dann später beim Stöbern auf dem Dachboden einen Koffer mit Noten, der Sie sentimental, aber auch nachdenklich stimmt. Sie erinnern sich, wie viel Spaß Sie früher daran hatten, wenn Sie musiziert haben, und spüren den unbestimmten Wunsch, irgendetwas damit zu machen: »Wäre es nicht schön, wenn ich ...?« Gut möglich, dass an diesem Punkt ein Onkel Vernon in Ihren Gedanken anspaziert kommt und lamentiert: »Aber das geht doch nicht. In deinem Alter! Wie stellst du dir das vor? Vergiss es!« Und Sie legen – vielleicht mit einem Seufzer – die Noten wieder zurück. Die Sehnsucht jedoch bleibt.

[*Welche tiefe Sehnsucht verspüren Sie immer wieder?*]

Und darum lässt Sie der Gedanke doch nicht los, beschäftigt Sie weiter, und vielleicht treffen Sie eines Tages eine Bekannte auf der Straße, die beklagt, dass in der Stadt keine gescheite Musikschule zu finden sei. Oder Sie lesen in der Zeitung über dieses Manko. Oder Sie melden Ihr eigenes Kind bei einer Schule an und sind empört, wie unfreundlich die Mitarbeiter dort sind. Es spielt eigentlich keine Rolle, wie Sie es erfahren. Nur früher oder später wird es einen Punkt geben, an dem sich Ihre ersten vagen Gefühle zu einer konkreten Aufgabe kristallisieren und sich von dort aus zu einer handfesten Chance und Herausforderung mausern.

So wird Luke Skywalker aus *Star Wars* am Anfang zunächst auch von einer anonymen Unruhe erfasst, einem Drang, in die Welt hinauszuziehen. Man könnte hier schon von einem Ruf sprechen. Aber es bedarf noch eines Katalysators, eines Auslösers, der den Funken entzündet. Bei Luke ist dies die Botschaft, die der Roboter R2D2 überbringt: Prinzessin Leia hat die Pläne eines »Todessterns« gestohlen. Sie bittet darum, diese dem Jedi-Ritter Obi Wan Kenobi zu übergeben, der sie der Gruppe der Rebellen zukommen lassen soll.

Obi Wan erzählt Luke, dass dessen Vater einst ein Raumfahrer und Jedi-Ritter war, und überreicht ihm sein Laserschwert. Dies ist der Augenblick, in dem Lukes Sehnsucht auflodert. Denn Luke hat jetzt sein Ziel gefunden: Er will, wie sein Vater, Jedi-Ritter werden.

Amélie: Der Ruf kann scheinbar als Zufall auftreten

Oft sind es kleine Zufälle, die uns zu unserem Ruf führen. Nehmen Sie dazu auch meine eigene Geschichte: Der Blick auf die Bucht von San Francisco, der Frühlingsregen oder der sommerliche Abend auf dem Balkon waren alles Auslöser, die in meinem Inneren eine – schon vorhandene – Saite anzupften und zum Schwingen brachten.

Amélie geht es in ihrer eigenen fabelhaften Welt ganz ähnlich. Als sie eines Abends am 30.08.1997, um genau zu sein, im Bad steht, sieht man im Fernseher ein Zimmer weiter einen traurigen Nachrichtensprecher, der den Unfalltod von Lady Di bekannt gibt. In diesem Augenblick fällt Amélie der Verschluss eines Parfums zu Boden, der über den Boden zu einer Randfliese kullert, dagegen schlägt und sie lockert. Neugierig geht Amélie zu der gelösten Fliese und entdeckt, dass sich dahinter ein Hohlraum befindet, in dem etwas versteckt ist. Ein altes Kästchen, das vor über vierzig Jahren ein kleiner Junge dort deponiert hatte – randvoll gefüllt mit kleinen Spielzeugfiguren und alten Fotografien und Postkarten. »Nur wer als Erster die Grabstätte Tutenchamuns betreten hat«, kommentiert ein unsichtbarer Sprecher diese Szene, »kann nachempfinden, was in Amélie vorgeht, als sie die Schachtel begutachtet.«

Dieses Kästchen lässt Amélie keine Ruhe. Nachts um 04.00 Uhr schließlich hat sie eine Eingebung: »Wo auch immer der Eigentümer des Kästchens mit den Andenken sein mag: Sie wird seine Spur finden und ihm seinen Schatz zurückgeben. Sollte er gerührt sein, steht fest: Sie wird beginnen, sich in das Leben anderer einzumischen. Wenn nicht, Pech gehabt.«

Weil *Die fabelhafte Welt der Amélie* als eine leichtfüßige, zuweilen bissige und auch melancholische Komödie daherkommt, hört Amelie Ihren Ruf recht undramatisch – im Gegensatz zu Harry, Luke und Rose, auf die ich gleich noch zu sprechen kommen werde.

Obwohl, so ganz stimmt auch das nicht. Denn Regisseur und Autor Jean-Pierre Jeunett kreuzt das auslösende Erlebnis mit der Todesnachricht von Lady Di, ohne jedoch weiter darauf einzugehen. Danach taucht dieses Ereignis immer wieder nur am Rande auf und wird nie explizit angesprochen. Was es damit auf sich hat, werde ich später noch näher beleuchten. Für den jetzigen Augenblick möchte ich nur herausstellen, dass Amélies Ruf äußerlich betrachtet einem Zufall entspringt. In Wahrheit aber war die Zeit reif. Es bedurfte nur noch eines Steins des Anstoßes, der sie aus ihrer Fantasiewelt weckt.

Rose: Der Ruf als Inspiration und Problem

Wie bereits mehrmals angedeutet, kann der Ruf sowohl als Inspiration als auch als Problem auftreten. Oft begegnet er uns jedoch in beiden Formen zugleich.

Die Inspiration zeichnet sich dadurch aus, dass etwas in uns in Bewegung gerät, wir eine Begeisterung hochbranden spüren und leuchtende Augen bekommen.

[Welche Herausforderung steht in Ihrem Leben zurzeit vor Ihnen - und wartet darauf, gemeistert zu werden?]

Das Problem ist das genaue Gegenteil: Wir werden mit einer Herausforderung konfrontiert, die zu lösen ist. Das kann eine äußerliche Schwierigkeit sein, aber auch eine seelische Verletzung.

Rose aus *Titanic* wird ebenfalls mit beiden Seiten des Rufs konfrontiert. Wir wissen schon, dass sie einen Mann heiraten soll, den sie nicht liebt. Sie fühlt sich als Gefangene in einer Situation, der sie - scheinbar - nicht mehr entfliehen kann. Sie geht sogar so weit, sich umbringen zu wollen. Das ist ihr Problem.

In dieser Situation begegnet sie Jack, der sie mit viel Humor von der Reling des Schiffs aufs Deck zurücklockt. Jack symbolisiert ihren echten Herzenswunsch: Er ist ein Künstler, der frei und ungebunden in den Tag hineinlebt. Für Rose tritt der Ruf in Form einer großen Liebe ins Leben. Das ist ihre Inspiration.

Was »will« der Ruf?

Jeder Ruf ist einzigartig. Für einige führte der Ruf in eine berufliche Richtung, für andere wiederum ging es um Themen wie Partnerschaft, Ehe oder Familie.

Einige machten ihr Hobby zum Beruf; andere wiederum haben sich neben ihrer Arbeit ein neues Hobby aufgebaut, das ihrem Leben Sinn und Erfüllung verleiht.

So eröffnete ein Teilnehmer des **Quest-Online-Seminars** eine Schachgruppe für Kinder, und eine andere Teilnehmerin schloss sich nebenberuflich einer Kabarettgruppe an. Sie schrieb mir: »Lieber Martin, du sollst der Erste sein, der erfährt, was mir widerfahren ist! Ich habe meine große Liebe und Leidenschaft entdeckt. Heute hatte ich einen Vorspieltermin bei einer fünfköpfigen kabarettistischen Frauengruppe ... Es war heute wie Liebe auf den ersten Blick. Meine Ideen sind nur so aus mir herausgesprudelt. Ich wollte schlafen, aber wie du siehst, musste ich aufstehen und dir alles gleich mitteilen. Schon immer hatte ich ein Faible für Musik, nur ist es mir bisher nie gelungen, es an den man/frau zu bringen. Phönix aus der Asche. Es ist so wunderbar, wenn jemand genau das sucht, was man einfach so aus dem Ärmel schütteln kann. Es ist wie ein riesiges Geschenk. Ich kann es noch gar nicht fassen.«[1]

Eine weitere Teilnehmerin schrieb mir im Forum meines Online-Seminars: »Hallo Martin, ich habe im Moment einfach das Gefühl, dass gerade kein Ruf da ist, der gehört werden will. Beruflich habe ich alles erreicht, was ich mir vorgenommen habe. Mir geht es im Augenblick in allen Lebensbereichen richtig gut – ich weiß jetzt nicht so recht, wie weiter. Hast du einen Tipp für mich?«

Nachdem wir uns über ihr Problem ausgetauscht hatten, schrieb sie mir: »Ich bin derzeit wieder in einer Phase, wo es ›ernst‹ wird, denn ich suche derzeit mit meinem Freund zusammen eine Wohnung – und das ist für mich schon eine Art Abo für eine gemeinsame Zukunft.« Und so fragte ich sie, ob ihr Ruf vielleicht darin bestünde, sich auf einen anderen Menschen voll und ganz einzulassen.

Ihre Antwort kam prompt: »Martin, das ist es! Für mich war das, was ich jetzt als meinen Ruf beschreibe, so selbstverständlich, dass ich sogar schon mit ein paar Leuten darüber gesprochen habe! Eigentlich gab es also diesbezüglich nichts aus meinem Unterbewusstsein ›auszugraben‹ – aber durch das Schreiben ist mir klar geworden, wie stark dieser Ruf ist und dass ich auf seine Realisierung nicht verzichten will. Ich bin schon auf dem Weg, das ist mir klar geworden ..., aber jetzt kenne ich auch den Ruf, der mich dorthin gebracht hat und der das letzte Dreivierteljahr unter der Oberfläche gebrodelt hat.«

Sie sehen anhand dieser Beispiele, wie unterschiedlich der Ruf ausfallen kann. Kein Wunder, denn wir sind alle Unikate.

Der Ruf kann auf vielen Wegen realisiert werden

Um auf das Beispiel von der Musikschule zurückzukommen: Wenn Sie die Chance verpassen würden, eine Schule zu gründen, bliebe die Sehnsucht erhalten und würde sich einfach eine weitere Möglichkeit suchen. Vielleicht würden Sie dann Ihre eigenen musikalischen Kenntnisse auffrischen und Einzelunterricht geben. Oder Sie würden sich im Musikkreis einer Schule engagieren und ein Tanztheater mit Kindern aufführen. Das *Wie* ist variabel, das *Warum* indes bleibt eine Konstante.

Der Ruf ist eine Aufforderung zu persönlichem Wachstum

Der Ruf unterscheidet sich von anderen, normalen Zielen in einem ganz wesentlichen Punkt. Bei einem normalen Ziel geht es vielleicht darum, ein neues Auto zu kaufen, einen geschäftlichen Abschluss zu tätigen oder eine sportliche Leistungsgrenze zu durchstoßen.

Der Ruf jedoch hat eine vollkommen andere Qualität. Es geht um eine Verwandlung mit weitreichenden Folgen.

Autor und Regisseur James Cameron spielt in seinem Film *Titanic* sehr bewusst mit der Metapher eines Schmetterlings. So zeigt er am Anfang des Filmes, wie Rose einige Titanic-Fundstücke sondiert und schließlich einen Hand-Spiegel aufnimmt, dessen Kuppe ein Schmetterling ziert. Eine weitere, sehr subtile Anspielung sehen wir später im Film, als sich Rose vor Jack entkleidet, um sich von ihm zeichnen zu lassen. »Der Kimono von Rose wurde für den Film so gestaltet, dass er das Bild vom Schmetterling unterstreicht.«[2]

Cameron will damit deutlich machen, dass Rose eine Metamorphose vollzieht: Sie wird sich aus einem beengenden Kokon befreien und quasi als ein »Schmetterling« wiedergeboren werden, der nicht mehr kriecht – sondern fliegt.

Und damit wir hier nicht allzu metaphorisch weiterschwelgen, gestatten Sie mir bitte ein paar ganz praktische Beispiele von solchen Verwandlungen, die jeder von uns schon miterlebt hat. Ihnen allen gemein ist, dass man eine Art zu leben hinter sich lässt und einen ganz neuen Horizont erschließt, der bedeutend größer und anders ist als alles andere zuvor:

_**Fötus → Säugling:** Vom Fötus, der im Bauch der Mutter heranwächst, zu einem Säugling, der abgenabelt wird und von nun an immer eigenständiger wird.

_**Kind → Jugendlicher:** Wenn wir als Kind zum Jugendlichen werden, lassen wir unsere Kindlichkeit hinter uns und werden erwachsen. Wir stellen unsere Eltern in Frage, suchen uns neue Vorbilder (Stars), bilden uns eine eigene Meinung, ziehen uns anders an (meist zum Entsetzen der Eltern) und werden so – zumindest zeitweise – zu Rebellen.

_**Auszubildender/Student → voll bezahlter Mitarbeiter:** Hier bildet die Prüfung einen Wendepunkt, und wenn man sie erfolgreich meistert, verlässt man sie beruflich als ein anderer.

_**Liebhaber → Ehepartner:** Vom jugendlichen Liebhaber, der sich in verschiedenen, oft auch kurzen Beziehungen erfährt, verändert man sich zu einem Ehepartner, der sich fest bindet.

_**Mann → Vater; Frau → Mutter:** Als ich mein eigenes Kind zum ersten Mal auf den Arm nahm, hat das mein gesamtes Leben auf einen Schlag verändert. Ich spürte, wie sich noch Tage danach alles in meinem Kopf und in meinem Erleben umzustellen begann: Mein Leben hatte sich von Grund auf geändert.

So wie unser Körper durch verschiedene Wachstums- und Veränderungsphasen geht, so durchläuft eben auch unsere Persönlichkeit verschiedene, durchaus länger angelegte Wachstumsprozesse, in denen wir uns immer weiterentwickeln.

Wenn also ein neuer Ruf in unser Leben tritt, ist er eine Einladung, zu neuen Ufern aufzubrechen. Er ist ein Zeichen, dass unser »gewohnter und vertrauter Horizont zu eng geworden ist und die alten Begriffe, Ideale und Verhaltensweisen nicht mehr passen wollen.«[3]

Deswegen geht es bei einem Ruf meist nicht um Geld, Macht und Ansehen.[4] Sondern darum, persönliche Talente zu entwickeln, etwas zu tun, das wir lieben, möglicherweise für andere einen Beitrag zu leisten, der uns wichtig und wertvoll erscheint – und unserem Leben Bedeutung zu verleihen.

Weltliches Abenteuer? Innere Entdeckungsreise?

Interessanterweise kann der Hauptdrehort unseres neuen Lebenskapitels an zwei verschiedenen Stellen angesiedelt sein. In der äußeren Welt. Oder in unserem Innern.

Äußerliches Abenteuer

Wenn Sie sich bspw. selbständig machen möchten, ist der Hauptschauplatz in der äußeren Welt angesiedelt, und Sie müssen sich mit den dort gegebenen Regeln und Kräften befassen und auseinander setzen.

So werden Sie Fragen zu meistern haben wie: Wer ist meine Zielgruppe? Wie kann ich sie erreichen? Wodurch unterscheidet sich mein Produkt, meine Dienstleistung? Wie viel Geld brauche ich für meine Selbständigkeit? Wo bekomme ich es her? Es sind also viele »weltliche« Dinge, die zu regeln sind. Aber »weltlich« heißt keineswegs: banal. Die Probleme und Herausforderungen, die zu lösen sind, erscheinen nur oberflächlich betrachtet als »gewöhnlich«.

Im Gegenteil: Wer beruflich erfolgreich sein möchte, muss Verantwortung übernehmen und mit Rückschlägen genauso zurechtzukommen lernen wie mit Erfolg. Gerade das Wechselbad aus Engpässen, in denen kaum noch etwas zu funktionieren scheint, und plötzlichen Durchbrüchen, die sich auch finanziell kräftig auszahlen können, ist eine Charakterschule par excellence. Ich kann Ihnen aus eigener Erfahrung lebhaft bestätigen, dass der Schritt in die Selbständigkeit ein Prozess ist, der das eigene Wachstum ganz erheblich fordert – und auch fördert.

Innerliches Abenteuer
Umgekehrt gibt es aber auch das innerliche Abenteuer, in dem es weniger um äußerliche Erfolge geht, sondern vielmehr darum, unsere eigenen Tiefen auszuloten.

Wer sich einer Kunst wie Schreiben, Malen oder Musizieren widmet, schöpft seine Inspiration aus dem Innern und bringt diese über ein Medium nach außen: Zum Beispiel durch ein Gemälde, ein Musikstück, eine Theaterperformance oder eine Kurzgeschichte.

Das Gleiche gilt für den Weg des Heilers. Ob man Arzt ist, Heilpraktiker gelernt hat oder sich privat mit Feng Shui oder Yoga befasst: Immer geht es in diesen Fällen darum, die innerlichen Kräfte des Lebens zu aktivieren und Heilung geschehen zu lassen.

Für manche Menschen ist dieser Weg von Anfang an vorgezeichnet. Ich kenne viele Musiker, Designer oder Heiler, denen schon früh klar war, wohin für sie die Reise ging. Ich kenne aber ebenso viele Menschen, die sich im ersten Abschnitt ihres Lebens einem äußeren Abenteuer gewidmet haben (Karriere, Erfolg, Familie etc.) und die nach einer kleineren oder größeren Midlife-Crisis den Weg nach innen gefunden haben. Apropos ...

Die »Midlife-Crisis«

Sie entsteht, wenn wir zu lange etwas verdrängen, das für uns in der Entwicklung ansteht. Wer zum Beispiel viel Zeit und Energie in seinen beruflichen Erfolg investiert hat, sehnt sich vielleicht nach einem Sabbatjahr, in dem man ohne feste Ziele durch die Welt reist.

Wer eine intensive Phase schnell wechselnder Liebschaften durchlebt hat, beginnt sich vielleicht nach einer Ehe und Kindern zu sehnen.

Und wer lange Zeit die Kinder aufgezogen und dafür seinen Beruf geopfert hat, verspürt vielleicht ab einem bestimmten Punkt einfach Lust, wieder an den Arbeitsplatz zurückzukehren.

Nur wer diesen Ruf ignoriert, läuft Gefahr, in eine »Midlife-Crisis« zu schlittern oder gar unbewusst eine private oder berufliche Katastrophe herbeizuführen. Das mag dann äußerlich wie ein schwerer Schicksalsschlag wirken, sprengt aber in Wirklichkeit die verkrusteten Schichten der Persönlichkeit, damit endlich fest gekettete Anteile des eigenen Selbst befreit werden und ans Tageslicht zurückgelangen können.

Aber so weit muss es nicht kommen. Wenn wir darauf achten, wohin es uns zieht, brauchen wir die ganzen Probleme und Krisen nicht.

[*Was fehlt Ihrem Leben, damit Sie wirklich glücklich werden können?*]

Es geht nicht um andere. Sondern um Sie.

Wie Sie an meiner eigenen Geschichte ablesen können, hatte ich mich zu der Zeit, als ich in Düsseldorf arbeitete, in ein Leben hineinmanövriert, das sehr von äußeren Randbedingungen bestimmt war – aber nicht von dem, was für mich wirklich wesentlich war: eine kreative Tätigkeit, mit der ich meinen seelischen Neigungen Ausdruck verleihen konnte. Zum Beispiel Schreiben.

Stattdessen hatte ich mich (nicht zum ersten und auch nicht zum letzten Mal) in einen fremden Traum verbissen, von dem ich hoffte, dass er mich irgendwie glücklich machen würde. Ich dachte wirklich, dass eine tolle Wohnung in dem richtigen Viertel, ein mit Status behafteter Beruf und vor allem Geld meine Sehnsucht nach einem kreativen Leben stillen könnten. Oder dass ich dadurch irgendwie liebenswerter und attraktiver erscheinen würde. Natürlich tat es das nicht. Es war, wie die Zen-Buddhisten so gerne zu sagen pflegen, nichts weiter als der Versuch, seinen Durst mit Salzwasser zu stillen. Je mehr ich davon trank, desto durstiger wurde ich. Aber anstatt mich einer wirklich erfrischenden Quelle zuzuwenden, arbeitete ich noch mehr und versuchte mit Hochdruck, noch erfolgreicher zu sein.

Erfolg ist etwas Schönes – aber mein Antrieb war falsch: Ich hatte einfach versucht, äußerlichen Vorstellungen zu entsprechen und dabei mein wahres Wesen in ein enges Korsett geschnürt, das aus den Erwartungen, Normen und Lebensvorstellungen anderer Menschen resultierte.Das ist eine Rechnung, die nicht aufgehen kann. Solange man versucht, es den anderen Recht zu machen, sitzt man in einem Gefängnis, dessen Tür jedoch weit offen steht. Den Ausgang findet man, wenn man bereit ist, einfach in sich hineinzuhören.

Und das bringt mich zu der letzten Frage im Zusammenhang mit dem Ruf ...

Wer ruft uns eigentlich?

Eine schwierige Frage, finde ich.

Weitaus klügere und belesenere Menschen als ich haben sich dazu den Kopf zerbrochen. Und herausgekommen ist eine Vielzahl von unterschiedlichen und zum Teil auch widersprüchlichen Erklärungen, die faktisch so gut wie gar nicht zu untermauern sind.

So gibt es psychologische Erklärungen, die besagen, dass wir in der Kindheit ein bestimmtes Defizit (zu wenig Liebe, zu wenig Geld, zu wenig Freiheit etc.) erlebt haben, das wir zeit unseres Lebens ausgleichen wollen. Der Ruf ist demnach Ausdruck einer Sehnsucht, die einem frühkindlichen Mangel entspringt.[5]

Einige Wissenschaftler wiederum führen das Ganze auf Vererbung zurück. Der Ruf ist dann in unseren Genen angelegt. Der eine hat demnach ein »Künstler-Gen« und der andere ein »Business-Gen«.[6]

Einige spirituelle Sichtweisen sprechen von einer Seele, einem höheren Selbst, einer inneren Stimme, die viel größer und weiser ist als unser begrenztes Bewusstsein und die uns von einer Lebensaufgabe zur nächsten leiten möchte.

Darüber hinaus gibt es eine Vielzahl von religiösen Erklärungen, die aufzuzählen den Rahmen dieses Kapitels sprengen würde.

Meine Arbeitshypothese: Herz und Verstand

Ehrlich gesagt, kann ich Ihnen auch nicht genau sagen, wer da ruft. Was ich jedoch in meiner Arbeit mit vielen Teilnehmern von **Quest** erfahren habe: Es gibt in uns eine Instanz, die Bescheid weiß.

Ob diese einer übergeordneten Seele entspringt oder einfach nur auf die intuitive Intelligenz der rechten Gehirnhälfte zurückzuführen ist, vermag ich nicht wirklich zu beurteilen.

Zudem weiß ich aus Erfahrung, dass diese Instanz nicht irgendwo tief in uns vergraben ist und einer speziellen oder gar kostspieligen Methode bedarf, um erschlossen zu werden. Ganz im Gegenteil: Sie ist jederzeit präsent und wartet nur darauf, gehört zu werden.

Das Herz kennt Ihren Ruf

Bitte gestatten Sie mir im Rahmen von **Quest**, diese wissende Instanz das »Herz« zu nennen. Ich weiß, dieser Ausdruck ist schon mit vielen Bedeutungen belegt – aber ich möchte einfach zu den vielen Ausdrucksformen wie »Wesen«, »höheres Selbst«, »wahres Ich«, »innerer Führer« keine weiteren hinzufügen.

Sollten meine Ausführungen an der einen oder anderen Stelle mit Ihrer Sicht der Dinge kollidieren, werbe ich um Ihr Verständnis: Die folgenden Ausführungen verkünden keine »Wahrheiten«. Es handelt sich lediglich um Arbeitshypothesen, mit denen es mir leichter fällt, die weiteren Zusammenhänge zu beleuchten.

Mit dem Begriff »Herzen« meine ich die Seiten Ihrer Persönlichkeit, die intuitiv wissen, dass alles Leben aus einer Quelle stammt und dass alles zusammengehört und miteinander verbunden ist. Damit meine ich zum Beispiel konkret das Gefühl, wenn wir einen Menschen richtig lieben. Wir fühlen dann im Inneren eine Verbindung mit diesem Menschen, die mit Worten und Logik nicht so recht zu erklären ist.

[*Mit wem in Ihrem Leben fühlen Sie sich instinktiv verbunden?*]

Das Herz ist in Aktion, wenn wir eine Katze streicheln und uns freuen, wenn sie zu schnurren beginnt. Oder wenn wir bei einem Spaziergang im Wald die Schönheit der Natur erkennen. Oder wenn uns das Schreien eines Säuglings berührt und wir spontan den Impuls verspüren, ihn in den Arm zu nehmen.

Woher kommt dieser Impuls? »Das Herz«, erklärte der französische Mathematiker und Philosoph Blaise Pascal, »kennt Gründe, von denen der Verstand nichts weiß.« Damit wollte er zu verstehen geben, dass das Herz mit seiner »ganzheitlichen« Sicht des Lebens die tieferen Zusammenhänge begreift – auch und gerade jenseits aller Worte und aller Logik.

Das Herz weiß, wohin die Reise geht. Es braucht aber einen Verbündeten, um die richtige Route zu finden. Genauer:

Sie brauchen viel Verstand, um Ihren Ruf umzusetzen.

Ich schlage vor, dass wir unter dem »Verstand« all die Seiten zusammenfassen, die sich damit befassen, mit den Gegebenheiten der weltlichen Realität zurechtzukommen.

Dazu zählt für mich zum Beispiel, dass der Verstand weiß, wie die Regeln, Normen und Erwartungen »der anderen« aussehen, und dass er diese stets in seine Überlegungen mit einbezieht.

Der Verstand kennt je nach Ausbildungsgrad die Gesetzmäßigkeiten von Zeit und Geld und geht davon aus, dass beide begrenzt sind. Unsere Fantasie mag zwar schrankenlos sein, für den Verstand ist die Realität aber das genaue Gegenteil. Es ist nie genug für alle da. Deswegen versucht der Verstand, alles möglichst im Vorfeld zu planen.

[*Wann und bei was genau können Sie besonders gut planen, organisieren, kalkulieren?*]

Das Zusammenspiel von Herz und Verstand

Natürlich liegt in der Gegensätzlichkeit auch ein großes Spannungspotenzial: Während der Verstand eine scharfe Trennlinie zwischen Dein und Mein zieht, liebt es das Herz, aus freien Stücken noch »das letzte Hemd» zu geben. Während der Verstand an Bewährtem festhalten möchte, liebt das Herz den freien Fluss des Lebens mit all seinen Chancen und Risiken. Während der Verstand das Leben gerne systematisch und wohl geordnet angehen möchte, liebt das Herz das Leben mit all seinen Widersprüchlichkeiten und Ungereimtheiten. So kann es passieren, dass Sie von Ihrem Herzen gefunkt bekommen, wie schön es wäre, im Süden zu leben und das Leben mit allen Sinnen zu genießen, und sich prompt Ihr Verstand zu Wort meldet: »Bist du verrückt, wovon willst du das denn bezahlen?«

Das darf man dem Verstand nicht verübeln. Das ist sein Job. Einer muss da sein, der unsere Ideen kritisch hinterfragt und auf Machbarkeit überprüft. Martha Beck bringt das so auf den Punkt: »Ihr *Herz* möchte unbedingt Arzt werden; Ihr *Verstand* beißt sich durch die organische Chemie und schreibt sich in der medizinischen Fakultät ein. Ihr *Herz* sehnt sich nach Ungebundenheit in der Natur; Ihr *Verstand* besorgt die geeignete Ausrüstung. Ihr *Herz* verliebt sich; Ihr *Verstand* vergewissert sich, ob die Gefühle erwidert werden, bevor er Ihnen grünes Licht gibt, unter dem Fenster der Geliebten ein Ständchen zu bringen.«[7]

Folgen Sie einfach Ihrem Herzen

Eines ist besonders wichtig: Ihr Verstand weiß nicht, wohin die Reise geht. Grübeln, logische Analyse oder praktische Überlegungen, was denn bei anderen besonders gut ankommt, sind kein geeigneter Weg, um seinen Ruf zu hören. Das ist auch der Grund, warum manche Menschen, die ihren Beruf nach wirtschaftlichen Optionen perfekt ausgewählt und karrieretechnisch alles »richtig« gemacht haben, in eine große Krise stolpern, sobald sie alles erreicht haben. Sie stehen auf der Erfolgsleiter weit oben – aber die Leiter lehnt leider an der falschen Mauer.

Aber ohne den Verstand geht es auch nicht. Seine Einwände und seine praktische Sicht der Dinge sind unbedingt notwendig, wenn wir aus unseren Träumen eine handfeste, greifbare Realität schaffen wollen. Und darum ist ihm und seinen Einwänden die gesamte nächste Lektion »Die Entscheidung« gewidmet.

Kurzum: Wenn Sie Ihren Ruf herausfinden möchten, hören Sie einfach auf Ihr Herz. Wie das geht? Nun ganz einfach ...

Die Sprache des Herzens

Die Sprache Ihres Herzens ist denkbar einfach. Es teilt sich in allem mit,

_was Sie inspiriert und begeistert,

_was Ihnen im schönsten Sinne des Wortes eine prickelnde Gänsehaut beschert, wenn Sie nur daran denken,

_womit Sie sich stundenlang und mit wachsendem Enthusiasmus beschäftigen können, während alles andere um Sie herum ins Nichts versinkt, _was wir sehnsüchtig im Kino auf der Leinwand anstarren oder was uns beim Lesen eines Buches einfach nicht einschlafen lässt.

Jeder Mensch hat in seinem Herzen ein tiefes Verlangen, das gelebt werden möchte. Leben wir dieses Potenzial nicht, werden wir einfach unzufrieden, unglücklich, frustriert, ja sogar unter Umständen krank.

Folgen wir jedoch unserer Sehnsucht, gewinnt unser Dasein nicht nur an Leidenschaft und Lebenslust, sondern auch an Sinn und Bedeutung. Mehr noch: Sobald wir »Ja« zu unserem Ruf sagen, erwacht in uns eine starke Kraft, die es uns ermöglicht, unseren Träumen auch unter widrigen Umständen zu folgen. Der Philosoph Friedrich Nietzsche brachte diese Tatsache so auf den Punkt: »Wer ein starkes Warum zu leben hat, erträgt fast jedes Wie.«

Und darum lassen Sie uns beginnen, Ihrem Ruf auf die Spur zu kommen, falls er sich nicht schon längst in Ihnen zu Wort gemeldet hat ...

Wegweiser eins: Die Inspiration

Etwa ein halbes Jahr, nachdem ich aus Düsseldorf in meine Heimat Bielefeld zurückgekehrt war, las ich in einer Zeitung von einer neuen psychologischen Richtung namens »NLP«. Das machte mich neugierig, und so marschierte ich also an einem Samstag in ein Buchgeschäft und fragte nach Büchern zu dem Thema. Zu meinem Erstaunen kannte der Verkäufer nicht nur NLP – nein, es lagen Bücher zu diesem Thema stapelweise aus. Ein Buch, in das ich hineinblätterte, fesselte meine Aufmerksamkeit (»Neue Wege der Kurzzeittherapie« von Richard Bandler und John Grinder), und so kaufte ich es kurz entschlossen und nahm es mit nach Hause.

Diesen Samstagnachmittag werde ich nie vergessen: Ich saß in der Küche meiner Wohnung, las in diesem Buch, das mich mit jeder Seite, mit jedem Absatz immer stärker gefangen nahm, bis ich schließlich einen hochroten Kopf bekam – so aufgeregt war ich. Wenn nur die Hälfte von dem stimmte, dachte ich, dann ist das hier eine Revolution.

Dazu muss man wissen, dass mich das Thema Psychologie schon sehr früh interessierte. Bereits in meiner Pubertät war ich der Junge, zu dem alle kamen, wenn sie Probleme hatten. Ich liebte Probleme und war ganz begierig darauf, sie mir anzuhören und natürlich auch lösen zu wollen. Irgendwie war ich von der fixen Vorstellung eingenommen, dass es zu jedem Problem eine Lösung gibt. Ich war mit sechzehn von der Schule abgegangen und hatte eine Lehre begonnen, als ich meine Faszination für Sigmund Freud, Alfred Adler und Carl Gustav Jung entdeckte und deren Bücher zu lesen begann – wobei ich zugegebenermaßen vielleicht ein Drittel von dem verstand, was diese Koryphäen verfasst hatten. Das machte aber nichts: Die Faszination war so groß, dass ich den Stoff einfach lesen musste. Denn ich erkannte, dass hier der Schlüssel vieler menschlicher Probleme lag. Und ich beschloss, alles darüber herauszufinden, damit ich später einmal mir und anderen Menschen helfen konnte, ihr Potenzial zu entfalten. Ein nur auf den ersten Blick uneigennütziger Gedanke. Die Wahrheit jedoch ist: Für mich sind die Probleme anderer Menschen wie ein spannender Krimi.

[*Welchen Beitrag würden Sie gerne für andere Menschen oder die Natur leisten?*]

Jetzt saß ich fast zwanzig Jahre später in meiner Küche und las ein Buch, in dem zwei kalifornische Psychologen auf eine freche, flapsige und vorlaute Art und Weise Menschen innerhalb einer halben Stunde von einer Phobie befreiten. Entweder war das eine geschickt aufgezogene Scharlatanerie – oder die beiden hatten etwas wirklich Entscheidendes entdeckt. Was auch immer es war: Ich musste es herausfinden.

Entdecken Sie Ihre Begeisterung

Nehmen Sie sich bitte einen Stift und eventuell auch einen Zettel zur Hand, wenn Sie die folgenden Fragen als Nächstes durchlesen und bearbeiten. Gehen Sie dabei schnell und spontan vor. Notieren Sie sich alles, was Ihnen zu einer Frage einfällt. Wenn Sie nicht mehr weiterwissen, gehen Sie einfach zur nächsten Frage über:

Was begeistert Ihren Helden?

Was »kickt« Ihren Helden so richtig an? Was macht Ihr Held für sein Leben gerne? Was bringt ihm Freude und Erfüllung?

____

____

Was wollte Ihr Held bereits als Kind oder Jugendlicher unbedingt immer schon machen?

____

____

Bei welchen Tätigkeiten vergeht die Zeit wie im Flug?

Es gibt Tätigkeiten, die einen so sehr faszinieren und Spaß machen, dass man sich geradezu in ihnen versenkt. Alles, was man dabei tut, geht fast wie von selbst von der Hand. Und am Ende wundert man sich, wo die Zeit geblieben ist. Was sind das für Tätigkeiten? Warum sind diese für Ihren Helden besonders klasse und inspirierend?

____

____

Was für Tagträume hat Ihr Held?

Wenn wichtige Herzenswünsche in unserem Leben noch keinen festen Platz gefunden haben, tauchen sie oft in unseren Tagträumereien auf, um uns daran zu erinnern, was wir unbedingt noch realisieren sollten. Tagträume sind darüber hinaus eine ideale »Spielwiese«, um rohe und ungeschliffene Ideen weiter zu entwickeln. Wenn Sie an Ihren Helden denken: Was für Tagträume hat er?

____

____

ÜBUNG

Die Millionen-Euro-Frage

Stellen Sie sich jetzt für einen Augenblick vor, Ihr Held gewinnt in der Lotterie eine Million Euro. Was würde er damit machen?

____

____

Mit wem würde Ihr Held für einen Tag oder länger die Plätze tauschen?

Wessen Leben würde Ihr Held am liebsten führen? In wessen Fußstapfen würde er gerne treten? Und was reizt ihn an diesem fremden Leben ganz besonders?

____

____

Die Quintessenz

Bitte legen Sie jetzt eine kurze Pause ein. Danach möchte ich Sie bitten, Ihre Aufzeichnungen noch einmal durchzulesen und auf folgende Fragen hin zu prüfen:

Gibt es einen gemeinsamen Nenner?

Können Sie in all den Antworten ein erstes Muster erkennen? Gibt es etwas Bestimmtes, das immer wieder auftaucht? Wenn ja, was ist es?

____

____

Welche Zweifel haben Sie, wenn Sie an Ihre »Inspirationen« denken?

Taucht in Ihnen eine kritische Stimme auf? Haben Sie Einwände, wenn Sie an Ihre Wünsche und Sehnsüchte denken? Wenn ja, welche sind das? Sie werden diese Einwände später noch benötigen, deswegen möchte ich Sie bitten, Ihre Notizen aufzubewahren.

____

____

Wegweiser zwei: Probleme

In meiner Arbeit mit **Quest** habe ich es immer wieder mal erlebt, dass die Arbeit mit inspirierenden Zielen nicht so recht fruchten wollte. Es gab immer wieder Teilnehmer und Teilnehmerinnen, bei denen gerade in diesem Abschnitt der Reise Funkstille herrschte. Das ist nicht verwunderlich, denn etwas in ihnen befand sich im »Dornröschenschlaf«.

Kennen Sie noch die Geschichte? Ein Königspaar sehnt sich jahrelang nach einem Kind, aber der Wunsch wird einfach nicht erfüllt. Eines Tages jedoch sitzt die Königin im Badezimmer, als ein Frosch auftaucht und ihr mitteilt, dass sie eine Tochter zur Welt bringen würde.

Gesagt, getan. Die Königin bekommt die Tochter, und der König ist so außer sich vor Freude, dass er eine große Party veranstaltet. Allerdings ergibt sich bei den Einladungen ein logistisches Problem: Es gibt dreizehn weise Frauen, aber nur zwölf goldene Teller. Also lässt man eine Einladung unter den Tisch fallen.

Die Party ist zunächst ein voller Erfolg, die Gäste amüsieren sich königlich, und als sich die Veranstaltung ihrem Ende zuneigt, treten die zwölf weisen Frauen hervor und beschenken die neugeborene Königstochter mit Wundergaben wie Tugend, Schönheit oder Reichtum. Als gerade die zwölfte antreten will, wird die Saaltür aufgestoßen, und herein stürmt die uneingeladene dreizehnte Frau. Ohne jemanden zu grüßen oder nur anzusehen, ruft sie mit lauter Stimme aus: »Die Königstochter soll sich in ihrem fünfzehnten Jahr an einer Spindel stechen und tot hinfallen.« Sagt es, dreht sich um und verlässt wortlos den Saal.

Die Botschaft: Wenn man etwas verdrängt, außen vor lässt, nicht mit an die Tafel lässt, dann kann das fatale Folgen haben. Dornröschen muss zwar nicht sterben, sie fällt aber mit ihrem gesamten Hofstaat (= andere Anteile ihrer Persönlichkeit) in einen Tiefschlaf.

Ungesungene Lieder

Dazu schreibt der Psychologe Dr. Friedemann Wieland, dass die uneingeladene weise Frau für Kräfte steht, die »wir ins Exil geschickt haben; Kräfte, die wieder in unser Bewusstsein treten und respektiert sein wollen ... [Sie sind] Träume, die wir nicht träumen, Lieder, die wir nicht singen, Tänze, die wir nicht tanzen. Sie sind Teile von uns, die wir nicht akzeptieren können, Gefühle, die wir kalt stellen, unerfüllte Wünsche und ungefühlte Schmerzen, Tränen, die wir nicht weinen, die Liebe, die wir verpasst haben und der unterdrückte Ärger und Schmerz, dem wir begegnen, wenn wir emotional hart werden.«[8]

In diesen Worten steckt im Grunde schon der ganze Schlüssel zum Drama: Wer seine Wünsche, Sehnsüchte und Träume ignoriert, sie nicht mit an den Tisch holt, wird von diesen in eine Art Winterschlaf geschickt.

Und es ist so einfach, dass so etwas passiert:

_**Erziehung der Eltern:** Weil wir uns als Kinder den Vorstellungen unserer Väter und Mütter anpassen müssen (und auch wollen), kann es dazu kommen, dass wir bestimmte freche, ungezügelte, überschäumende Seiten opfern.

_**Die ungeschriebenen Regeln einer Freundesclique:** Gerade unter Jugendlichen gelten oft äußerst rigide Regeln, was »in und out« ist. Wer da mithalten möchte, muss unter Umständen Ecken und Kanten absägen.

_**Der Eintritt ins Arbeitsleben:** Auf den ungehemmten Spaß des Schüler-/Studenten-Daseins folgt nun der »Ernst des Lebens«, mit dem ein Teil der Spontaneität und Unbefangenheit verloren geht.

_**Eine große Liebe:** Wir werden von einem Menschen, den wir wirklich lieben, verletzt und beschließen, fortan unsere Gefühle auf Halbflamme zu halten (»Nie wieder werde ich so schwach sein ...«). Zwar führen wir auch weiterhin Liebesbeziehungen, aber ein sehnsuchtsvoller Teil unseres Wesens muss draußen bleiben und in der winterlichen Kälte seines Exils frösteln.

_**Karriere:** Wir nehmen eine berufliche Position an, die uns zeitlich stark vereinnahmt. Weil wir den Erfolg aber unbedingt wollen, opfern wir erst unsere Freizeit, dann unsere Freunde, Partnerschaft, vielleicht auch die Familie und am Ende uns selbst. Wir sind erfolgreich und fühlen uns zugleich leer und ausgebrannt.

Was aber geschieht mit den Anteilen unseres Wesens, die wir ausgesperrt haben? Sie werden uns fremd, denn wie Dornröschen befinden wir uns in einer Art Winterschlaf. Aber das, was uns da fremd geworden ist, lebt und sucht nur nach einer Chance, wieder emporzukommen. So wie der Frosch aus der folgenden Geschichte.

Ein feuchter Geselle

In diesem Märchen lässt die junge Prinzessin aus Versehen einen goldenen Ball in den dunklen Brunnen fallen. Auftritt: Frosch. Grün, feucht, schleimig, eklig – aber durchaus gewillt und in der Lage, den Ball wiederzubeschaffen. Allerdings soll sich die Prinzessin auf ein Geschäft einlassen: Nur wenn sie bereit ist, ihn an ihrem Leben teilhaben zu lassen, wird er den Ball holen. Naiv, wie sie ist, lässt sie sich auf dieses Abkommen ein. Sie glaubt tatsächlich, dass der Frosch nicht wirklich auf ihr Schloss kommen und mit ihr tafeln oder gar schlafen könnte. Sie und ich wissen, dass dies nicht der einzige Irrtum der Prinzessin ist.

Es ist kein Zufall, dass der Frosch in beiden Märchen auftaucht. Er symbolisiert eine auf den ersten Blick hässlich erscheinende Seite des Lebens, die gar nicht so unheimlich wäre, wenn wir anerkennen, dass es sich um etwas handelt, was wir einfach verdrängt haben. Andere Variationen des gleichen Themas zielen in die gleiche Richtung: Der Held muss in einen dunklen Wald gehen und findet dort einen murmelnden Brunnen oder begegnet einer hässlichen, warzigen, alten Hexe, die er aufrichtig und respektvoll behandeln muss, bevor er von ihr mit einem geheimnisvollen Zaubertrank ausgestattet wird.

Sind Sie bereit für Ihren Frosch?

Wenn Sie also bis jetzt Ihre Begeisterung und Ihren Enthusiasmus für kein inspirierendes Lebensziel entfachen konnten, wird es vermutlich nun an der Zeit sein, den einen oder anderen Frosch ins Leben zu lassen. Voraussetzung dafür ist, dass man einerseits den Mut zusammennimmt und den Schwierigkeiten ins Angesicht schaut. Und dass man andererseits bereit ist zu entdecken, was man stattdessen möchte.

Beides ist notwendig, wenn man den Ruf in Form eines Problems hören und verstehen möchte. Es reicht nicht, nur auf die Probleme, Schwierigkeiten und Schmerzen der Vergangenheit zu starren. Es ist viel wichtiger, diese Frösche anzuerkennen und sie zu fragen, was sie ab jetzt an Stelle der alten Enttäuschungen leben möchten.

Sie wurden in der Liebe verletzt und sind seitdem einsam? Dann wird es Zeit aufzubrechen und jemanden zu finden, der behutsamer mit Ihnen umgeht. Ihre beruflichen Projekte sind gescheitert? Machen Sie es fortan besser und schaffen Sie sich einen Erfolg, der das Bisherige in den Schatten stellt.

Bevor Sie weiterlesen, lade ich Sie jedoch zur Achtsamkeit ein: Es ist durchaus möglich, dass Sie bei der Lektüre der folgenden Seiten an Zeiten erinnert werden, die für Sie nicht leicht waren. Jeder von uns hat Erfahrungen gemacht, die hart und manchmal auch verletzend waren. Daran erinnert zu werden, kann an den Schmerz alter Wunden rühren.

Ich schreibe dies vorab, denn ich möchte Sie bitten, selbst dafür Sorge zu tragen, dass Sie geschützt sind. Wenn Sie merken, dass es Ihnen zu intim wird, wenn Erinnerungen auftauchen, die für Sie schmerzlich sind, und es ist niemand da, der Sie gegebenenfalls auffangen kann: Überlegen Sie sich genau, ob Sie nicht auf einen späteren Zeitpunkt warten möchten, wenn jemand in Ihrer Nähe ist.

Wenn Sie sehr schwere Verletzungen der Vergangenheit noch nicht aufgearbeitet haben, empfehle ich Ihnen, sich professionelle Hilfe zu suchen. Ein Buch wie dieses kann großen unverarbeiteten Schmerz nicht auffangen.

Aber vielleicht ist ja jetzt auch die Zeit gekommen, dass Sie sich an diese Themen herantasten können, und so möchte ich Sie lediglich darum bitten, bei der weiteren Lektüre auf Ihre Gefühle zu achten und sich eine Pause zu verschaffen, wenn es Ihnen innerlich ungemütlich werden sollte. Wie Sie es auch immer anstellen, der Schritt lohnt sich: Als die Prinzessin sich später überwindet und den Frosch tatsächlich küsst, verwandelt er sich vor ihren Augen in einen wunderschönen Prinzen. Und das heißt für uns Normalsterbliche: Wenn wir den Prinzen wollen, müssen wir erst den Frosch küssen.

Vier Frösche

Insgesamt vier Spielarten des Rufs als Problem möchte ich Ihnen vorstellen.

1. **Die Ungerechtigkeit:** etwas, das uns aufregt.
2. **Die große Wunde:** ein schmerzliches Erlebnis aus der Vergangenheit, das eine wichtige Botschaft für uns bereithält.

Und daraus resultieren noch zwei weitere Formen, die wie die beiden Seiten einer Medaille zusammengehören:

3. **Das magnetische Drama:** eine Situation, der wir immer wieder zum Opfer fallen und die wir wie ein Magnet immer wieder erneut anzuziehen scheinen.
4. **Die Plage:** ein Problem, das sich zwischen uns und unsere Wünsche, Ziele und Sehnsüchte schiebt und uns etwas ganz Wesentliches vorzuenthalten scheint.

Ungerechtigkeiten

Fangen wir mit etwas relativ Einfachem an. Und zwar mit Problemen, die an uns herangetragen werden. *James Bond* bspw. bekommt seinen Ruf stets als äußeres Problem angetragen: Schurken haben gefährliche Waffen entwendet, mit denen sie jetzt die Weltherrschaft an sich reißen wollen. »007, übernehmen Sie!«, lautet hier die Parole.

Im echten Leben äußert sich dies als eine Angelegenheit, die unseren Helden »auf die Palme« bringt. Das kann die tägliche Korruption in der Politik sein, die ungerechte Verteilung von Geldern im Stadthaushalt, die Verschmutzung der Umwelt, Armut oder die Gewalt an den Schulen in Ihrem Ort: Jeder hat Themen, bei denen er »rot sieht«.

Eine persönliche Geschichte

Ich war etwa 13 Jahre alt, als ich zum ersten Mal bewusst mitbekam, dass es so etwas wie die Nazis gegeben hatte. Ich las im »Stern« einen Bericht über den Holocaust, und es waren nicht allein die grausamen Bilder der KZs, die einen furchtbaren Schrecken in mir auslösten: Fast genauso schlimm war die Tatsache, dass diese Verbrechen von Menschen begangen worden waren, die jetzt immer noch um mich herum lebten. So war mein Urgroßvater, den ich als kleiner Junge über alles liebte, ein Nazi gewesen. Zwar keiner, der Juden getötet hatte – aber dennoch ein überzeugter Parteigänger, der es kaum ertrug, dass seine »arische« Tochter mit einem Juden liiert war und 1940 ein uneheliches Kind zur Welt gebracht hatte: meine Mutter.

Ich war bis zu dieser Konfrontation ein naiv gläubiger Jugendlicher gewesen, aber die Tatsache, dass Gott nichts gegen die Gräuel getan hatte und dass Menschen zu derartigen Bestialitäten imstande waren, schlug seine Pranken in meine gutgläubig religiöse Weltsicht und hinterließ arge Wunden: Ich konnte den ganzen »religiösen Quatsch« nicht mehr glauben. Mit dem Verlust des Glaubens verlor ich auch meine kindliche Sicherheit. Es war, als sei ich aus einem Paradies vertrieben worden, um in einer harten, brutalen Welt aufzuschlagen, in der nur das Gesetz des Stärkeren eine Chance hatte.

Das war, wie gesagt, mit dreizehn Jahren. Gestatten Sie mir nun einen Sprung in der Zeit: Vierundzwanzig Jahre später gerieten meine Frau und ich an einem sonnigwarmen Pfingstmontag auf dem Autobahnabschnitt zwischen Hannover und Bielefeld in einen Stau, konnten jedoch gerade noch rechtzeitig eine rettende Abfahrt erwischen: Bergen-Belsen.

Meine Frau und ich sahen uns an und entschieden spontan, einen Abstecher zu dem ehemaligen Konzentrationslager zu wagen.

Wer es noch nicht besucht hat, dem sei kurz erklärt, dass man in Bergen-Belsen keine Krematorien oder Ähnliches besichtigen kann. Nach dem Krieg wurde dort alles wegen Seuchengefahr niedergebrannt. Es gibt heute noch eine Gedenkstätte und die Wiesen, auf denen vor über fünfzig Jahren die Baracken gestanden hatten.

Wir sahen in einem Vorführraum der Gedenkstätte die Aufnahmen eines englischen Kameramanns, der das Lager direkt nach der Befreiung gefilmt hatte. Auf der Leinwand erschienen die ausgemergelten Insassen, die fast verhungerten Kinder mit stumpfem Blick und Leichenberge, die mit einem Bagger in große Kuhlen geschoben wurden. Es waren Bilder von einer solch furchtbaren Intensität, dass sie kaum auszuhalten waren.

Später gingen wir nach draußen, um uns den Platz anzusehen, wo sich früher das Lager befunden hatte. Es handelte sich, wie gesagt, um einen wunderschönen, sonnigen Frühlingstag, und wir konnten die Vögel zwitschern hören, als wir durch ein kleines Waldstück zum ehemaligen Lagerplatz marschierten. Dort gab es nicht viel zu sehen: Die Holzverschläge waren nicht mehr da, und ich blickte auf eine sehr gepflegte Rasenanlage mit Fußwegen, die hier und da von Gedenktafeln gesäumt waren.

Ein sommerliche Blick auf Bergen-Belsen.

Für mich war die Spannung kaum auszuhalten: Die Wärme der Sonne, der harzige Duft des Waldes in meinem Rücken und das friedliche Piepen und Balzen der Vögel bildeten einen krassen Kontrast zu den furchtbaren Bildern, die ich wenige Minuten zuvor noch in der Kühle des Museums gesehen hatte.

Wie war es möglich, dass das Leben so schön und so brutal zugleich sein konnte? Und mehr noch: Wie kam es dazu, dass Menschen zu einer solchen Grausamkeit fähig waren? Was war es, dass die Nazis angetrieben hatte?

Das waren die Gedanken, die mir durch den Kopf gingen, als wir uns auf den Heimweg machten. Und sie ließen mich nicht mehr los: Meine alte Wunde, die die Welt mit dreizehn in mein kindliches Gemüt geschlagen hatte, begann wieder zu pochen.

Ich beschloss, mich auf die Suche zu begeben, und eine Antwort zu finden. Obwohl ich erst in unserer Etappe »Der Drache« auf die Ergebnisse eingehen werde, möchte ich Ihnen von den Auswirkungen meiner Queste (**Quest**, englisch, die Suche) schon jetzt erzählen: Die Beschäftigung mit diesem schwierigen Thema verschaffte mir eigenartigerweise eine Portion Gelassenheit. Es war, als hätte sich etwas gelegt, das bis dahin immer für Beunruhigung gesorgt hatte.

Wo ich früher fassungslos weggeguckt hatte, begann nun still und leise eine neue Zuversicht zu wachsen, dass das, was mich aus den sicheren Fesseln der Kindheit gerissen hatte, einen tieferen Sinn besaß, der für meine Seele geradezu heilsam war.

Meine Sicht der Dinge gewann nicht nur an Tiefe – es gelang mir eigenartigerweise auch zusehends, mich mehr und mehr für die schönen Dinge des Lebens zu öffnen. Es war paradox: Je mehr ich mich dem Negativen zuwandte, desto mehr begann mein Leben zu blühen.

Und genau dazu möchte ich Sie nun auch einladen.

ÜBUNG

Was findet Ihr Held ungerecht?

Nehmen Sie sich bitte etwas Zeit und fragen Sie sich:

Was in der Welt findet er ungerecht? Was lehnt er rigoros ab?
Was auch immer es ist, bringen Sie es jetzt einfach auf den Punkt: Terroristen, Schlamperei im Staatshaushalt, die Verunstaltung der Städte, das Gehetztsein der Leute, der uneinsichtige Nachbar – erlaubt ist, was Ihren Helden wirklich auf die Palme bringt.

____

____

Was will Ihr Held stattdessen?
Gegen etwas zu kämpfen kann sehr anstrengend werden, denn oft entsteht dadurch ein Widerstand, der die eigenen Bemühungen eher hemmt denn fördert.

Es ist eine Sache, gegen Drogen zu sein. Und eine andere, sich dafür einzusetzen, dass Menschen ein selbstbestimmtes, glückliches Leben führen können. Es ist eine Sache, gegen Korruption zu sein. Und eine andere, sich für eine Politik einzusetzen, die der Allgemeinheit dient.

Die negative Variante kann Unmut provozieren; die positive dagegen kann begeistern. Zwei Kräfte mit unterschiedlichen Wirkungen.

Das, was Sie oben aufgeführt haben, ist ja letztendlich nur die Kehrseite von etwas sehr Positivem.

Deswegen frage ich Sie: Was vermisst Ihr Held in dieser Situation? Was wünscht er sich in Wirklichkeit?

____

____

Die große Wunde

Meine persönliche Geschichte birgt aber noch mehr als nur eine Ungerechtigkeit oder ein Problem. In ihr klingt auch das Motiv einer »großen Wunde« an. Im Gegensatz zu anderen Verletzungen, die wir erleiden müssen und die oft nach einer gewissen Zeit wie von selbst heilen, wirkt eine »große Wunde« so, dass nach der Verwundung nichts mehr so ist, wie es früher war.

Die große Wunde als Ausgangspunkt für die Queste

Viele Drehbuchautoren versehen ihre Helden mit einer großen Wunde. So schreibt Christopher Vogler: »Um einen Helden menschlicher zu machen, verleihen Sie ihm eine Wunde, eine sichtbare, körperliche Narbe oder eine tiefe emotionale Verletzung. Der Held von *Lethal Weapon*, gespielt von Mel Gibson, ist sympathisch, weil er seine große Liebe verloren hat. Die Wunde macht ihn kantig, selbstmordgefährdet, unberechenbar und interessant.«[9]

Harry Potters Wunde ist äußerlich an der Narbe zu erkennen, die seine Stirn ziert. Aber die tatsächliche Wunde »sitzt« woanders. Während einer seiner nächtlichen Ausflüge durch Hogwarts entdeckt er in einem abgelegenen Raum einen magischen Spiegel. Als er hineinblickt, sieht er sich – und links und rechts neben sich seine Mutter und seinen Vater.

Der Spiegel »zeigt uns nicht mehr und nicht weniger als unseren tiefsten, verzweifeltsten Herzenswunsch«, erläutert der weise Magier Dumbledore.[10]

In der Tat besteht Harrys große Wunde darin, dass er als Baby seine Eltern verlor. So ist tief in seinem Herzen der Wunsch nach einer Familie verborgen. Wir können annehmen, dass es Luke ähnlich ergeht.

In dem Panoptikum von Amélies Welt ist niemand anders so gut geeignet, die Wirkung einer großen Wunde zu demonstrieren wie ihre Nachbarin Madeleine Wallace: Ihr Mann, der ihr früher leidenschaftliche Liebesbriefe geschrieben hatte, hatte sie, nachdem er sie geheiratet hatte, längere Zeit mit seiner Sekretärin betrogen. Schließlich veruntreute er 50 Millionen Francs und floh mit seiner Geliebten ins Exil. Am 20.01.1970 erhielt dann Madame Wallace einen schicksalsträchtigen Brief: Ihr Mann sei bei einem Autounfall in Südamerika umgekommen. »Mein Leben war zu Ende«, konstatiert Madame Wallace am Ende ihrer Erzählung bitter, »und Schwarzer Löwe ist vor Kummer eingegangen.« Die Kamera schwenkt auf einen ausgestopften Hund, dessen glanzlose Knopfaugen auf das Foto des Verflossenen gerichtet sind.

Das ist eine ganz ausgezeichnete Metapher für die Folgen, die eine große Wunde nach sich ziehen kann: Man erstarrt im Kummer, ist wie ausgestopft und verharrt im Blick auf die Vergangenheit.

Übrigens: Das Motiv der Wunde findet man auch in den Tarotkarten, wo sie interessanterweise der Darstellung des Narren zugewiesen ist. So zeigt das Haindl-Tarot den Narren mit einer Wunde in der Brust, die blutet. In einigen Darstellungen wird er auch von einem Hund gebissen. Das ist kein Zufall. Es ist gerade die Naivität und Unbefangenheit, die den Narren in Gefahrenzonen hineinführt, in denen er verletzt werden kann. So wie ein Kind auf die heiße Herdplatte packt und sich verbrennt, so zieht sich der Narr Wunden zu, die sehr schmerzlich sein können.

Die Wunden des Helden

Leidet Ihr Held an einer großen Wunde?

Dazu können zählen: ein schwerer Verrat, der an Ihnen begangen worden ist; eine immer noch blutende, seelische Verletzung; das Scheitern einer Liebe, das Sie nie über»wunden« haben; ein Herzenswunsch, der nie in Erfüllung ging und dem Sie bis heute noch nachtrauern.

____

____

Was hätte sich Ihr Held stattdessen gewünscht?

Wenn wir wissen, was wir nicht wollen, ist es umso einfacher, auf den Punkt zu bringen, was wir uns stattdessen wünschen.

Wenn Ihr Held an einer großen Wunde leidet, dann fragen Sie sich nun: Was ist das genaue Gegenteil von dem, was er früher erlebt hatte?

____

____

Ein starkes Leben für Ihren Helden?

Eine große Wunde ist immer ein Zeichen, dass Ihrem Helden eine elementare Stärke fehlt. So fehlt es Rose bspw. noch an Mut und Courage, ihr Leben selbst in die Hand zu nehmen. Amélie mangelt es an dem Vertrauen, sich auf andere Menschen einlassen zu können. Und Madame Wallace schließlich sehnt sich nach dem Gefühl, wirklich geliebt zu sein.

Stellen Sie sich bitte deswegen vor, dass es Ihrem Helden gelingt, sich den Herzenswunsch in Zukunft zu erfüllen. Wie würde das sein? Und was für eine Stärke bräuchte Ihr Held, um diesen Traum wahr werden zu lassen?

____

____

ÜBUNG

Das magnetische Drama

Die große Wunde kann entweder zur Folge haben, dass man sich zurückzieht wie Amélie und Madame Wallace – in der vagen Hoffnung, dass irgendwann alles von alleine wieder gut wird. Oder man tut genau das Gegenteil und versucht, das Problem im Äußeren zu heilen.

Eine gute Freundin von mir hatte vor Jahren folgendes Problem: Sie verliebte sich immer wieder in Männer, die abweisend waren, die sich nicht richtig auf sie einließen, ja, sie sogar betrogen. Trotzdem übten unzugängliche, schwierige Männer eine geradezu magnetische Anziehung auf sie aus. Sie konnte einfach nicht von ihnen lassen.

Ich beriet sie damals mit allerlei Ratschlägen und Tipps, erzielte aber keine wirklich nennenswerten Erfolge. Kein Wunder: Denn ich ging davon aus, dass sie das Problem lösen könne, wenn sie anders mit ihrem Freund umginge. Ich konzentrierte mich stets darauf, ihr zu erzählen, was sie äußerlich tun oder lassen sollte.

Das Problem ist nur scheinbar außen

Alle magnetischen Dramen zeichnen sich jedoch dadurch aus, dass sie scheinbar um ein äußerliches Problem kreisen, aber in Wirklichkeit eine innerliche Ursache haben.

Das bedeutet im Klartext, dass die magnetischen Dramen nicht im Außen gelöst werden können.

Im Falle der Frau lag das eigentliche Problem woanders: Ihr Vater war ein abweisender, schwer zugänglicher, schroffer Mann gewesen, der nicht in der Lage war, sich dem kleinen Mädchen zu öffnen. Das kleine Mädchen fühlte sich abgelehnt und begann um die Anerkennung des Vaters zu kämpfen. Vergeblich, denn der Vater hatte seine eigene Verwundung nicht geheilt und war schlicht und ergreifend nicht in der Lage, seiner Tochter das zu geben, was sie brauchte.

Diese unaufgelöste Situation wirkte wie eine Verzauberung: Aus dem kleinen Mädchen wurde eine junge Frau, deren Frage (Question): »Wie kann ich geliebt werden?« nicht beantwortet wurde und die sich nun auf die Suche begab, dieses Rätsel zu lösen.

Dafür benötigte sie aber möglichst ähnliche Ausgangsbedingungen. Männer, die offen waren und die sie liebten, konnten für sie nicht in Frage kommen, denn das entsprach nicht den Anforderungen des Drehbuchs. Sie suchte sich also Männer, die dem Vater glichen, die abweisend waren, vielleicht auch unter gleichen Verletzungen litten, und spielte so das Drama immer wieder aufs Neue aus.

Ich bin sicher, Sie kennen mindestens einen Menschen in Ihrem Bekannten- oder Freundeskreis, der sich in einer zerstörerischen Beziehung befindet, aus der er oder sie sich einfach nicht befreien kann. Selbst wenn die Beziehung unter der beständigen Spannung schließlich zerbricht, ist das in den meisten Fällen keine Erlösung: Wie mit magischer Zauberhand findet der scheinbar Freigelassene ein neues Beziehungsgefängnis, in dem es genauso zugeht wie im alten.

ÜBUNG

Der ungelebte Traum

Leidet Ihr Held momentan an einem magnetischen Drama?
Betrachten Sie Ihre Heldin einmal kritisch aus der Distanz: Ist sie in ein magnetisches Drama verstrickt? Das muss sich übrigens keineswegs auf Liebesbeziehungen beschränken: Beständige finanzielle Probleme oder abwechselnde Freunde, die das Vertrauen der Heldin missbrauchen, wären weitere Dramenthemen.

____

____

Der Wegweiser
So schmerzhaft ein solches magnetisches Drama auch sein mag, es hat auch eine gute Seite. Es ist ein Wegweiser, der Ihnen zeigt, worum es in Ihrem Leben wirklich geht. Das Drama sagt Ihnen nicht nur, was Sie in Ihrem Leben auf keinen Fall mehr zulassen dürfen, sondern auch, welche Hoffnungen und Sehnsüchte Sie in Wirklichkeit haben.

Zum Beispiel:

_Beständige finanzielle Probleme = Sie schwelgen im Reichtum

_Missbrauchtes Vertrauen = Sie finden die eine große Liebe

Bitte schreiben Sie deshalb abschließend auf, was Ihr Herzenswunsch, Ihre größte Sehnsucht war, die Sie sich noch nicht erfüllen konnten und die jetzt darauf wartet, von Ihnen realisiert zu werden. Sie können dabei ruhig »kitschig« werden oder übertreiben, wenn Ihnen danach ist ...

____

____

Die Plage und die Spirale des Leidens

Wenden wir uns nun abschließend einer weiteren Folge zu, die einer großen Wunde entspringen kann. Während man bei dem magnetischen Drama eher eine Opferrolle spielt, liegt der Fall bei der so genannten »Plage« anders: Man ist in die Täterrolle geschlüpft.

Gestatten Sie mir, Ihnen dazu am Ende dieses Reise-Abschnitts noch einen Klassiker der Mythologie vorzustellen: Parsifal.

Kaum eine Geschichte bringt das Problem der großen Wunde so schmerzhaft genau auf den Punkt wie die von Parsifal. Aber nicht nur das: Sie enthält auch einen Schlüssel, wie man die große Wunde heilen kann.

Hier eine stark gekürzte Zusammenfassung: Parsifal wird als Sohn eines Feldherren geboren, der in einer Schlacht auf grausame Weise getötet wird. Um sicherzustellen, dass Parsifal nicht ein ähnliches Schicksal widerfährt, zieht seine Mutter Herzeloide mit ihm in einen abgeschiedenen Wald, wo der Junge weitab von der wirklichen Welt aufwächst. Ich denke, die Parallele zu Amélie und Madame Wallace sticht ins Auge.

Es kommt jedoch, wie es kommen muss: Eines Tages sieht der junge Parsifal Ritter durch den Wald ziehen und ist Feuer und Flamme. Für ihn steht fest: Er will auch Ritter werden (der Ruf wird gehört). Seine Mutter lässt ihn schweren Herzens gehen – allerdings bekleidet sie ihn listigerweise mit dem Gewand eines Narren. Da haben wir das Motiv aus dem Tarot wieder.

Natürlich gibt sie ihm auch ein paar Ratschläge mit auf den Weg, die Parsifal gründlich missversteht. Unter anderem empfiehlt sie ihm, zuzugreifen, wenn ihm »eine edle Jungfrau Ring und Kuss bietet.«[11] Der junge Narr Parsifal ringt allerdings einer verheirateten Frau nicht nur mehrere Küsse ab, sondern entwendet auch deren Ehering. Als ihr Ehemann nach Hause kommt, gerät er so in Wallung, dass er sie verstößt. Davon aber bekommt Parsifal nichts mit, denn er ist schon weitergezogen.

Parsifal stößt nach einigen weiteren Verwicklungen zum Hofe von König Artus, wo er durch eine unverschämte Bitte einen roten Ritter gegen sich aufbringt, mit ihm kämpft und ihn tötet. Danach wird er am Hofe aufgenommen und gerät unter die Fittiche des Ritters Gurnemanz, der ihm das Fechten, Kämpfen und die höfischen Sitten beibringt. Als Parsifal seine Ausbildung beendet hat, trägt er fortan die rote Ritterrüstung – aber darunter ist er immer noch mit dem Narrenkostüm seiner Mutter bekleidet.

So reitet Parsifal durch die Welt (ich überspringe einige Kapitel), bis er schließlich in ein Land kommt, in dem eine große Dürre herrscht. Ein Fischer klärt ihn auf, dass das gesamte Land dahinsiecht, weil der König krank und verwundet ist. Parsifal wird von dem Fischer eingeladen, den König auf seiner Burg zu besuchen.

Dort erwartet ihn ein opulentes, prächtiges Abendmahl inmitten großer Gefolgschaft. Und in der Tat: Der König ist schwer verletzt und leidet. Kaum hat sich Parsifal gesetzt, geht die Tür auf und ein Knappe trägt eine Lanze herein, von deren Spitze Blut tropft. Da haben wir wieder das Motiv der großen Wunde.

Der ganze Hofstaat beginnt zu jammern, aber Parsifal traut sich nicht zu fragen, was das Ganze zu bedeuten hat und warum der König verwundet ist. Die Frage liegt ihm auf der Zunge, aber er stellt sie nicht, weil sein Ausbilder Gurnemanz ihm beigebracht hat, dass sich so etwas am Hofe eines Königs nicht gehört.

Schließlich erscheinen einige Jungfrauen, von denen die schönste ein Gefäß auf einem seidenen Kissen trägt: der geheimnisumwobene Gral. Der Kelch, aus dem Jesus nicht nur beim letzten Abendmahl getrunken, sondern den Joseph von Arimathia tags darauf genutzt haben soll, um das Blut des Gekreuzigten aufzufangen. Und zwar genau das Blut, das floss, als die römischen Soldaten eine Lanze (!) in Jesus Rippen bohrten, um zu prüfen, ob er noch lebte.

Wieder hält Parsifal wegen der ihm eingetrichterten Benimmregeln den Mund. Und vertut damit die wichtigste Chance seines Lebens. Er bekommt etwas zu essen, wird noch in sein Gemach geleitet, aber als er am nächsten Morgen aufwacht, ist das Schloss verlassen. Nur ein einsamer Ritter ist noch da, der Parsifal mit einem Tritt vom Hof jagt und ihm hinterherruft: »Du Idiot, warum hast Du den König nicht gefragt, was ihm fehlt?«

Für Parsifal beginnen schwere Zeiten. Er wird als Verlierer verspottet, von seiner großen Liebe verschmäht und mit all seinen Fehlhandlungen konfrontiert, die ich vorhin übergangen habe, um diese Geschichte kurz und bündig zu halten.

Schließlich verfällt Parsifal in eine traumatische Trance, aus der ihn einige Ritter von Artus Tafelrunde wecken. Sie laden ihn zu einem Fest ein, aber auf dem Höhepunkt der Feier erscheint ein hässliches Wesen, das ihn fluchend daran erinnert, welche »Sünde« er begangen hat. Es nutzt nichts: Die Party ist für Parsifal zu Ende. Er ist und bleibt ein Ausgestoßener. Er muss weiterziehen.

Die Plage

Dieses hässliche Wesen ist kein Einzelfall. Heuschreckenschwärme, grausame Monster, ausgedörrte Äcker oder verwarzte Hexen: Die Erzähler der alten Mythen waren nicht gerade zimperlich, wenn es darum ging, den Ruf als Plage in Erscheinung treten zu lassen.

Und alle Plagen hatten eines gemeinsam: Sie hefteten sich so beharrlich an die Fersen der Betroffenen, bis sie etwas ganz Entscheidendes begriffen.

Was das ist, möchte ich jetzt mit Ihnen genauer untersuchen ...

_Parsifal ist ein Narr, der seine eigene Natur nicht kennt. Damit steht er sinnbildlich für uns alle, die wir uns auch nie bis in die tiefsten Tiefen kennen.

_Er handelt im entscheidenden Augenblick nicht aus Mitgefühl, sondern hält sich an die »Etikette«. Also an die Normen, Erwartungen und Regeln, die ihm von außen eingetrichtert worden sind. Der eigene »gute Ruf« ist ihm wichtiger, als auf den Ruf seines Herzens zu hören.

_Dahinter steckt aber keine böse Absicht, sondern Unerfahrenheit.

_Trotzdem ist Parsifal verantwortlich für das, was er tut. Und zwar in dem Sinne, dass er mit den Folgen seiner Handlungen konfrontiert wird und darauf antworten muss.

Und genau hier, genau an dieser Stelle kann etwas ganz Wesentliches geschehen: Die Konfrontation mit den Folgen des eigenen Handelns kann dazu führen, dass man seinerseits weiter verhärtet. Aus dem Bumerang-Effekt kann ein Teufelskreis entstehen, in dem man verletzt, deswegen verletzt wird und darum selbst weiter verletzt. Und damit komme ich zu etwas sehr Wesentlichem:

Die Spirale des Leidens

Ich glaube, der oben beschriebene Teufelskreis ist verantwortlich für viele, vielleicht sogar die meisten chronischen Probleme, die man im Leben hat.

Ob es sich um finanzielle Schwierigkeiten handelt, die nicht von einem weichen wollen, oder um eine Kette von unerfreulichen Beziehungen, die zu immer mehr Frust führen: Solange wir nicht erkennen, dass diese Probleme Plagen sind, die uns auf unsere eigenen Fehlhaltungen aufmerksam machen, so lange bleiben diese beharrlich an unserer Seite.

Genau das war übrigens bei meiner guten Freundin der Fall. Denn ihre Geschichte hatte auch eine Schattenseite: Obwohl oder vielleicht weil sie so verletzt war, fertigte sie Männer, die ihr mit viel Liebe begegneten, schroff, verletzend, ja geradezu verächtlich ab. Nicht genug, dass sie litt. Sie teilte auch aus. Sie war nicht nur Opfer. Sie war auch Täterin.

Damit tritt das gesamte Drama der großen Wunde zutage: So kommt es, dass manche Menschen, die als Kind geschlagen wurden, ihre Kinder später auch schlagen. Oder dass jemand, der von einem geliebten Menschen betrogen wird, danach nur noch Dreiecksbeziehungen inszeniert, in der keiner dem anderen vertrauen kann. Und in eine solche Situation dringt der Ruf als »Plage« ein, um diesen Teufelskreislauf von verletzen und verletzt werden zu unterbrechen.

Der Ruf als Plage

Aus diesem Grund kann Parsifal auf der Feier nicht zur Ruhe kommen. Er muss erst herausfinden, an was er sich »versündigt« hat.

Den Froschregen gibt es nicht nur im Mittelalter: In dem preisgekrönten Film »Magnolia« mit Tom Cruise, der das Thema Reue zum Mittelpunkt hat, regnet es am Ende übrigens auch Frösche – eine ziemlich verstörende Sequenz.

Das Wort »Sünde« benutze ich in diesem Zusammenhang bewusst. Aber keine Sorge, Sie sind hier nicht im Religionsunterricht gelandet. Ich meine Sünde im Sinne des griechischen »Hamartia«[12], das zwei Bedeutungen beinhaltet; zum einen steht es für »Zielverfehlung«. Man kommt vom Weg ab und trifft das Ziel nicht. Für uns übersetzt heißt das: Man folgt nicht seinem eigenen Ruf. Zugleich steht »Hamartia« für eine Verhaltensweise, aus der nichts Lebendes entsteht, die also unfruchtbar ist. In der Gralslegende spiegelt sich dieses Motiv in der Dürre des Königreiches wider.

Zusammengefasst könnte man sagen: Wer seinem Ruf nicht folgt, kommt vom Weg ab und landet in einem Leben voller Dürre und Plagen.

Das ist aber noch nicht alles. Die Plage entsteht, wenn man andere verletzt. Sie ist der Ausdruck eines schlechten Gewissens, das entsteht, wenn man jemand anders eine »große Wunde« zugefügt hat. Im Fall von Parsifal ist es zum Beispiel der Diebstahl des Ringes, der die Ehefrau ins Unglück stürzt.

Man kann dieses Gewissen zwar verdrängen, nach außen hin ein »ordentliches« Leben führen und eine Menge Geld scheffeln. Das Leben ist – entgegen der Meinung einiger Religionen – keine Bestrafungsmaschinerie, die jeden Übertritt ahndet. Das Herz aber vergisst die Tat nicht. Es weiß Bescheid. Es ist eben ein »GeWissen«.

Die Plage ist keine Strafe, sondern eine Botschaft

Es liegt mir sehr am Herzen, eines ganz besonders deutlich hervor zu stellen: Die Plage ist vergleichbar mit dem roten Lämpchen in Ihrem Auto, das aufleuchtet, wenn das Benzin zu Ende geht. Die Lampe will Sie lediglich daran erinnern, dass Sie tanken müssen. Sobald Sie das erledigt haben, erlischt die Lampe wieder und Sie können weiterfahren.

Aufs echte Leben übertragen ist die »Plage« also ein Warnsignal, das uns daran erinnern möchten, dass uns der Sprit, genauer: der »Spirit«, ausgeht und dass es Zeit wird, neu zu tanken.

Dazu möchte ich Ihnen von einem **Quest**-Teilnehmer erzählen, der sich darüber beklagte, dass er sich finanziell ausgebremst fühlte. Wann immer er über die Zukunft seiner Firma nachdachte, meldete sich eine innere Stimme zu Wort, die ein negatives Gefühl in ihm auslöste. Zugleich häuften sich bei ihm unerklärliche Panikattacken, die ihn bei vollkommen unpassenden Anlässen überfielen.

Als ich ihn fragte, was ihm die Stimme denn mitteilen wolle, machte er eine verblüffende Entdeckung. Sie antwortete ihm, dass er »sich nicht so viel mit dem Mammon beschäftigen, sondern sich um die Not anderer Menschen kümmern und lernen soll, wie er ihnen helfen kann«.

Im Rahmen dieser Coaching-Sitzung begann der Teilnehmer nicht nur zu verstehen, um was es für ihn ging, sondern er konnte sich auch mit der Stimme versöhnen.

Einige Zeit später berichtete er mir, was sich aus dieser innerlichen Begegnung ergeben hatte. Er war mit einer Organisation in Kontakt gekommen, die für hilfsbedürftige Menschen arbeitet, und fühlte sich sehr wohl da. Außerdem erzählte er: »Mir ist jetzt ganz klar geworden, dass alles, was ich für meine Zukunft brauche, schon in mir vorhanden ist. Da ich jetzt Zugang zu meiner Innenwelt habe, sieht das alles sehr gut aus. Meine bisherige Partnerschaft werde ich beenden. Ein neuer Stern (Sternin) ist am Himmel erschienen. Inzwischen habe ich auch begonnen, Saxophon zu lernen. Ganz wichtig ist mir aber, dass die häufigen Panikattacken aufgehört haben.«

Diese Panikattacken waren eine ganz typische Plage.[13] Wenn das Herz mit seinem Ruf zu lange überhört wird, meldet es sich am Ende so vehement zu Wort, bis man wieder bereit ist zuzuhören. Und exakt in dem Augenblick, wo wir das tun, beginnt etwas zu fließen, dass einen im sprichwörtlichen Sinne des Wortes »belebt«. Eine neue Liebe tritt ins Leben, man entdeckt neue oder alte Leidenschaften (Saxophon) und alles um einen herum erscheint in einem ganz neuen Licht. Kurz und gut: Man tankt wieder an der richtigen Quelle.

Schlechtes Gewissen

Hand aufs Herz: Hat Ihr Held innerlich wegen bestimmter Aktivitäten in der Vergangenheit ein schlechtes Gewissen?

Wenn man etwas tut, das den eigenen Werten widerspricht, ist das eine ausgezeichnete Möglichkeit, sein Ziel zu verfehlen. Ich zum Beispiel habe unter anderem in einem Kaufhaus geklaut, eine Versicherung betuppt und meine große Liebe mit einer anderen betrogen. Und das ist natürlich nur ein Auszug aus meiner Vergangenheit. Was belastet Sie?

Das können einmalige Übertretungen sein, die Sie sich irgendwann einmal geleistet haben. Oder ein konstantes Verhalten, ein immer wieder auftretendes Muster, in dem Sie andere Menschen verletzen, belügen, schikanieren, verärgern, abstoßen etc.

Bedenken Sie: Das private, innerliche Eingeständnis wird eine echte Entlastung bringen. Zumal ich auf der nächsten Seite zeigen werde, wie man seine Schuld- und Schamgefühle nutzen kann, um die eigenen Fehler auszugleichen.

Wem schadet Ihr Held?

Wenn Ihr Held schroff handelt, hart ist zu anderen, verletzend argumentiert und agiert, dann baut sich nicht nur innerlich ein »GeWissen« auf, sondern auch äußerlich: Menschen stellen sich gegen den Helden, Möglichkeiten werden verweigert, Intrigen werden gesponnen, Kämpfe ausgefochten. Auch hier interessieren uns nur die ganz großen Probleme. Hat Ihr Held eine Art, die immer wieder verletzend ist? Gibt es bestimmte Probleme oder Plagen (Ehehölle, Mobbing, Einsamkeit), die Ihr Held selbst verursacht?

Sollten Sie diese Fragen mit »Ja!« beantworten, dann möchte ich Ihnen an dieser Stelle meine große Anerkennung aussprechen. Ich finde, es gibt kaum eine größere Hürde, als das eigene Fehlverhalten zu erkennen und zu ihm zu stehen.

ÜBUNG

Die parsifalsche Rettung

Natürlich können und dürfen wir beim schlechten Gewissen nicht stehen bleiben. Denn es geht hier um viel mehr als um eine Beichte. Es geht darum, den Ruf zu finden, der Ihr Leben zum Guten verändern wird.

Es wird Zeit für die *parsifalsche Rettung*, die ich Ihnen vorhin versprochen habe. Unser zynisch gewordener Ritter stößt rein zufällig in einem Wald auf einen weisen Greis, dem er sein Leid klagt: Das Leben hat ihn ungerecht behandelt, und er hasst Gott dafür, dass er einer solchen Schmach ausgesetzt wurde.

Es gelingt dem Alten, Parsifal klarzumachen, dass Gott ihn noch immer liebt und dass er darauf vertrauen soll, dass alles wieder gut wird.

Falls Sie – wie ich – mit dem Wörtchen »Gott« so ihre Probleme haben, können sie es getrost mit dem Begriff »Leben« ersetzen. Also: Auch wenn uns das Leben mal übel mitzuspielen scheint und wir es verfluchen, so liebt uns das Leben noch immer. Und wenn wir diese Liebe zum Leben erwidern, werden wir von unseren Wunden geheilt. Das ist es, was der Alte Parsifal mit auf den Weg gibt.

In der Tat: Parsifal bekommt eine zweite Chance. Er trifft erneut auf den verwundeten König, und dieses Mal stellt Parsifal ihm die rettende Frage: »Sag mir, woher kommen deine quälenden Schmerzen? Sag mir, wie ich dir helfen kann!« Damit ist der Bann gelöst, und Parsifal wird selbst zum neuen Gralskönig gekürt.

Falls Sie sich jetzt ganz zu Recht fragen, was das mit Ihrer eigenen großen Wunde zu tun hat (falls sie eine solche haben), lassen Sie mich bitte dieses Rätsel ganz bodenständig auflösen.

Im Klartext besagt die Parsifal-Geschichte: Wer eine große Wunde erlitten oder eine verursacht hat, wird so lange mit dieser Wunde konfrontiert, bis es ihm gelingt, aus dem Teufelskreis von »verletzen« und »verletzt werden« auszusteigen.

Der Weg da heraus, den Parsifal uns zeigt, ist nicht nur verblüffend einfach, sondern sehr praxisorientiert: Wenn wir die eigenen Wunden heilen wollen, sollen wir einem anderen Menschen helfen, der selbst an diesen Verwundungen leidet.

Das kann der gleiche Mensch sein, dem wir Schaden zugefügt haben, muss aber nicht. Manchmal können wir das Vergangene bei einem anderen einfach nicht wieder gutmachen. Aber das macht nichts. Sie waren ein despotischer Chef? Werden Sie nun zur guten Führungskraft. Sie haben Intrigen gespielt? Fördern Sie einen Menschen, ohne dass er es merkt. Sie waren untreu? Werden Sie ein loyaler Partner, auf den man sich verlassen kann. Sie haben gestohlen? Geben Sie der Welt etwas zurück. Kostenlos. Als Ausgleich.

Indem wir das geben, was wir selbst vermissen, bekommen wir, was wir brauchen. Wir heilen aber damit nicht nur die eigene Wunde, sondern reinigen uns auch von den Verstrickungen der Verletzungen, die wir anderen Menschen zugefügt haben.

Ich denke da an Menschen wie den Amerikaner Steven Hassan[14], der als Neunzehnjähriger in die Fänge der Moon-Sekte geriet, zu einem fanatischen Anhänger wurde, der seinerseits neue Mitglieder warb. Nachdem er das Treiben seines Kultes durchschaute, gelang ihm ein Abnabelungsprozess. Heute ist Hassan ein international anerkannter Sektenspezialist, der ein eigenes Behandlungsverfahren entwickelt hat, mit dem Menschen aus den Fangarmen von Sekten zurückgewonnen werden können.

Das ist kein Zufall: Menschen, die durch schwierige und verletzende Erfahrungen gegangen sind, werden zu Experten, die später anderen helfen können, mit ähnlichen Erlebnissen fertig zu werden. Diese Hilfe tut jedoch nicht nur den Opfern gut, sondern auch dem Helfer. Indem wir etwas dafür tun, dass die Verletzungen anderer geheilt werden, heilen auch wir. Und damit kennen Sie nun auch meine Motivation für **Quest**.

Welchen Beitrag kann Ihr Held leisten?

Wenn Sie so über die große Wunde Ihres Helden nachdenken: Gibt es vielleicht etwas, dass Ihr Held als kleinen oder großen Beitrag für einen oder viele Menschen leisten kann?

Wenn Sie dazu spontan keine Idee haben sollten, lassen Sie diese Frage in den nächsten Tagen einfach auf sich wirken.

Wir werden später in der Etappe »Die Rückkehr« auf genau dieses Thema zurück kommen – und ich bin sicher, dass Sie diese Frage spätestens dann mit Leichtigkeit beantworten können.

Zwischenbilanz

Welche Gefühle, Sehnsüchte und Wünsche haben sich beim Lesen der zurückliegenden Seiten immer wieder zu Wort gemeldet?

Welche negativen Erlebnisse haben Sie bisher belastet und welche positive Zielsetzung können Sie sich daraus für Ihr weiteres Leben ableiten?

Was auch immer es ist: Lassen Sie es zu.

Vielleicht denken Sie, dass Ihre Tagträume und Sehnsüchte unrealistisch sind, nicht zu erfüllen, viel zu hoch gegriffen. Macht nichts. Bleiben Sie dabei.

Denn ein Ruf ist nichts, was man sich in ein oder zwei Monaten erfüllt, sondern das Jahre und manchmal auch Jahrzehnte benötigt. Von dem ersten Zeitpunkt meines eigenen Rufes bis heute, da ich Ihnen diese Zeilen schreibe, sind siebzehn Jahre vergangen.

Deswegen erscheint uns der Ruf, vor allem wenn wir ihn zum ersten Mal bewusst wahrnehmen, irgendwie als zu fantastisch, als zu abgehoben. Und das wäre es auch, wenn man nicht die Zeit in Betracht zieht, die die Erfüllung eines Rufes benötigt.

Bitte bedenken Sie, dass wir an dieser Stelle der Reise noch keine klare Zielsetzung benötigen. Es geht hier vielmehr nur um eine grobe Richtung, in die es Sie zieht.

Ihr Lebensdrehbuch

Es wird Zeit, dass Sie wieder als Drehbuchautor tätig werden. Ihre Aufgabe besteht nun darin, Ihren Helden den Ruf hören zu lassen.

Je nachdem, was Sie auf den vorherigen Seiten herausgefunden haben, können Sie jetzt ganz unterschiedlich vorgehen:

Inspiration
Wenn Sie etwas (wieder)entdeckt haben, das Ihren Helden begeistert und motiviert, entwerfen Sie einfach eine Szene, in der Ihr Held genau dieses Erlebnis hat.

_Er trifft jemanden in der Stadt und in dem gemeinsamen Gespräch zündet der Funke.

_Er liest dieses Buch und hat ein Aha-Erlebnis.

_Er hat einen Traum, der ihn morgens begeistert und motiviert aufwachen lässt.

Probleme
Wenn Sie glauben, dass Ihr Held seinen Ruf (auch) als Problem wahrnimmt, schreiben Sie eine Szene, in der zuerst das Negative erscheint, aus dem ein positiver Entschluss entsteht:

_Ihr Held findet Fotos einer verflossenen Liebe, erinnert sich erst an die schmerzlichen Zeiten, dann an die schönen Erinnerungen und beschließt, so etwas erneut in sein Leben hineinzulassen.

_Ihr Held hört von einem Problem, das ihn sehr ärgert, und er entscheidet sich, es zu lösen.

_Ihr Held wird von jemandem hart kritisiert und er sieht ein, dass er sich seit vielen Jahren falsch verhalten hat. Er beschließt, es besser zu machen.

Mein Vorschlag an Sie: Nehmen Sie einfach das, was Ihnen in den Sinn kommt, und schreiben Sie als Nächstes eine Drehbuchszene.

Sie können eine echte Situation nehmen oder sich eine ausdenken. Erlaubt ist, was Ihrem Helden eine Richtung, eine Orientierung verleiht.

ÜBUNG

Zusammenfassung

Multimediale Botschaften

Der Ruf kann als Gefühl, als innere Bilder, als innere Stimme oder auch als alles zusammen auftreten.

Ein Ruf kommt immer wieder

Ein Impuls drängt sich momentan auf, ist aber schon kurze Zeit später vergessen. Ein echter Ruf dagegen kommt einfach immer wieder.

Das Herz kennt den Ruf

Es gibt eine Instanz in uns, die Bescheid weiß: das Herz. Es teilt sich uns durch das mit, was uns Freude macht, begeistert und inspiriert.

Der Verstand hilft bei der Umsetzung

Er sorgt durch seine planerische Kompetenz und durch sein Wissen, welche Normen, Erwartungen und Regeln existieren, dafür, dass aus dem Traum Realität wird.

Zwei Spielarten des Rufes: Inspiration oder Problem

Der Ruf kann als Sehnsucht auftreten, die uns ein Glitzern in den Augen beschert. Oder als Herausforderung, die gemeistert werden möchte.

»Plagen« sind ein verzweifelter Ruf des Herzens

Wenn unser Leben schwierig und schmerzhaft ist, sind die Probleme, mit denen wir konfrontiert werden, Warnsignale, dass wir mehr auf unser Herz hören sollen.

Geben, wonach wir suchen

Indem wir etwas dafür tun, dass die Verletzungen anderer geheilt werden, heilen auch wir.

Anmerkungen

Fußnoten

[1]: Übrigens: Etwa zehn Minuten nach dem ich dieses Zitat eingefügt habe, meldete sich telefonisch ein alter Freund dieser Teilnehmerin, der mir erzählte, dass sie vor einigen Tagen ihren ersten öffentlichen Auftritt hatte. Mit großem Erfolg! Zufälle gibt es ...

[2]: Cameron, 1999, Seite 73

[3]: Campbell, 1999, Seite 57

[4]: Die Ausnahme: Wenn ein Mensch bis dato vielleicht arm, zurückhaltend und unerkannt gelebt hat, kann die konkrete Auseinandersetzung mit Reichtum, Besitz und sozialer Verantwortung für die Persönlichkeitsentwicklung durchaus wichtig sein.

[5]: Michael Mary, 1981

[6]: U.a. vertreten von Martha Beck, 2001

[7]: Martha Beck (München, 2002) nennt in ihrem Buch das Herz »Wesens-Ich« und den Verstand »Gesellschafts-Ich«. Um in der Wortwahl der Etappe zu bleiben, habe ich das Zitat mit meinen Begriffen ausgestattet

[8]: Meine eigene Übersetzung. Wieland, 1986, Seite 4

[9]: Vogler, 1992, Seite 108

[10]: Rowling, 1999, Seite 233

[11]: Eine ausführlichere Zusammenfassung des 900-Seiten-Epos finden Sie unter http://gutenberg.spiegel.de/sagen/ritter/parzival.htm.

[12]: So wird Sünde im Neuen Testament genannt, das ja in Griechisch verfasst wurde.

[13]: Um hier Klartext zu reden: Panikattacken allgemein können noch ganz andere Ursachen haben, die einer medizinischen Behandlung bedürfen.

[14]: Siehe auch seine Website http://www.freedomofmind.com

DIE ENTSCHEIDUNG

Nachdem Sie Ihren Ruf kennen gelernt haben, gilt es jetzt, eine Entscheidung zu treffen: Sind Sie bereit, dem Ruf zu folgen? Ja oder Nein?

_Die Pforte

_Der Ruf

_Die Entscheidung

_Der Weg

_Der Drache

_Das Elixier

_Die Rückkehr

Ein couragierter Akt

Es ist gut möglich, dass Sie die Arbeit an Ihrem Ruf derart beflügelt hat, dass die Entscheidung, ihm jetzt zu folgen, für Sie schon feststeht. Wenn dem so sein sollte, können Sie diese Lektion getrost beiseite legen. Treffen Sie einfach Ihre Entscheidung und konzentrieren Sie sich auf den nächsten Reiseabschnitt »Der Weg«.

Was aber, wenn Sie eigentlich losgehen möchten und sich zugleich »irgendwie« zurückgehalten fühlen? Was, wenn Sie innerliche Einwände, kritische Stimmen, ja vielleicht sogar Sorgen oder Ängste haben, die Sie davon abhalten, einfach »Ja!« zu Ihrem Ruf zu sagen und Ihren Weg zu gehen?

Damit stehen Sie nicht alleine da! Den meisten Menschen, die ich kenne, geht es so. Mich eingeschlossen. Der Grund dafür ist einfach: Seinem Ruf Folge zu leisten bedeutet einerseits, mit Altbekanntem und Gewohntem zu brechen, und andererseits, sich auf etwas Neues einzulassen, das man nicht kennt und dessen Risiken man nicht abschätzen kann. Das ist ein Schritt, der viel Courage erfordert.

Lassen Sie mich dazu eine persönliche Geschichte erzählen ...

Drei Jahre

Nachdem ich NLP entdeckt und eine mehrjährige Ausbildung durchlaufen hatte, begann ich Anfang der Neunziger, Seminare zu geben. Mein allererstes Seminar war ein Bildungsurlaub, der über fünf Tage ging. Wenn ich heute daran denke, würde ich sagen: Das war ziemlich gewagt! Aber schon nach der ersten Viertelstunde entdeckte ich, dass ich mich vorne an der Flipchart wie der sprichwörtliche Fisch im Wasser fühlte, und damit war meine zunächst nebenberufliche Karriere als Trainer eröffnet.

Hauptberuflich verdiente ich mein »normales« Geld mit Marketing. Das war auch gut so, denn auf diese Weise konnte ich nach und nach Erfahrung mit Trainings sammeln. Ich blieb von existenziellen Sorgen und Ängsten verschont und hatte Zeit, mich weiterzuentwickeln. Das Marketing und mein erster Kontakt mit dem Internet 1994 halfen mir, betriebswirtschaftlich und technisch dazuzulernen, so dass es sich keineswegs um vergeudete Zeit handelte, sondern um eine Vorbereitung auf alles, was noch kommen mochte.

Etwa 1997 begann ich zu merken, dass die Zeit reif wurde für einen Wechsel. Die Arbeit machte mir keinen wirklichen Spaß mehr, und ich spürte immer häufiger, dass es Zeit wurde, mich meinem lang gehegten Traum als Trainer und Coach zuzuwenden.

Ich tat es nicht.

Die Gründe dafür waren leicht zu finden. Ich hatte eine Internet-Agentur gegründet, die ich erst noch nach »oben« bringen wollte. Nach dem Motto: Mit dem Geld, das ich online verdiene, kann ich meinen Traum als Trainer finanzieren.

Allerdings verschlang die Agentur Zeit. Viel Zeit. Ich wäre ja gerne für meinen Ruf tätig geworden, aber es gab einfach so viel zu tun. Ende 1997 schlitterte ich obendrein noch in eine ernste finanzielle Krise. Die frisch gegründete Agentur lief nicht so an wie erwartet, und meine Reserven waren längst aufgebraucht. Fazit: noch mehr Arbeit.

Artikel in der Lokalzeitung »Neue Westfälische« vom 22.08.1998. Wir hatten damals Arminia Bielefeld bei uns in der Agentur zu Besuch. Ich bin der junge Mann mit dem kecken Kinnbart in der zweiten Reihe. (Foto von C. Schormann)

Schließlich wurde mir 1998 dann klar, dass es ein Fehler war, die Agentur weiterzubetreiben. Ich wollte Trainer werden und auf keinen Fall bis ans Ende meiner Tage Internetmarketing betreiben. Meine Geschäftspartnerin war verständlicherweise nicht gerade begeistert von meinem Sinneswandel und bat mich, die Agentur erst noch zu unterstützen, bis sie einen Nachfolger gefunden hatte.

Ich blieb – und kam einfach nicht voran: Kunden wollten beraten, Mitarbeiter geführt, Projekte betreut werden. Und innerlich fluchte ich, weil ich das Gefühl hatte, stecken geblieben zu sein.

Erst 1999 begann es mir langsam, aber sicher zu dämmern, dass mein Problem nicht die Agentur, die Kunden oder die Aufträge waren. Das Problem war ich selbst. Im Grunde genommen hatte ich Angst, den Schritt in die eigene Selbständigkeit zu wagen. Präziser: Ich hatte Angst zu versagen. Natürlich wollte ich mir das anfangs nicht eingestehen. Ich bemerkte nicht, dass ich mir jedes Mal, wenn ich daran dachte, Trainer zu sein, vor meinem inneren Auge bestimmte Szenen ausmalte. Szenen, in denen ich jemandem sagen musste, dass mein Traum nicht geklappt hatte. Und während ich mir das in den lebhaftesten Farben vorstellte, fühlte ich mich schlecht und wunderte mich allen Ernstes, dass ich mich nicht richtig motiviert fühlte. Nachdem mir klar wurde, dass niemand anders außer mir an der Situation »schuld« war, stand ich vor einer Entscheidung: Wollte ich so weitermachen? Oder war ich bereit, das Risiko einzugehen und endlich durchzustarten?

Es bedurfte noch eines Auslösers, um diese Frage endgültig zu entscheiden, aber dazu erzähle ich später mehr.

Das große Zögern

Eine der erstaunlichsten Entdeckungen in meiner Arbeit mit **Quest** war, dass ich kein Einzelfall bin. »In der Wirklichkeit oft und in Mythen nicht selten kommt es vor, dass der Ruf auf taube Ohren stößt«, brachte Joseph Campbell 1948 in seinem Buch *Der Heros in den tausend Gestalten* auf den Punkt.[1]

Interessanterweise fällt es den meisten Teilnehmern relativ leicht, den Ruf zu finden und zu hören. Sich jedoch dafür zu entscheiden – das war für viele, ich würde sogar sagen für die meisten, ein Problem. Ein erhebliches sogar.

Die Aussagen klingen meist so: Ich würde ja gerne meinem Ruf folgen, aber ...

_mein Mann wäre nicht damit einverstanden,

_ich hab kein Geld,

_meine Kinder lassen mir keine Zeit für etwas Neues,

_meine Arbeit lässt mir keine Zeit für etwas Neues,

_meine Kollegen/Vorgesetzten würden niemals mitziehen,

_ich bin zu jung dafür,

_ich bin zu alt dafür,

_ich habe keine entsprechende Ausbildung,

_es gibt doch schon genügend andere, die das machen,

_ich bin zu ungeschickt,

_ich habe es schon mal probiert und bin gescheitert.

Diese Liste ließe sich noch weiter fortsetzen, aber ich denke, es wird auch so deutlich, dass jeder der Teilnehmer, mich eingeschlossen, vor einer Hemmschwelle steht, die überschritten werden muss, wenn man seinen Ruf in die Tat umsetzen möchte.

Faszinierenderweise gibt es für diese Erfahrung Entsprechungen in den Mythen, Märchen und Sagen: Wann immer ein Held mit einem Auftrag, einem Ruf konfrontiert wird, muss er einen so genannten Schwellenwächter überwinden ...

Die Schwellenwächter

Bereits die Helden der Antike hatten Probleme, Ihrem Ruf zu folgen: Ödipus musste erst das Rätsel einer geheimnisvollen Sphinx lösen, bevor er Theben befreien konnte. Der Göttersohn Herkules wurde schon bei seiner Geburt von zwei Schlangen angefallen und beinahe vergiftet. Und Parsifal musste gegen den roten Ritter antreten, bevor er an König Artus´ Hof aufgenommen wurde.

Die Sphinx, die Schlangen und der rote Ritter stehen sinnbildlich für die so genannten »Schwellenwächter«, die man übrigens noch heute vor japanischen Tempeln antreffen kann. Entweder als in Stein gemeißelte Raubtiere (Löwe, Drache) oder als Furcht erregende Götter, die den Besucher mit der einen Hand abwehren – und mit der anderen ins Innere des Tempels einladen.

Dieser äußerst sympathische Zeitgenosse soll sich an der Schwelle zum Jenseits rumtreiben und seine Opfer auffressen.

Äußere Wächter

Im echten Leben erscheinen Schwellenwächter als der »wohlwollende« Bekannte, der unsere Pläne belächelt, als der Kollege, der unsere Ideen für eine Veränderung am Arbeitsplatz kritisiert, oder als gute Freundin, die uns von unseren Plänen abhalten möchte.

»Vermutlich sind Sie im Alltag einem Schwellenwächter begegnet«, schreibt Christopher Vogler, »als Sie versucht haben, eine positive Veränderung umzusetzen. Die Menschen um sie herum, selbst die, die Sie lieben, kommen nicht damit klar, dass Sie sich verändern möchten. Man hat sich an Ihre Neurosen gewöhnt und gelernt, von ihnen zu profitieren. Die Vorstellung, dass Sie sich ändern, kann bedrohlich wirken. Wenn sie Ihnen Widerstände entgegenbringen, ist es wichtig, sich klarzumachen, dass sie eine Funktion als Schwellenwächter übernommen haben, um zu prüfen, ob Sie sich wirklich verändert haben.«[2]

Innere Wächter

Neben diesen äußeren Gestalten gibt es aber auch innere Schwellenwächter: unsere eigenen Gedanken. Was werden die anderen dazu sagen? Was, wenn ich versage? Was, wenn ich erfolgreich bin und niemand mehr was mit mir zu tun haben möchte?

Diese gedanklichen Schwellenwächter repräsentieren also unsere eigenen Ängste und Sorgen sowie unsere Narben und Verletzungen, die wir aus schwierigen und manchmal auch schmerzlichen Erfahrungen gezogen haben.

Sind Schwellenwächter am Werk?

Es gibt eine ganze Reihe von Symptomen, die mehr oder minder deutlich darauf hinweisen, dass Schwellenwächter in Ihrem Leben agieren.

Endlosprobe

Eine ganz typische Variante ist die »Endlosprobe«: Da werden stundenlang Tarotkarten aus gelegt, ob es das nun ist, was man wirklich will, oder man hängt sich ans Telefon und penetriert Freunde und Bekannte mit endlosen Rückfragen, was sie denn dazu meinen und was sie einem jetzt empfehlen.

So hilfreich es sein mag, vorher noch eine andere Meinung zu konsultieren, so schädlich ist es, wenn man es damit übertreibt. Je mehr Meinungen man hört, desto unschlüssiger wird man nur. Am Ende brummt einem der Schädel. Und wirklich weitergekommen ist man nicht.

Geschäftigkeit

Das war meine beliebteste Methode. »Ich würde wirklich gerne mehr Zeit für meinen Ruf einräumen«, so lautete stets meine Erklärung, »aber es ist einfach zu viel zu tun«. Und in der Tat war mein Tagesplan voll gepfropft mit einer Vielzahl von Aufgaben, Aktivitäten und Verpflichtungen, die alle eines gemeinsam hatten: Sie waren zwar dringlich, aber nicht wirklich wichtig. »Busy going nowhere« nennen das die Engländer. »Viel getan, aber nichts erreicht« die Deutschen.

Zerstreuung

Eine andere Variante dieses Ablenkungsmanövers ist die Zerstreuung: Man beklagt sich, dass einem die Zeit für Wichtiges fehlt, lungert aber abends stundenlang vor dem Fernseher oder im Internet herum – anstatt ein paar erste Schritte in die richtige Richtung zu tun.

Strohfeuer

Man ist in einem Augenblick Feuer und Flamme für sein Projekt – nur um wenig später festzustellen, dass es das »irgendwie« doch nicht war. So flattert man von einem »Highlight« zum nächsten.

Das Drama

In diesem Fall läuft der Prozess subtiler ab. Man ist offensichtlich wirklich gewillt, seinen Weg zu gehen, aber es kommt ständig etwas Dramatisches dazwischen: meistens Streit. Mit den Geschäfts- oder Lebenspartnern, mit Freunden, Kunden oder welchem Beteiligten auch immer. Und weil es sich nicht um eine vorübergehende Situation handelt, sondern um etwas tiefer Liegendes, mündet dieses Szenario früher oder später in ein Unglück. Man überwirft sich mit den Mitwirkenden, und von dem gemeinsamen Vorhaben bleibt nur noch ein Scherbenhaufen über. Also muss man mühselig von vorne beginnen, nur um wenig später festzustellen, dass sich das gleiche Drama schon wieder abzuzeichnen beginnt.

Selbstsabotage
Während beim »Drama« die Schuld fürs Scheitern den anderen in die Schuhe geschoben wird, liegt sie bei der »Selbstsabotage« bei einem selbst: Aus oft nicht erklärlichen Gründen verpasst man Termine, wird schludrig, leidet unter Konzentrationsmangel, setzt Aufgaben in den Sand und bleibt unterm Strich weit hinter der eigenen Leistungsfähigkeit zurück.

Wenn Sie eines oder mehrere dieser Symptome aus Ihrem eigenen Leben kennen, können Sie sicher sein, dass Schwellenwächter am Werk sind. Bevor Sie diese jedoch verdammen, gestatten Sie mir bitte einen wichtigen Hinweis:

Schwellenwächter gehören dazu
So unangenehm es auch sein mag, sich mit seinen eigenen Einwänden und Befürchtungen befassen zu müssen: Sobald Sie sich ernsthaft auf Ihren Ruf einlassen möchten, tauchen diese Schwellenwächter mit einer geradezu beunruhigenden Verlässlichkeit auf. Diese Konfrontation ist nicht vermeidbar; genauer noch: Sie ist ein fester Bestandteil des Prozesses.

Warum das so ist, wird deutlich, wenn wir unserer Heldin Rose auf die Titanic folgen ...

Weitspucken

Was bisher geschah: Nachdem es Jack gelingt, Rose von ihrem halbherzigen Selbstmordversuch abzuhalten, wird er von ihrem Verlobten Cal eingeladen, am nächsten Abend an einem festlichen Essen in der ersten Klasse teilzunehmen.

Tags darauf gehen Jack und Rose auf dem Deck spazieren. Jack erfährt zum ersten Mal, dass Rose verlobt ist und fängt sich sofort eine mentale Backpfeife ein, als er fragt, ob sie Cal liebt. Keine Frage: Er hat ihren wunden Punkt getroffen. Rose ist empört, rettet die Szene aber, als sie Jacks Zeichenmappe entdeckt und ihm entwendet.

Als sie die Mappe aufschlägt, ist sie überwältigt. In den einfachen Kohlezeichnungen von Pariser Huren entdeckt sie Jacks Talent. So wird sie – leider nur für sehr kurze Zeit – zu Jacks Mentor.

Darauf folgt eine Konversation zwischen den beiden, die den Schlüssel für den gesamten Film darstellt. Jack erzählt von seinen Erlebnissen als Holzfäller und als Porträtmaler auf Kirmesplätzen und wie er seine Zelte abbrach und nach Paris ging.

»**Rose** (schaut in den Abendhimmel): Wieso kann ich nicht wie Sie sein, Jack? Einfach auf den Horizont zugehen, wann immer mir danach ist. (Wendet sich ihm zu.) Warum fahren wir nicht mal gemeinsam zu ... dem Pier ... Und sei´s drum, dass wir nur darüber reden.

Jack: Gut, wir werden es machen. Wir werden billiges Bier trinken und bis zum Erbrechen mit der Achterbahn fahren. Wir werden den Strand entlangreiten ... reiten durch die Brandung ... Sie müssen dann wie´n richtiger Cowboy reiten. Vergessen Sie diesen Damensattel.

Rose: Sie meinen, ein Bein auf jeder Seite? Skandalös! Zeigen Sie mir das?

Jack: Klar. Wenn Sie wollen.

Rose: (lächelt ihn an) Ich glaube, ich will. (Sie schaut zum Horizont.) Und bringen Sie mir auch bei, wie man spuckt. Wie ein Mann. Warum sollten nur Männer spucken können? Das ist unfair.«[3]

An dieser Stelle folgt eine Szene, von der das Studio, die Produzenten und die Schauspieler der Meinung waren, dass sie für einen historischen Film viel zu vulgär sei. Als der Film jedoch vor der Veröffentlichung in so genannten »Screenings« (Testvorführungen) gezeigt wurde, vermerkten die Zuschauer auf den anschließend verteilten Fragebögen, dass sie die Spuck-Szene besonders liebten.

Jack zeigt also Rose, wie man in hohem Bogen ins Wasser spuckt – als plötzlich und unvermittelt Roses Mutter Ruth die Szenerie betritt. Auftritt Schwellenwächter.

Roses Mutter »is not amused«. Warum das so ist, erfahren wir in einer weiteren, metaphernreichen Szene, in der wir Ruth und Rose in ihrer Kabine beobachten können ...

Es ist Abend, und Ruth zieht Rose bezeichnenderweise ein Korsett(!) an. Und während Rose nach und nach zugeschnürt wird, erfahren wir als Zuschauer zum ersten Mal, was sich wirklich hinter den Hochzeitsplänen verbirgt:

»**Ruth:** Dein Vater hat uns nichts als Schulden hinterlassen. Nur der gute Name ist geblieben. Dieser Name ist der einzige Trumpf, den wir noch ausspielen können. Ich versteh dich einfach nicht. Hockley ist eine gute Wahl. Die Heirat wird unser Überleben sichern.

Rose: (verletzt und verwirrt) Wie kannst du mir bloß diese Last aufbürden?

Ruth: Willst du, dass ich als Näherin unser Geld verdiene? Ist es das, was du willst? Willst du, dass all unsere schönen Sachen versteigert werden? Und unsere geliebten Erinnerungen in alle Winde verstreut werden? Mein Gott, Rose, wie kannst du nur so egoistisch sein?«[4]

Als Nächstes folgt das gemeinsame Abendessen mit Cal und Jack, das sich als spannungsreich erweist. Danach lockt Jack Rose in den Speisesaal der dritten Klasse, wo sie ein echtes Kontrastprogramm erwartet. Hier wird lautstark und lebenslustig getanzt, getrunken und gefeiert. Wir erleben Rose in diesen Szenen von einer ganz neuen Seite: ausgelassen, fröhlich, ja sogar derb.

Aber die Antagonisten (= Widersacher des Helden) haben bereits ihre Fühler ausgestreckt. Der Diener von Rose Verlobten Cal beobachtet die Szenerie und unterrichtet seinen Herren. Am nächsten Morgen kommt es zum Streit, in dem Cal Rose unter Druck setzt. Sie soll von Jack ablassen und sich so verhalten, wie es sich für seine Verlobte gehört: *»Du wirst mich so ehren, wie es sich für eine Frau gehört, ihren Mann zu ehren! Ich werde mich nicht zum Narren machen lassen!«*

Fassen wir mal kurz zusammen, was unsere beiden Schwellenwächter da aufgefahren haben:

Argument Sicherheit
»Ich versteh dich einfach nicht. Hockley ist eine gute Wahl. Die Heirat wird unser Überleben sichern.« Sicherheit ist ein beliebtes Argument, das in ganz verschiedenen Formen auftreten kann.

Entweder als finanzielles Thema:

_Möchten Sie etwa Ihre Sicherheit, Ihren Lebensstandard für diese irrige Idee aufgeben?

_Wie wollen Sie damit Geld verdienen? Kann man damit überhaupt Geld verdienen?

_Warum ein Risiko eingehen, wenn es doch momentan (einigermaßen) gut geht?

Oder als emotionale Sicherheit:

_Was, wenn ich verletzt werde?

_Was, wenn ich im Stich gelassen werde?

Anerkennung und Etikette
Ein weiteres gewichtiges Argument, das von den Schwellenwächtern besonders gerne ins Rennen gebracht wird: Was werden die anderen sagen, wenn Sie Ihren Ruf angehen? Aus der Reihe scheren? Tabus in Frage stellen?

Anerkennung ist wie finanzielle oder emotionale Sicherheit ein fundamentales menschliches Bedürfnis. Kaum jemand kann über einen längeren Zeitraum ohne sie zurechtkommen. Darum fällt es so vielen Menschen schwer, allein zu leben. Wir sind auf soziale Bestätigung angewiesen, und das Verlassen des gewohnten Umfeldes fällt uns deswegen ganz besonders schwer.

Hinzu kommt eine weitere Tatsache: Die Menschen, mit denen wir uns umgeben, teilen oft unsere Ansichten, Interessen, Wünsche und Tabus. Wenn wir diese durch unsere neuen Pläne in Frage stellen, sind Spannungen oft vorprogrammiert. Angriffe, Vorwürfe und kritische Diskussionen können aufkeimen und uns den sowieso nicht leichten Schritt in eine neue Welt zusätzlich erschweren.

Kehren wir zurück zu Rose: Wie geht sie mit der Konfrontation der beiden Schwellenwächter um? Was wird sie jetzt tun? Ihrem Ruf folgen oder Cal und ihrer Mutter Ruth nachgeben?

Wenige Stunden nach dem Streit mit Cal wird Rose am Deck der ersten Klasse von Jack abgefangen und in einen Fitnessraum gelotst. Rose sagt ihm, dass ihre Beziehung nicht mehr weitergehen darf. Jack lässt nicht locker, aber Rose blockt ab.

»**Rose:** Sie machen mir das wirklich schwer. Es geht mir gut. Ehrlich.

Jack: Wirklich? Ich glaub das nicht. Die halten Sie wie so einen Schmetterling in einem Einmachglas gefangen. Und Sie werden eingehen, wenn Sie nicht ausbrechen. Vielleicht nicht sofort, weil Sie stark sind. Aber früher oder später wird das Feuer in Ihnen erlöschen.

Rose: Es ist nicht Ihre Aufgabe, mich zu retten.

Jack: Da haben Sie Recht. Das können nur Sie allein.«[5]

Diese Szene enthält zwei sehr wichtige Elemente, die uns den Umgang mit dem Ruf und den Schwellenwächtern verdeutlichen.

Der Hinweis auf den im Einmachglas gefangenen Schmetterling erinnert erneut daran, dass es sich beim Ruf um mehr als einen einfachen Wechsel der momentanen Gegebenheiten handelt. Insofern bilden die Schwellenwächter einen schützenden Kokon, den wir oft erst durchbrechen, wenn er uns wirklich zu eng geworden ist.

Das zweite Element ist in Jacks Aussage zu finden, Rose könne sich nur allein retten. Da hat er Recht: Diese Entscheidung kann und darf uns niemand abnehmen; diese Entscheidung müssen wir selbst treffen. Mehr noch: Ohne diese Entscheidung ist eine Transformation nicht möglich. Es ist wie bei einem reichhaltigen Buffet: Es ist alles für uns angerichtet, zugreifen müssen wir aber selbst.

Die Konfrontation mit den Schwellenwächtern zeigt also, wo der Held innerlich steht, wie weit er mit seiner Entscheidung gekommen ist (Rose ist noch zerrissen) und an welchen Punkten er oder sie mit sich selbst hadert. So gesehen erfüllen die Schwellenwächter eine weitere, wichtige Funktion: An ihrem Widerstand können wir unsere Stärke trainieren, weiter wachsen und die notwendige Kraft entwickeln, um das Hindernis, die Grenze zu überwinden.

Harry Potter beispielsweise, der im ersten Buch noch zu schwach ist, sich gegen Onkel Vernon und Tante Petunia zu wehren, wird sich auch in den folgenden Büchern mit beiden herumschlagen müssen. Rose dagegen ist in ihrer Entwicklung schon sehr weit fortgeschritten. Dennoch fehlt ihr noch etwas, ein letzter Tropfen quasi, der das Fass zum Überlaufen bringt. Bevor ich jedoch darauf zu sprechen komme, wird es Zeit, dass wir uns nun mit Ihren eigenen Schwellenwächtern befassen.

Einverstanden?

ÜBUNG

Begegnung

Ihre Aufgabe gleich wird darin bestehen, Ihre Einwände glasklar herauszufiltern.

Ein besonders effektiver Weg führt paradoxerweise über das Gegenteil. Statt Ihren Einwänden hinterherzujagen, schlage ich vor, dass Sie diese ganz einfach einladen.

Wie? Indem Sie jetzt Ihr zukünftiges Leben in den schönsten Farben ausmalen. Träumen Sie wild und ungezügelt. Stellen Sie sich ganz einfach vor, dass Sie ALLES erreichen können, was Sie wollen. Schreiben Sie das auf – und zwar so lange, bis sich Ihre Einwände lebhaft zu Wort melden.

Und so geht es

Nehmen Sie ein DIN-A4-Blatt und unterteilen Sie es mit einem Strich von oben nach unten in zwei Hälften. Wenn Sie mit dem PC arbeiten, (was ich Ihnen empfehle), starten Sie einfach Ihre Textverarbeitung.

Links die Vision

Beginnen Sie dann, auf der linken Seite Ihre ungezügelte Lebensvision zu skizzieren: ein aufregendes Leben, das Ihnen den Atem verschlägt. Wenn Sie einen PC verwenden, richten Sie eine einfache Tabelle mit zwei Spalten ein.

Rechts die Einwände

Sobald sich ein Einwand bei Ihnen meldet, notieren Sie ihn einfach in der rechten Spalte. Und zwar jeden Einwand. Auch wenn er vielleicht nicht plausibel klingt oder altbacken oder arg an den Haaren herbeigezerrt ist: Erlaubt ist, was Ihnen in den Sinn kommt.

Beenden Sie die Übung, wenn Ihnen kein Einwand mehr einfällt.

Beginnen Sie damit jetzt.

Die Einwände kategorisieren

Sobald Sie Ihre Einwände erfasst haben, sollten Sie als Nächstes daran gehen, diese zu kategorisieren. Dazu schlage ich vor, dass Sie nach zwei Arten von Kategorien differenzieren.

Die harten Faktoren, die sich auf messbare, bodenständige Defizite beziehen (Geld, Zeit, Ressourcen etc.). Und die weichen Faktoren, die mehr mit Ihren innerlichen Gefühlen und Gedanken zu tun haben (Sorgen, Befürchtungen, Skepsis etc.)

Die »harten« Faktoren
Dazu zählen zum Beispiel:

Geld, Materialien, Geräte: »Wovon soll ich die Miete bezahlen?« »Wie soll ich mein neues Unternehmen finanzieren?« »Wie bezahle ich die Büromöbel, Arbeitsmaterialien, Computer etc.?«

Zeit: »Wie soll ich den Wechsel nebenbei schaffen?« »Die Kinder lassen mir keine Zeit.« »Wenn ich abends nach Hause komme, bin ich zu müde, um mir noch weiteren Stress aufzuladen.«

Wissen/Informationen: »Ich habe doch gar keine Ahnung, wie das geht!« »Ich müsste erst mal eine Ausbildung anfangen.« »Wer kann mir überhaupt sagen, wie ich jetzt vorgehen soll?«

Die »soften« Faktoren
Dazu zähle ich alles, was mehr mit Ihrer Psyche als mit greifbaren Fakten zu tun hat.

Die Meinung anderer Leute: »Wenn ich das mache, werden mich alle schneiden.« »Alle erwarten doch von mir, dass ich ...«

Sorgen und Befürchtungen: »Ich kann das doch gar nicht. Bestimmt werde ich versagen« »Was, wenn ich mit meinem Traum scheitere und ich stehe ganz alleine da?« »Wenn ich erfolgreich bin, hat mich keiner mehr gern.«

Harte Tatsachen

Ein Freund von mir hat sich vor Jahren als Tischler selbständig gemacht. Er war wirklich hochgradig engagiert und hat oft ganz außergewöhnliche Arbeiten abgeliefert – aber er hatte keine Ahnung von Buchhaltung, Finanzierungen und Kalkulation. Das Ende vom Lied waren 125.000 Euro Schulden und ein Offenbarungseid. Er war seinem Ruf gefolgt, er hatte aber die Regeln nicht gelernt.

Wenn Sie sich entschieden haben, ein neues Feld zu betreten, auf dem Sie sich nicht auskennen, machen Sie es besser als mein Freund: Holen Sie sich Leute ins Boot, die das Gebiet bereits kennen. Sprechen Sie mit einem Steuerberater, lassen Sie sich von Ihrer Bank beraten, erkundigen Sie sich bei der IHK und anderen Verbänden nach gesetzlichen Regelungen und Vorschriften.

Das gilt auch fürs Private: Wenn Sie nach einigen gescheiterten Beziehungen bereit sind, sich auf eine neue Beziehung einzulassen, ist es mehr als wahrscheinlich, dass Sie die Regeln für eine gelungene Partnerschaft nicht vollständig kennen. Akzeptieren Sie, dass es noch etwas zu lernen geben könnte.

Filtern Sie die Einwände heraus
Prüfen Sie die Liste Ihrer Einwände, und notieren Sie separat alle Kritikpunkte, die harte Faktoren betreffen. »Separat« heißt z.B. handschriftlich auf einem separaten Blatt Papier oder in einer separaten Datei Ihrer Textverarbeitung.

Prüfen Sie bitte, ob Sie noch weitere Einwände haben, die folgende Themen betreffen: Investitionen, Einkommen, Kontakte, Informationen, Materialien, Zeiträume und mögliche Vorgehensweisen.

Wenn Ihr Ruf beruflicher Natur ist, könnten Sie noch Themen berücksichtigen wie: Angebot von Dienstleistungen und Produkten, potenzielle Zielgruppen, Mitbewerber, Marktlage, Trends, Rechtliches und Planung.

Ihre Liste sollte nicht vollständig, aber erschöpfend sein
Schreiben Sie einfach alles auf. Es muss jedoch keineswegs eine komplette oder perfekte Liste werden. Es geht jetzt nur darum, dass Sie alle Einwände erfassen, die Sie momentan beschäftigen. Wenn Ihnen also für den Moment nichts weiter einfällt, lassen Sie es gut sein.

Der nächste Schritt
Bitte sehen Sie Ihre Liste durch und markieren Sie den Einwand, der für Sie an Platz eins der Widerstände steht.

Überlegen Sie sich dann, welchen konkreten Schritt Sie jetzt als Nächstes dafür angehen können. Ein Buch bestellen? Das Gespräch mit einem Freund suchen? Ein erstes Grobkonzept formulieren?

Entscheiden Sie abschließend, wann Sie diesen Schritt angehen werden.

Übrigens: Wir werden diese Liste für die nächste Etappe unserer Reise benötigen. Bitte bewahren Sie sie also in jedem Fall auf.

Als nächstes wenden wir uns jetzt Ihren »weichen« Einwänden zu ...

Weiche Faktoren

Ich werde Ihnen nun fünf typische Schwellenwächter vorstellen, die ich in zahlreichen Coachings und Gesprächen immer wieder angetroffen habe.

Das Ziel in diesem Abschnitt unserer gemeinsamen Reise ist nicht, diese Einwände sofort vollständig auszuräumen – sondern einfach zu erkennen, welche Widerstände in Ihrem Leben eine Rolle spielen. Sie werden in den nächsten Etappen »Der Weg« und »Der Drache« reichlich Gelegenheit haben, die emotionalen Barrieren zu überwinden.

Was sagen »die Leute«?

Die mit Abstand am häufigsten genannte Ursache für ein Scheitern der eigenen Ambitionen ist die Angst vor dem Verlust sozialer Anerkennung.

Was werden »die Leute« sagen, wenn ich das Gewohnte aufgebe und einen völlig neuen Weg einschlage? Wie stehe ich vor »den Leuten« da, wenn mein Vorhaben scheitert? Werden sie mich für einen Versager halten?

»Ich habe eben noch mal kurz versucht mit meinem Ruf zu arbeiten«, schrieb mir ein Teilnehmer, »aber etwas in mir rebelliert. Ich weiß, dass ich es schaffen kann, aber meine negativen Gefühle sind stärker.«

Wie ist so etwas möglich? Was steckt hinter dieser negativen Kraft?

Vermutlich sind es einfach unsere Erfahrungen als Säugling, Baby und Kind. Wenn wir auf die Welt kommen, sind wir so hilflose, kleine Wesen, dass unser Überleben im wahrsten Sinne des Wortes von »den Leuten« (in den meisten Fällen unseren Eltern) abhängt. Das prägt uns natürlich.

Obwohl wir im Laufe unseres Lebens immer unabhängiger werden, sind wir die meiste Zeit unseres Lebens in Gemeinschaften eingebettet: Familie, Freunde, Partner, Kollegen etc.

Daher ist es kaum verwunderlich, dass unser Verstand rebelliert, wenn wir eine neue Richtung einschlagen, denn das kann in unserem sozialen Umfeld Folgen haben. »Die Leute« tratschen, vielleicht werden einige nicht einverstanden sein, sich von uns abwenden oder uns Steine in den Weg legen. Denkt man. Ob es wirklich so ist, zeigt sich oft erst hinterher.

Allerdings sollte man sich über eines absolut im Klaren sein: Wenn Sie dem folgen, was »die Leute« sagen könnten, überlassen Sie anderen Menschen die Regie über Ihr Leben. Dass das auf Dauer nicht gut gehen kann, liegt auf der Hand. Wie Sie damit am besten umgehen können, werden wir gemeinsam in den nächsten Etappen unserer gemeinsamen Reise erforschen. Wichtig für den momentanen Augenblick ist nur, dass Sie erkennen, wer in Ihrem Leben das Sagen hat, wenn Sie sich wegen der Meinung anderer Menschen Ihren Ruf versagen.

Der Verlust der Sicherheit

Diesen Schwellenwächter kennen wir bereits von Rose. Wer ihm zum Opfer fällt, führt in seinen Tagträumen ein aufregendes Leben, während in Wirklichkeit alles »in Ordnung ist«. Sicher. Geregelt. Und sterbenslangweilig.

Hier argumentiert der Verstand wie folgt: Wovon willst du leben? Was, wenn du finanziell mit deiner Selbständigkeit scheiterst? Was ist mit all deinen Verpflichtungen (Miete, Kinder, Ratenkredit etc.)? Was ist, wenn man emotional verletzt wird, weil der neue Partner einen am Ende doch wieder sitzen lässt?

Das Entscheidende an dieser Argumentation ist, dass sie alle in die Zukunft zielen, die noch nicht eingetroffen ist. Und die beste Art, für morgen vorzubeugen, besteht darin, heute aktiv dafür etwas zu tun.

Die Frage lautet also nicht, ob Risiken auftreten, sondern wie Sie vorbeugend handeln können. Dazu werden wir in der nächsten Etappe »Der Weg« Szenarien durchspielen, in denen Probleme auftauchen – und wieder gelöst werden.

Verantwortung als Falle

Ein weiterer Grund, warum es Menschen schwer fallen kann, ihrem Ruf zu folgen, ist die Befürchtung, dass sie zu viel Verantwortung übernehmen müssen.

Anders als die Angst vor dem Versagen, die ich im nächsten Kapitel skizzieren werde, geht es hier nicht darum, dass man dieser Verantwortung nicht gewachsen ist. Nein, man kann sie sehr wohl meistern, nur wird sie als Bürde, als Last empfunden, die einen einschränkt, die einen zu stark an eine einzige Aufgabe bindet und die anderen Optionen, Chancen und Möglichkeiten zu versperren scheint.

»Es fällt mir schwer, mich wirklich festzulegen. Wenn ich mich für eine Sache entschieden habe«, erzählte mir ein Teilnehmer während einer Coaching-Session, »dann kommt schon in ein paar Stunden ein Zweifel hoch, ob ich mich nicht für was anderes entscheiden soll. Aber das hilft mir auch nicht weiter. Denn dann sage ich, o.k., dann mache ich eben das andere. Aber kurze Zeit später kommt der gleiche Zweifel und sagt, ich soll doch das Erste machen. Es ist wirklich zum Haareraufen.«

In der Tat, denn so kommt man beim besten Willen nicht weiter. Für dieses Dilemma kann es unterschiedliche Ursachen geben, von denen ich Ihnen zwei kurz anskizzieren möchte.

Vielleicht ist es Ihre Natur, auf vielen Gebieten zu Hause zu sein
Es gibt Menschen, deren Interessensgebiete sich sehr weit streuen und die sich keinen Gefallen damit tun, sich ausschließlich nur auf ein einziges Gebiet zu konzentrieren.

Ich bin so ein Fall. Meine eigenen Themengebiete, die sich wie ein roter Faden durch mein Leben ziehen, umfassen: Psychologie, Musik, Philosophie, Schreiben, Computertechnologie, Kino, Unternehmensführung und Marketing. Es würde für mich keinen Sinn machen, mich nur auf eines dieser Gebiete zu begrenzen. Deswegen besteht in diesen Fällen die Lösung darin, einen Beruf zu suchen, der all diesen Interessen gerecht wird.

Angst vor zu großen Opfern
Es ist aber ebenso gut möglich, dass die Unfähigkeit, sich auf ein bestimmtes Thema voll und ganz einzulassen, eher mit der Angst zu tun hat, dass man dann nichts anderes mehr tun kann.

Obwohl es sicher übertrieben ist, dass man für alles andere keine Zeit mehr hat, wenn man sich seinem Ruf widmet, ist dennoch etwas Wahres daran. Einem Ruf zu folgen, bedeutet in vielen Fällen eine Investition von Zeit, Energie, Aufmerksamkeit, eventuell auch Geld und anderen handfesten Investitionen.

Das gilt auch für den Ruf nach einer festen, innigen Beziehung. Wer sich jahrelang mit Affären über Wasser gehalten hat, kommt vielleicht nicht mit der Vorstellung zurecht, sich fortan nur auf einen Partner einzulassen.

Was hier hilft, ist einfach: Spielen Sie beide Situationen in Gedanken und in Ihren Gefühlen durch. Was passiert, wenn alles so bleibt, wie es ist? Was passiert, wenn Sie einen neuen Weg einschlagen und diesem engagiert folgen?

Die Angst vor dem Versagen

Dieser Schwellenwächter tritt oft in ganz unterschiedlichen Gestalten zu Tage.

Angst vor falschen Entscheidungen
Von diesem Problem sind vor allem Menschen betroffen, die über ein gutes Vorstellungsvermögen verfügen. Diese Leute visualisieren lebhaft, wie sie eine Fehlentscheidung treffen und dabei ihr ganzes Geld verlieren oder an den falschen Partner geraten oder sich rechtliche beziehungsweise zwischenmenschliche Schwierigkeiten einbrocken.

Die Folge ist, dass man einfach keine Entscheidung trifft. In der Hoffnung, dass man damit Fehlentscheidungen schon im Vorfeld vermeidet. Aber das ist natürlich ein großer Irrtum. Denn auch keine Entscheidung zu treffen ist auch eine Entscheidung. Und zwar die größte aller Fehlentscheidungen.

Die Angst vor Überforderung

»Hallo Martin«, schrieb mir eine Teilnehmerin von **Quest**, »wenn ich an meinen Ruf denke, wird mir Angst und Bange. Ich habe jetzt schon viel zu tun, und wenn ich mir überlege, was auf mich zukommt, wenn ich meinen Beruf wechsle, dann weiß ich wirklich nicht weiter.«

Diese Hemmschwelle ist relativ leicht auszuhebeln. Um seine Lebensziele zu verwirklichen, braucht man die Mentalität eines Langstreckenläufers: Es geht nicht darum, in kurzer Zeit schnell nach vorne zu kommen, sondern darum, mit seinen Kräften gut zu haushalten. Wir reden hier, wie an anderer Stelle erwähnt, von Zielen, die Jahre oder Jahrzehnte benötigen.

Wenn Sie befürchten, dass zu viel auf Sie zukommt, Sie zu viel zu lernen oder zu viel zu tun haben, kann ich Sie wirklich beruhigen: Es ist das Beste und Sinnvollste, alles Schritt für Schritt anzugehen.

Angst vor dem Scheitern

Hinter der Befürchtung, dass Ihre Unternehmungen Schiffbruch erleiden könnten, verbergen sich oft entweder ganz berechtigte Zweifel oder ein zu geringes Selbstwertgefühl.

Viele Zweifel sind berechtigt, wenn Sie absolutes Neuland betreten, über das Sie nur wenig oder überhaupt kein Wissen besitzen. Das heißt nicht, dass Sie diesen Weg nicht einschlagen sollen. Sondern das bedeutet, dass Sie besonders achtsam und in kleinen, wohl dosierten Schritten vorgehen sollten.

Lassen Sie sich die Zeit, die Sie benötigen, um gut Fuß zu fassen und sich eine solide Basis zu erarbeiten.

Wenn Sie allerdings innerlich wissen, dass Sie eigentlich das Zeug dafür haben und sich dennoch nicht trauen, ist oft ein zu geringes Selbstvertrauen am Werke.

Wenn das der Fall ist, will ich es an dieser Stelle kurz machen. Ein mangelndes Selbstwertgefühl ist durch Affirmationen (»Ich bin ein durch und durch erfolgreicher Mensch«, »Nichts ist unmöglich«) meist nicht zu heilen. Weil die Vergangenheit einfach eine andere Sprache spricht. Man weiß einfach, dass man einiges im Leben nicht gepackt hat. Das zu leugnen bringt es nicht.

Was mir geholfen hat: Durch ein ganzes Bündel von Erfahrungen zu gehen, vor denen ich »Schiss« hatte.

Was Sie jetzt unternehmen können

Ich gehe in dem Kapitel »Folgen Sie einfach Ihrem Herzen« zum Ende dieser Etappe noch weiter auf diese Vorgehensweise ein.

Die Angst vor dem Erfolg

Vermutlich kennen Sie das folgende Zitat, das Nelson Mandela zugeschrieben wird: »Unsere größte Angst ist nicht, unzulänglich zu sein. Unsere größte Angst ist, grenzenlos stark zu sein. Unser Licht, nicht unsere Dunkelheit, ängstigt uns am meisten. Wir fragen uns: Wer bin ich denn, dass ich so brillant sein soll?«

Ob es die größte Angst ist, weiß ich nicht. Aber sicher bin ich mir, dass die Angst vor Erfolg zu den ganz großen Nummern im Geschäft der Schwellenwächter zählt.

Sie äußert sich zum Beispiel darin, dass man sich entweder schon im Vorfeld nicht zutraut, etwas Großes zu erreichen, oder dass man sich auf dem Weg dorthin selbst blockiert oder gar sabotiert, indem man Termine nicht einhält, eine mangelhafte Qualität abliefert oder sich mit Partnern überwirft.

Auch hier können die Ursachen vielfältiger Natur sein:

Ein pessimistisches Umfeld

Wenn man beispielsweise in einem Umfeld aufwächst, in dem man es mit eifersüchtigen und frustrierten Menschen zu tun hat, die ihr eigenes Leben nicht gelebt haben, kann einem die Idee von Erfolg verleidet worden sein. Nach dem Motto: »All die reichen Leute sind doch nicht glücklich.« Oder: »Wer beruflich ganz oben steht, hat andere abgezockt.« Oder: »Die da oben machen doch sowieso, was sie wollen, und wir kleinen Leute müssen die Zeche zahlen.« Wer hat in einem solchen Fall schon Lust, »da oben zu sein«?

Angst vor dem Unbekannten

Die Angst vor dem Erfolg kann aber auch einfach nur Ausdruck unserer menschlichen Natur sein. Denn es ist vollkommen normal, dass wir bei allem, was wir nicht kennen, mental und emotional problematische Szenarien ausmalen. So sind wir Menschen quasi »ab Werk« ausgeliefert worden.

Und das ist eine ausgezeichnete Produkteigenschaft unseres menschlichen Betriebssystems – wenn man weiß, wie man damit am besten umgeht.

Statt sich von den eigenen Negativbildern abschrecken zu lassen und gar nichts zu tun, kann man sie dazu nutzen, sein Konzept vom zukünftigen Leben runder und bodenständiger zu konzipieren.

Wenn Sie also zum Beispiel befürchten, dass Sie ein schwieriges Leben führen werden, wenn Sie erfolgreich sind (»zu viel zu tun« oder »keiner mag mich mehr« oder »dann werde ich arrogant und überheblich«), dann denken Sie sich doch einfach mal das Gegenteil aus: Sie sind erfolgreich und ganz relaxt und haben viele Freunde und sind bei all dem ein sehr umgänglicher Mensch geblieben.

Ich weiß: Das klingt in der Theorie ja ganz schön, aber in der Praxis fällt das nicht immer ganz so leicht.

Darum bitte ich Sie jetzt einfach um Folgendes: Bewahren Sie sich Ihre Skepsis, lassen Sie Ihre inneren Einwände so stehen, wie sie sind.

Richtig gelesen.

Statt jetzt auf die Schnelle an den eigenen Einwänden herumzubasteln, werden wir diese in den späteren Etappen nutzen, um unser persönliches Lebensdrehbuch weiter zu schreiben. Dabei werden Sie im Verlauf unserer Reise genügend Möglichkeiten haben, mit diesen innerlichen Bedenken auf eine ganz andere Art und Weise wie bisher arbeiten zu können.

Was auf dem Spiel steht

Um eine solide Entscheidung treffen zu können, sollte man Pro und Contra abwägen. Ein überstürztes »Los!« würde an den ersten Widerständen, an den ersten Schwierigkeiten zerbrechen, die früher oder später sowieso auf uns zukommen. Andererseits ist die Ablehnung des Rufs mit Risiken verbunden, über die man sich im Vorfeld im Klaren sein sollte. Aber bevor ich darauf eingehe, gestatten Sie mir bitte erst Folgendes anzusprechen:

Gute Gründe für ein Nein

Es wird Sie vielleicht erstaunen, aber es gibt manchmal gute Gründe – zumindest vorläufig – »Nein!« zu einem Ruf zu sagen.

Sie sind sich unsicher, ob es das wirklich ist ...

Lassen Sie sich Zeit. Wenn es sich um einen echten Ruf handelt, wird er beharrlich dranbleiben und Sie immer wieder daran erinnern, was für Sie ansteht. Sie müssen keinem spontanen Impuls stattgeben und mit allem brechen, was Ihnen lieb und teuer ist. Ganz im Gegenteil: Wenn Sie sich für einen Ruf entscheiden, fängt die eigentliche Arbeit erst an. Je nachdem, wo Sie gerade stehen, kann es bspw. sein, dass Sie sich erst weiterbilden oder zusätzliche Ressourcen erwerben müssen, um den lang gehegten Traum umsetzen zu können.

Wenn Sie also unschlüssig sind, sollten Sie sich erst mal die Zeit nehmen, eine sorgfältige Planung durchzuführen und dann zu entscheiden, wie Sie weiter vorgehen möchten. Wenn es sich nicht um einen echten Ruf handelt, sondern lediglich um eine momentane Stimmung, wird sich diese zwischenzeitlich schnell verflüchtigen. Ein echter Ruf jedoch meldet sich immer wieder zu Wort.

Die Veränderung ist zu radikal

Nehmen wir an, Sie lernen jemanden kennen, in den Sie sich Hals über Kopf verlieben. Sie sind aber auch verheiratet, haben Kinder und arbeiten mit Ihrem Mann oder Ihrer Frau in einem Familienbetrieb. Die Ehe ist angeschlagen, der Job macht Ihnen keinen Spaß, aber Sie lieben Ihre Kinder über alles und möchten ihnen eine Scheidung ersparen.

In diesem Moment ein vorläufiges »Nein!« auszusprechen und sich die Zeit zum Sondieren zu nehmen, kann in einer solchen Situation der richtige Schritt sein.

Lassen Sie sich mit Ihrer Entscheidung Zeit – aber nutzen Sie diese aktiv. Prüfen Sie bspw., was Sie sich von einer Trennung und/oder einer neuen Beziehung versprechen, und überlegen Sie sich, ob Sie diesen Wunsch nicht gemeinsam innerhalb Ihrer jetzigen Verhältnisse realisieren können. Vielleicht sieht Ihr Partner es ja genauso wie

Sie. Vielleicht können Sie im Familienbetrieb eine andere Stelle annehmen oder sich sukzessive so herausziehen, dass Ihr Partner jemand Neues in Ruhe einarbeiten kann, um die Lücke zu schließen.

Verdrängen Sie aber die Entscheidung nicht. Wenn es für Sie ansteht, sich persönlich weiterzuentwickeln, und Sie sperren sich gegen diese Entwicklung, zahlen Sie unter Umständen einen hohen Preis ...

Die Steinwüste

»Wer auf seinen Ruf nicht hören will«, warnt Campbell, »vergräbt sich in Langeweile, Geschäftigkeit, und seine Fähigkeit zu irgend bedeutsamen und fruchtbaren Leistungen verkümmert.« Das Leben »wird zu einer ausgedörrten Steinwüste.«[6]

Im normalen Alltag kann das so aussehen:

Man kommt morgens nicht mehr richtig aus dem Bett hoch und schleppt sich mühsam durch den Tag.

Das Leben und das, was man tut, kommen einem sinnlos und öde vor.

- _Man fürchtet sich vorm Alleinsein, weil sich dann Gedanken melden, die das eigene Leben in Frage stellen.
- _Man betäubt sich gegen diese Fragen mit zu viel TV, Internet oder Drogen wie bspw. Alkohol, Tabletten, Haschisch etc.
- _Oder man verzettelt sich in zahlreichen Aktionen, die zwar viel Getöse machen, aber nichts wirklich bringen.
- _Man erledigt seine Sachen halbherzig, macht Fehler und provoziert so immer wieder kleinere und größere Katastrophen.
- _Man ist innerlich so frustriert, dass man ungenießbar wird. Persönliche wie berufliche Beziehungen beginnen zu leiden und können auf Dauer sogar daran zerbrechen.

All diese Konsequenzen sind für eine gewisse Zeit tragbar, aber nicht auf Dauer. Denn wer jetzt nicht aktiv wird, den erwarten oft entweder eine »Sinnkrise« oder gar ein »Blitzschlag«.

Sinnkrise

Die Sinnkrise entsteht aus dem dauerhaften Gefühl, dass man nichts von Bedeutung tut. Dass das eigene Leben ganz einfach keinen Sinn hat.

Dabei helfen kein Erfolg, kein glänzendes Image nach außen wirklich weiter. So schreibt der Bestseller-Autor, Unternehmensberater und Professor Fredmund Malik: »Ich habe oft genug ... erlebt, wie Manager gegen Ende ihrer Laufbahn vor einem

Sinnproblem stehen. Sich gerade vom ersten Herzinfarkt erholend, beginnen sie über ihr Leben nachzudenken. Und dann schleicht sie die Frage an: War's das jetzt, mein Leben? Ich bin jetzt 56. Meine Ehe? Na ja. Die Kinder? Erwachsen und von zu Hause weggezogen. Sie kommen nur noch selten, weil es auch nicht immer so lustig war und der Vater nie Zeit und auch nicht so viel Interesse hatte. Konnte es jetzt der Sinn meines Lebens gewesen sein, dafür zu sorgen, dass Pfefferminzkaugummi in Oberbayern drei Prozentpunkte Marktanteil mehr hat als in Niederbayern? Wer diese Frage mit ›ja‹ beantworten muss, ist in höchstem Grade suizidgefährdet. Diese Antwort ist nicht auszuhalten.«[7]

Blitzschlag

Als ich an diesem Kapitel gearbeitet habe, saß ich zufälligerweise in meinem Lieblingscafé, als sich ein alter Arbeitskollege, den ich viele Jahre nicht gesehen hatte, zu mir an den Tisch setzte. Ich unterbrach meine Arbeit, und wir betrieben etwas »Small Talk«. Mir fiel auf, dass er ganz anders als früher war: relaxter, ruhiger, souveräner. Nach einer Weile musste er wieder los. Er war schon aufgestanden und knöpfte sich gerade die Jacke zu, als er mir plötzlich und ungefragt folgende Geschichte erzählte: Er war Vertriebsleiter in einem großen Unternehmen gewesen, das sehr erfolgreich am Markt agierte. Dennoch gab es intern Querelen, und man legte ihm nahe, das Unternehmen zu verlassen. Da er das Unternehmen unter großem persönlichem Einsatz mit aufgebaut hatte, sperrte er sich gegen die Trennung. Schließlich kam es zum Eklat, und er wurde mehr oder minder von heute auf morgen »gegangen«. Parallel dazu teilte ihm seine Frau mit, dass sie sich trennen wolle und bat ihn, sich umgehend eine neue Wohnung zu suchen.

»Du kannst dir gar nicht vorstellen, Martin, wie das war«, sagte er kopfschüttelnd. »Ich hab mir innerhalb von ein paar Tagen eine neue Wohnung besorgt und saß da zwischen Kartons, kein Telefon, kein Internet, gar nix – einfach total abgeschnitten von der Welt. Ohne Frau. Ohne Kinder. Und ohne Job.«

Das ist eine typische Blitzschlag-Situation: Wie aus heiterem Himmel fährt ein Blitz in das Leben eines Menschen und zerschlägt alle verkrusteten Strukturen. Meist kommt dann »alles auf einmal«.

Das ist natürlich kein Zufall. Hier hat sich über einen längeren Zeitraum, in dem geflissentlich warnende Vorzeichen übersehen oder beiseite gedrängt wurden, eine Spannung aufgebaut, die sich früher oder später entladen muss. Es bedarf dann nur noch eines zündenden Funkens, und das Ganze explodiert.

Der Schnitt

Ich denke, es wird Zeit, dass ich Ihnen erzähle, was mein Zögern ein und für allemal änderte. Es war eine Erfahrung, die wenige Tage vor meinem 37. Geburtstag stattfand. Zu dem Zeitpunkt saß ich im Büro einer befreundeten Werbeagentur, in der damals meine Frau Maren arbeitete. Ich besprach gerade mit dem Chef der Agentur ein paar mögliche Zukunftsprojekte, als sie hereinkam: »Martin, wir müssen sofort los nach Gütersloh. Opa liegt im Sterben.«

Als wir etwa eine Dreiviertelstunde später im Krankenhaus ankamen, war ihr Großvater bereits in ein Koma gefallen. Er atmete schwer, reagierte jedoch auf keine Zurufe oder Berührungen. Marens Oma, ihre Eltern und eine ihrer Schwestern begrüßten uns mit leisem Flüstern, und wir nahmen schweigend Platz. Bis auf das Atmen des Großvaters lag eine bleierne Stille über uns allen.

Ich saß wie alle anderen da, betrachtete Marens Opa und musste an all die Stunden denken, die wir gemeinsam verbracht hatten. Geburtstagsfeiern, Kaffeetrinken im Garten, Weihnachten ... alles Vergangenheit ... Erinnerungen ... vorbei – und mit einer Wucht, die mich geradezu wach klatschte, wurde mir schlagartig bewusst, dass irgendwo in der Zukunft eine solche Stunde wie diese hier auch auf mich wartete. Wann auch immer, wo auch immer ... die Stunde würde kommen, in der ich an einem Punkt ohne Wiederkehr stünde. Und in der ich mich einer einzigen Frage stellen müsste: Was hast du aus deinem Leben gemacht?

Marens Großvater Erich

Ich sah auf mein eigenes Leben zurück. Wie würde ich diese Frage beantworten, wenn ich jetzt sterben müsste? Die erste Antwort, die mir in den Kopf schoss, zerbröselte ins Nichts: die Agentur, mein kümmerlicher Besitzstand, Projekte mit großen Kunden – schöne Verzierungen, aber vollkommen unwichtig und wertlos. Einfach nur Stuck der Vergangenheit.

Aber: Hatte ich ein schönes Leben geführt? Ein lebenswertes? Hatte ich das, was da war, genossen? Hatte ich geliebt?

Maren stieß mich an und schlug mir leise flüsternd vor, dass wir einen Spaziergang machen und später zurückkehren sollten. »Ich nehme das Handy mit«, sagte sie, und ich nickte. Wir fuhren in die Stadt, tranken einen Kaffee und betrachteten die Menschen, die an uns vorbeieilten. Jeder von ihnen hatte eine Agenda. Etwas, das sie von A nach B trieb. Ein Leben gestrickt aus Hoffnungen und Verpflichtungen, Zielen, Kummer und Temperament.

Und was war mit mir? Was machte ich aus diesem Stoff des Lebens?

Später fuhren wir zum Bahnhof, um uns ein paar Zeitungen zu kaufen, und ich weiß noch genau, dass wir gerade die Bahnhofshalle wieder verließen, als Maren sagte: »Lass uns jetzt zu Opa zurückfahren.«

Als wir zurückkamen, hatte man ihn in ein anderes Zimmer gebracht. Die anderen waren – bis auf Marens Vater – schon gegangen, und so setzten wir uns ans Bett und blickten einander an.

Wenige Minuten später, fast so, als habe Marens Großvater auf uns gewartet, wurde der Atem des alten Mannes intensiver, und instinktiv nahm jeder von uns eine seiner Hände. Als ich seine Haut berührte, spürte ich ein starkes Strömen, als ob sein Körper unter einem heftigen Energiefluss stand. Wir wussten in diesem Augenblick, dass er nun sterben würde. »Opa«, sagte Maren, »ich liebe dich. Wir sind jetzt hier. Hab keine Angst. Wir sind bei dir.« Das innerliche Vibrieren schwoll beständig an, und ich spürte die enorme Kraft, die unter seiner Hautoberfläche pulsierte. Und plötzlich, ganz abrupt, versiegte der Strom. Der Atem erlosch, und Stille kehrte ein.

Ich muss Ihnen gestehen, dass ich auch jetzt, viele Jahre danach, da ich hier vor meinem PC sitze und Ihnen diese Zeilen schreibe, Tränen in den Augen habe, weil es eine der ergreifendsten Erfahrungen meines Lebens war. Und es war vollkommen anders als alles, was ich bis dahin über den Tod gedacht hatte. Es hatte nicht nur etwas Friedliches, sondern auch etwas Würdevolles. Es war, als ob ich etwas Ewiges zu spüren bekommen hatte, diese schlichte Wahrheit von Geburt und Sterben, dieser zeitlose Rhythmus von Kommen und Gehen.

Als ich einige Stunden später auf dem Balkon von Marens Wohnung saß und in den Nachthimmel hochblickte, war ich nicht mehr der Gleiche wie zuvor. Ich wusste, dass ich nun gehen würde.

Folgen Sie einfach Ihrem Herzen

Welche Schwellenwächter sich Ihnen auch immer in den Weg stellen mögen, es liegt an Ihnen zu entscheiden, ob Sie sich weiter von diesen Einschränkungen behindern lassen oder ob Sie Ihrem Ruf folgen möchten.

Das entscheidende Wörtchen lautet dabei: »Entscheiden«.

Das meine ich ernst. Sie müssen eine Entscheidung treffen. Wenn Sie das nicht tun, werden Sie vor den Schwellenwächtern verharren und warten und warten und warten. Bestenfalls wird sich Ihre Situation verschlimmern, so dass Sie zu einer Entscheidung gezwungen werden. Schlimmstenfalls bleibt alles so, wie es ist, und es verstreicht einfach nur Zeit.

Glauben Sie mir: Ich weiß, wovon ich spreche. Ich habe mich viele Jahre vor dieser Entscheidung gedrückt. Und eine der wichtigsten Einsichten, die ich auch aus dieser Erfahrung ziehen konnte, lautet:

Unentschiedenheit kostet Kraft

Das ist wie bei einer Kutsche, vor die zwei Pferde gespannt sind, die in entgegengesetzte Richtungen zerren. Die Kutsche wird unter dem Spannungsverhältnis in der Mitte festgehalten, steht aber zugleich unter einem enormen Druck.

Dieser Spannungszustand zehrt die eigenen Kräfte auf, man fühlt sich müde, antriebslos und verliert innerlich nach und nach das Selbstvertrauen in die eigene Person.

Denn was kann es Schädlicheres fürs eigene Selbstwertgefühl geben, als sich selbst eingestehen zu müssen, dass man seinen eigenen Wünschen, Träumen und Hoffnungen nicht folgt?

Und auch, wenn die anderen dieses Drama nicht bemerken: Etwas in uns weiß Bescheid, dass wir nicht unserem Weg folgen.

Man kann sich und anderen noch so viel vormachen: Das Leben wird uns so oder so mit den Konsequenzen unseres Handelns oder auch Nichthandelns konfrontieren. Wenn wir unsere Zeit vergeuden und nicht gehen, wird der Punkt kommen, an dem wir erkennen, dass es zu spät ist.

Es nutzt auch nichts, darauf zu warten, dass ein Wunder geschieht und die (Selbst)Zweifel und Einwände irgendwann von alleine verschwinden. Das Gegenteil würde eintreten: Je länger Sie zögern und warten, desto größer werden Ihre Zweifel. Glauben Sie mir: Ich weiß, wovon ich spreche.

Ich hatte in all den Jahren des eigenen Zögerns immer gedacht, dass ich erst gehen sollte, wenn ich hundertprozentig sicher sei. Und das war einfach ein Irrtum. Der

Punkt, wo man keine Zweifel hat, kommt einfach nicht. Zweifel gehören dazu. Sie sind ein natürlicher Bestandteil des gesamten Prozesses. Wir müssen trotz – besser noch – mit unseren Zweifeln losmarschieren.

Der Zweifel geht, wenn wir gehen

Ich habe vor jedem Seminar Lampenfieber. Und in den Minuten ganz kurz davor steigert sich die Aufregung so sehr, dass ich denke, dass ich kein gescheites Wort herausbekomme. Aber kaum stehe ich vorne, verwandelt sich die Aufregung in eine kleine Euphorie, und ich steige einfach ins Geschehen ein.

Weil ich dieses Spiel aus Befürchtung und befreiender Euphorie so oft durchgestanden habe, kenne ich es mittlerweile. Und heute, nachdem ich durch eine ganze Reihe von Herausforderungen gegangen bin, vor denen ich noch vor einigen Jahren zurückgescheut bin, hat sich ein solides Grundgefühl entwickelt, dass ich es schon irgendwie packen werde.

Meines Erachtens gibt es kaum etwas Heilsameres als Erfahrungen

Kein Coaching, kein Selbsthilfebuch, kein Vortrag, kein Training – und damit auch kein Quest – kann die heilende Kraft von Erfahrungen ersetzen. So wertvoll all diese Angebote sind: Wenn Sie an zu geringem Selbstvertrauen leiden, wenn Sie Angst vor Erfolg oder Versagen haben, empfehle ich Ihnen, ein ganzes Bündel von herausfordernden Erfahrungen zu absolvieren. Danach werden Sie die Welt und vor allem sich selbst mit anderen Augen sehen.

Das ist mein Martin-Weiss-Spezial-Rezept, das ich Ihnen ans Herz lege.

Gute Gründe für ein »Ja!«

Sie sind reif für die Aufgabe

Bedenken Sie, dass ein echter Ruf kein Zufallsprodukt, keine Laune der Natur ist. Ganz im Gegenteil. Das Auftreten eines Rufs ist ein sicheres Zeichen, dass Sie reif sind für den nächsten Schritt.

Natürlich ist es durchaus möglich, sogar sehr wahrscheinlich, dass Sie noch einiges dazulernen müssen. Denn Sie werden in jedem Fall Neuland betreten. Aber innerlich sind Sie so weit, den Schritt zu machen.

Ein Kompass für alle Lebenslagen

Sobald Sie sich für den Ruf entschieden haben, werden Ihnen wichtige Entscheidungen viel leichter fallen, weil Sie wissen, wo Sie hin möchten. Es fällt auch viel leichter, »Nein« zu sagen, weil Sie wissen, nach welchen Kriterien Sie Ihren Entschluss gewichten sollten. Natürlich wird nicht jede Entscheidung richtig sein. Ich habe einen ganzen Haufen Fehlentscheidungen getroffen – aber das macht nichts: Denn im Nachhinein haben selbst die mir geholfen, auf meinem Kurs zu bleiben.

Handfeste Resultate

Nachdem ich mich für meinen Weg entschieden hatte, erzielte ich ganz andere Ergebnisse. Wenn ich mir ansehe, was gemeinsam mit freien und festen Mitarbeitern in den letzten zwei Jahren aus dem Boden gestampft wurde, bin ich – ehrlich gesagt – auch ein bisschen stolz. Zu meinen Kunden zählen große, international tätige Unternehmen. Unsere Website *www.active-books.de* erfreut sich wachsender Beliebtheit und bietet momentan über 280 eBooks an. Wir haben eine eigene Lernplattform entwickelt und sind momentan auf dem Sprung, ein Trainernetzwerk aufzubauen. Das alles wurde nur möglich, weil ich meinem Ruf auch dann gefolgt bin, wenn der Zweifel mal überhand nahm.

Erfüllung

Mein eigenes Leben ist – genauso wie jedes andere – von Höhen und Tiefen bestimmt. Es gibt gute, und es gibt schlechte Zeiten. Aber unterm Strich weiß ich, dass ich auf meinem Weg bin. Und mit jedem Projekt, das ich realisiere, steigt in mir das Gefühl, einfach genau das Richtige zu tun. Das ist etwas, das mit keinem Geld der Welt zu kaufen ist.

Eine Entscheidung treffen

Ich weiß nicht, ob Sie jetzt bereit sind, zu Ihrem Ruf »Ja!« zu sagen. Vielleicht sind so weit. Vielleicht auch nicht. Das ist Ihre Sache. Ich mische mich da nicht ein.

Es ist auch gar nicht notwendig, dass Sie das jetzt schon endgültig beschließen. Wir befinden uns jetzt gerade auf der Hälfte des Weges von **Quest**, und es liegen noch vier weitere Stationen vor Ihnen.

So werden Sie in der nächsten Etappe die Möglichkeit haben, einen ersten möglichen Weg zu skizzieren und dabei nach Lösungsansätzen für Ihre Einwände und Zweifel zu fahnden. In den darauf folgenden Etappen »Der Drache« und »Das Elixier« möchte ich Ihnen dann zeigen, wie Sie sich ein wichtiges Kraftpotenzial erschließen, mit dem es Ihnen gelingen kann, Ihren Ruf noch viel zielsicherer zu manifestieren. Und erst in der letzten Etappe »Die Rückkehr« werde ich Sie erneut mit der Frage konfrontieren, ob Sie Ihrem Ruf folgen oder nicht.

Trotzdem lade ich Sie ein, zwei Entscheidungen schon jetzt zu treffen:

Werden Sie weitermachen, ja oder nein?
Einige Teilnehmer berichteten mir, dass Sie etwas Zeit brauchten, um den inneren Zwiespalt von Ruf auf der einen Seite und Einwänden auf der anderen Seite zu verarbeiten. Vielleicht geht es Ihnen genauso. Dann schlage ich Ihnen vor, eine Pause einzulegen. **Quest** läuft Ihnen ja nicht weg.

Wenn jedoch die Lust auf die nächsten Etappen schon in ihrem Inneren prickelt, entscheiden Sie sich jetzt dazu, **Quest** bis zum Ende durchzuführen. Ich verspreche Ihnen, dass es sich lohnt. Aber Sie müssen dazu »Ja« sagen.

Welchem Ruf werden Sie folgen?
In meiner Arbeit mit den Teilnehmern von **Quest** habe ich gelernt, dass es sinnvoll ist, zwischen einem beruflichen und privaten Ruf zu differenzieren.

Bei einigen Teilnehmern war sonnenklar, dass ihr Ruf nur in die eine oder in die andere Richtung wies. Beruflich war bei diesen Teilnehmern alles im Lot, und es ging für sie um die Frage nach einer festen Partnerschaft und/oder Familie.

Andere wiederum standen vor einer großen beruflichen Veränderung: vielleicht, um ein neues berufliches Feld zu betreten oder um sich vom Angestelltendasein zu lösen und sich selbständig zu machen.

Und es gab einige Teilnehmer, die beides zu entscheiden hatten.

Wie steht es aber jetzt bei Ihnen? Für welches Thema entscheiden Sie sich? Privates? Berufliches? Oder beides?

Den Stein des Anstoßes finden

Es wird Zeit, dass Sie wieder in die Rolle einer Drehbuchautorin oder eines Drehbuchautors schlüpfen.

Als Profi wissen Sie vermutlich, dass es die ganze Angelegenheit spannender macht, wenn Ihr Held ein wenig zögert, bis quasi dann ein kleiner Stein des Anstoßes dafür sorgt, dass die Entscheidung endlich getroffen wird. Lassen Sie uns dazu gemeinsam anschauen, wie Rose und Amélie ihre Entscheidungen treffen.

Rose schlüpft aus dem Kokon

Nachdem Rose Jack eine Absage erteilt hat, sehen wir sie mit ihrer Mutter und deren Freundinnen beim Tee. Rose beobachtet an einem Nachbartisch eine Mutter und deren Tochter.

»Das vierjährige Mädchen hat weiße Handschuhe an, nimmt anmutig einen Keks. Die Mutter rügt sie wegen ihrer Haltung und wie sie die Teetasse hält. Das kleine Mädchen strengt sich so an, alles richtig zu machen, ihr Gesichtsausdruck ist ernst. Eine Momentaufnahme von Rose als kleines Mädchen. Wir beobachten die unnachgiebige Konditionierung ... auf dem Weg zu einer Edwardianischen Geisha.«[8]

Dies ist also der berühmte Tropfen, der das Fass zum Überlaufen bringt. Rose steht auf und verlässt den Saal.

Sie trifft vorne am Bug der Titanic auf Jack. Es folgt nun die Szene, die Titanic weltberühmt gemacht hat. Er legt seine Hände um ihre Taille, als ob er sie gleich küssen würde, und bittet sie, ihre Augen zu schließen.

»Er dreht sie so, dass sie nun nach vorne schaut, in Fahrtrichtung. Er drückt sie sanft gegen die Reling. Er steht unmittelbar hinter ihr. Dann nimmt er ihre beiden Hände und führt sie hoch, bis sie mit weit ausgestreckten Armen dasteht. Rose lässt es geschehen. Als er loslässt, bleiben ihre Arme oben ... wie Flügel.

Jack: Okay, machen Sie jetzt die Augen auf.

Rose steht mit offenem Mund da. Sie sieht nichts als Wasser. Es ist, als wäre überhaupt kein Schiff unter ihnen, nur sie beide, hoch aufsteigend in die Lüfte ... Im Abendlicht schaut der Himmel aus wie ein beschlagenes Kupferblech. Nur der Wind und das Rauschen des Wassers 16 Meter unter ihnen.

Rose: Ich fliege!«[9]

Auch wenn Sie das vielleicht etwas kitschig finden: Die Verwandlung ist vollzogen. Rose ist aus Ihrem Kokon geschlüpft.

Amélies Schatzkästchen

Bei Amélie ist es die Übergabe des kleinen Schatzkästchens. Nachdem sie eine Zeit lang nach dem Besitzer Dominique Bredoteau gefahndet und von einem Nachbar, auf den ich in der nächsten Etappe unserer gemeinsamen Reise noch ausführlicher zu sprechen komme, den entscheidenden Tipp bekommen hat, arrangiert sie eine Übergabe.

An einem Samstagmorgen deponiert sie das kleine Kästchen in einer Telefonzelle am Markt, den Bredoteau jedes Wochenende aufsucht. Sie lotst ihn in die Zelle, indem sie den Apparat anruft und klingeln lässt (in Frankreich scheint das zu funktionieren). Als Bredoteau den Hörer aufnimmt und verdrießlich gleich darauf wieder einhängt, weil niemand in der Leitung ist, entdeckt er das Kästchen.

Fassungslos betrachtet er seinen Schatz mit all den Erinnerungsstücken aus seiner Jugend.

Er geht in die nächste Kneipe, um sich einen Kurzen zu genehmigen. Amélie folgt ihm und bestellt einen Wein, während der immer noch emotional mitgenommene Bredoteau sinniert: »Seltsam, das Leben. Wenn man klein ist, dann vergeht die Zeit überhaupt nicht, und dann ist man plötzlich vierzig, fünfzig Jahre alt. Und alles, was von der Kindheit übrig bleibt, passt in ein Kästchen. Verrostet und klein.«

Er wendet sich Amélie zu und gesteht ihr, dass er eine Tochter hat, die in ihrem Alter ist, und dass sie seit Jahren nicht mehr miteinander reden. Sie hat einen Sohn, Lucas, den er noch nie gesehen hat: »Ich glaube, es wäre an der Zeit, dass ich sie besuche, bevor ich selbst in einer kleinen Kiste ende.«

Ist das nicht ein gelungener Stein des Anstoßes? Nicht nur Amélie ist nun bereit, ihrem Ruf zu folgen und sich fortan in das Leben anderer einzumischen – auch Bredoteau hat ihn gehört und ist bereit, einen anderen Weg einzuschlagen.

Ihr Lebensdrehbuch

Schreiben Sie eine Szene, in der Ihr Held sich für seinen Ruf entscheidet. Und zwar auf seine Weise.

Glauben Sie, dass Ihr Held erst zögern wird, bevor eine Entscheidung getroffen wird? Wenn ja, wie lange?

____

____

Und was ist der Auslöser, der Ihren Helden inspiriert, »Ja!« zum eigenen Ruf zu sagen?

____

____

Lassen Sie Ihrer Fantasie einfach freien Lauf und schreiben Sie eine Szene, in der Ihr Held, Ihre Heldin die Schwelle zu einem neuen, spannenden Abenteuer überschreitet.

ÜBUNG

Zusammenfassung

Zweifel und innere Einwände sind ein fester Bestandteil des Rufs
Wenn Sie einem Ruf folgen, betreten Sie Neuland, das Sie noch nicht kennen. Deswegen sind Zweifel und Unsicherheit normal.

Es gibt gute Gründe für ein Nein
Wenn Ihnen die Veränderung zu radikal erscheint, lassen Sie sich einfach Zeit.

Schwellenwächter 1: Was sagen »die Leute«?
Die Sorge, von der Umwelt nicht akzeptiert zu werden.

Schwellenwächter 2: Der Verlust der Sicherheit
Die Sorge, seine materielle oder emotionale Rückendeckung aufzugeben.

Schwellenwächter 3: Verantwortung als Falle
Die Sorge, dass man zu festgelegt ist und keine Freiheiten mehr besitzt.

Schwellenwächter 4: Die Angst vor Versagen
Die Sorge, als Verlierer dazustehen.

Schwellenwächter 5: Die Angst vor Erfolg
Die Sorge, vom Erfolg überfordert zu werden.

Erfahrung heilt
Herausforderungen anzunehmen und zu meistern schafft ein ganz anderes Selbstvertrauen.

Anmerkungen

Web-Tipp

Unter der Internet-Adresse *http://das-buch.qu-e-st.de* finden Sie zu dieser Etappe:

_Fragen und Antworten zur Entscheidung

_Das interaktive Werkzeug: Entscheidungen treffen

Fußnoten

[1]: Campbell, 1999, Seite 63

[2]: Vogler, 1992, Seite 65

[3]: Cameron, 1999, Seite 50 ff.

[4]: Cameron, 1999, Seite 64

[5]: Cameron, 1999, Seite 69 ff.

[6]: Campbell, 1999, Seite 63

[7]: Malik on Management | Nr. 3/97, 5. Jg., März 1997,

[8]: Cameron, 1999, Seite 70

[9]: Cameron, 1999, Seite 71

DER WEG

Auf dem Weg zum Ziel erwarten den Helden Herausforderungen, die er – unter Mithilfe von Mentoren und Begleitern – meistern muss.

_Die Pforte

_Der Ruf

_Die Entscheidung

_Der Weg

_Der Drache

_Das Elixier

_Die Rückkehr

Auf dem Weg

Wann immer sich ein Held entschieden hat, seinem Ruf zu folgen, lässt er etwas Altes hinter sich und betritt Neuland. Genauer: ein neues Land, das er nicht kennt.

Der Held mag sich in seinem »alten Reich« gut zurechtgefunden haben: Mit seiner Entscheidung zugunsten des Rufs und dem Überschreiten der Schwelle wird er wieder zum Lehrling. Was auch immer er bisher wusste und konnte, wird nicht reichen, um seinem Ruf Folge zu leisten.

Kurz: Der Held muss jetzt dazulernen.

Das kann nicht von jetzt auf gleich geschehen, sondern bedarf einer kontinuierlichen Entwicklung. Neue Fähigkeiten müssen geübt, geprobt und getestet werden; neue Einsichten müssen gewonnen und in das bereits Gewusste integriert werden.

So gesehen ist diese Etappe unserer gemeinsamen Reise eine Vorbereitung für den Höhepunkt, der uns in den nächsten beiden Abschnitten erwartet: Die Konfrontation mit dem Drachen, der für uns ein Elixier bereithält.

Für Sie als Drehbuchautor bedeutet das, Ihren Helden durch eine Reihe von Erfahrungen zu führen, in denen er zweierlei trainieren muss: seine fachliche Begabung und seine persönliche Einstellung.

Das fachliche Training

Die fachliche Seite hängt mit dem Ruf selbst zusammen. Wer sich nach einer erfüllenden Liebesbeziehung sehnt, muss seinen bisherigen Erfahrungsschatz in puncto Partnerschaft erweitern, damit das, was in der Vergangenheit verwehrt wurde, jetzt Realität werden kann. In diesem Fall müsste der Held vielleicht lernen, anders mit Konflikten umzugehen oder sich tiefer auf einen Menschen einzulassen, ohne dabei in eine Abhängigkeit zu rutschen.

[*Was müssen Sie sich noch an fachlichen und beruflichen Kompetenzen erwerben?*]

Was die berufliche Seite betrifft, spielt es keine Rolle, ob Ihr Held sich in dem gleichen Berufsfeld eine neue Position als Führungskraft oder Unternehmer erarbeiten oder ob er sich vollkommen neu orientieren möchte: Das bisherige Wissen und Können wird nicht reichen, um die neue Aufgabe zu erfüllen. Sie müssen also Ihren Helden eine Art Ausbildung erfahren lassen, um die fachlichen Lücken zu schließen.

Das allein aber genügt nicht.

Das persönliche Training

Mindestens genauso wichtig ist die Ausbildung und Weiterentwicklung der persönlichen Einstellung Ihres Helden. Jeder von uns hat mehr als einmal die Erfahrung gemacht, dass es gerade in schwierigen Situationen auf die persönliche Haltung ankommt.

Wer sich zum Beispiel angesichts großer Herausforderungen mit Selbstzweifeln, Ängsten und Befürchtungen befrachtet, verunsichert und schwächt sich selbst – genau das, was man in einer solchen Situation nun wirklich nicht braucht. Wer allerdings auch in kritischen Situationen seinen Optimismus erhält, hat wesentlich höhere Chancen, Schwierigkeiten in einen handfesten Erfolg zu wandeln.

[In welchen Situationen neigen Sie dazu, Ihren Optimismus zu verlieren?]

Ich denke, das ist nicht neu für Sie. Und doch: Ist es nicht so, dass wir alle Herausforderungen und Schwierigkeiten kennen, in denen uns genau dieses Wissen fehlt? In denen wir unsicher, ängstlich und sorgenvoll reagieren?

Und um genau diese »mentalen Schwachstellen« geht es in dieser Etappe unserer gemeinsamen Reise. Wir müssen herausfinden, wovor unser Held wirklich »Schiss« hat, wenn Sie mir diesen Ausdruck erlauben, und ihn genau damit konfrontieren.

Aber nicht sofort. Sondern in portionierten Schritten.

Denn eine zu schnelle, eine zu frühe Konfrontation mit dem, was Ihr Held am meisten fürchtet, könnte kontraproduktiv enden: Möglicherweise verliert er den Mut und zieht sich zurück. Das wollen wir natürlich nicht. Und deswegen ist es wichtig, dass Sie Ihren Helden nach und nach ans Wesentliche heranführen.

Wovor hat Ihr Held in Bezug auf seinen Ruf richtig Angst?
Das ist Ihr erster Schritt. Beantworten Sie sich einfach diese Frage. Was ist seine größte Sorge in Bezug auf seinen Ruf?

Bei mir ist es zum Beispiel, dass ich versage, mein Unternehmen pleite geht und ich wieder eine »herkömmliche« Tätigkeit annehmen muss.

Bei Ihrem Helden wird es vermutlich etwas anderes sein: Vielleicht, dass er in Beziehungen wieder enttäuscht und verlassen wird. Oder dass er dem Stress einer neuen beruflichen Herausforderung nicht gewachsen ist. Oder dass er so erfolgreich ist, dass er keine Zeit mehr für die Menschen hat, die ihm wirklich am Herzen liegen und die ihn deswegen verlassen könnten.

Sie merken schon: Die Einwände, die Sie in der letzten Etappe bilanziert haben, weisen uns für diesen Reiseabschnitt den Weg. Ihr Ziel wird es sein, diese Einwände aufzugreifen und Ihren Helden durch eine Reihe von Erfahrungen zu führen, in denen er etwas ganz Wesentliches lernt: Die Gefahr, die er im Außen vermutet, ist in Wirklichkeit in seinem Inneren. Wenn er Angst hat zu scheitern, dann ist nicht die Situation selbst zum Fürchten. Nein: Es sind die Gedanken, die sich Ihr Held über diese Situation macht, die die Furcht hervorrufen.

Diese entscheidende Einsicht kommt in der »fabelhaften Welt der Amélie« durch die Figur des verkrachten Schriftstellers Hipolito zum Ausdruck. Als er zum dreißigsten Mal eine Absage von einem Verleger erhält, fragt ihn Amélie: »Und Ihr Buch ... ist das ein Liebesroman?«

»Nein«, antwortet Hipolito, »es geht um einen Typen, der Tagebuch führt. Aber anstatt zu beschreiben, was ihm so passiert, schreibt er im Voraus die Katastrophensituation, was ihm passieren könnte. Dann wird er deprimiert und macht gar nichts mehr.«

Wundert es irgendjemanden, dass sein Buch abgelehnt wird? Vermutlich nicht.

Und damit Ihr Lebensdrehbuch nicht das gleiche Schicksal ereilt, müssen Sie Ihrem Helden den Schrecken vor einer Zukunft nehmen, die nur in seinen Gedanken existiert.

Wie?

Ganz einfach: Führen sie ihn schnurstracks genau in die Szenarien, die er am meisten fürchtet – und lassen sie ihn dann eine Lösung finden, mit der er alles wieder zum Guten wendet.

Finden Sie Wegbegleiter und Mentoren

Weil die Konfrontation mit unseren eigenen Sorgen und Befürchtungen eine bemerkenswerte Herausforderung darstellt, bekommen die Helden sowohl in den Mythen der Vergangenheit als auch in den Kino-Blockbustern von heute Begleiter an die Seite gestellt.

Ein typisches, stetig wiederkehrendes Motiv sind die »Mentoren«, die den Helden auf seinem Weg zum Wesentlichen beraten. Der alte Obi Wan Kenobi bspw. führt Luke in die Geheimnisse der Jedi-Ritter ein, während der liebenswerte, weise Schulleiter Albus Dumbledore seinem Schützling Harry mit Rat und Tat zur Seite steht.

Eine weitere Gruppe stellen die »Wegbegleiter« dar: Freunde und Partner, die mit den Helden auf einer Stufe stehen. Für Harry Potter sind dies Ron und Hermine, für Luke sind es Han Solo, Chewbacca, Prinzessin Leia und die beiden Roboter C3PO und R2D2.

Die Wegbegleiter ergänzen den Helden durch wichtige Eigenschaften, die er erst ausbilden muss: Han Solo bspw. ist ein erfahrener Pilot und Haudegen, während Luke sich noch naiv und unwissend verhält. Han Solo neigt allerdings zu einem einseitig ausgerichteten Materialismus (»Hauptsache Geld!«) und dem damit verbundenen Zynismus, während Luke über eine intuitive Verbindung zu einer geheimnisvollen, spirituellen Kraft, »die Macht«, verfügt.

Durch das Zusammenspiel der unterschiedlichen Kräfte wird es allen Beteiligten möglich, ihrem eigenen Ruf zu folgen und sich weiterzuentwickeln. Am Ende der *Star Wars*-Saga hat sich nicht nur Luke gewandelt, sondern auch Han Solo: Aus dem knorrigen Zyniker ist ein romantischer Held geworden, der Prinzessin Leias Herz gewinnt und sie heiratet.

Und nun wird es Zeit, zum eigenen Abenteuer aufzubrechen ...

Herausforderungen

Damit sich Ihr Held im wahrsten Sinne des Wortes »entwickeln« kann, werden Sie ihn jetzt in einige Herausforderungen »verwickeln«, die sich nach und nach steigern.

Schauen wir dazu einigen Könnern über die Schultern.

So vermeidet es der Schöpfer des *Star-Wars*-Universums George Lucas, dass Luke sofort mit seiner ultimativen Herausforderung Darth Vader konfrontiert wird. Im ersten Teil seiner Geschichte[1] beobachtet er lediglich einen Zweikampf zwischen Obi Wan Kenobi und Darth Vader. Im zweiten Teil kämpft er zwar direkt mit ihm, aber er ist seinem Gegenüber noch nicht gewachsen. Erst im dritten Teil ist er so stark geworden, dass er es mit Darth Vader aufnehmen kann.

Auch James Cameron konfrontiert seine Rose mit einigen Herausforderungen, die sie nur lösen kann, wenn sie quasi über ihren eigenen Schatten springt: Cal zettelt eine Intrige an, indem er Jack des Diebstahls bezichtigt. Rose ist zunächst von Jack enttäuscht, durchschaut aber die Lüge. Sie findet Jack in einer Kabine mit Handschellen an ein Rohr gefesselt. Und genau hier beginnt Roses Herausforderung: Es fehlt der Schlüssel, um Jack zu befreien. Was tun? Die Zeit drängt, denn es beginnt das erste Wasser der untergehenden Titanic in die Kabine zu fließen.

Folgen wir doch einfach mal Rose auf Ihrem Weg zur Rettung Jacks[2]:

»Rose läuft raus. Im Türrahmen stehend, dreht sie sich noch einmal kurz zu Jack um. Dann ist sie weg. Jack schaut auf das einströmende Wasser.

Rose stürzt den Gang entlang zu einer Treppe, die aufs darüber liegende Deck führt. Sie rennt die Treppe hoch. Ihr langer Rock hinterlässt eine Spur wie von einer Riesenschnecke. Unter seinem Gewicht kommt sie nicht richtig vorwärts. Sie reißt an den Knöpfen und windet sich rasch aus dem Stoff.«

Dass Rose den Mantel auszieht, hat in diesem Zusammenhang auch eine symbolische Bedeutung. Um Jack zu retten, muss sie etwas Altes aufgeben.

Nur noch mit Strümpfen und dem knielangen Unterkleid bekleidet, steigt sie zu einem Zwischendeck hoch, wo sie ein weiteres Labyrinth von Gängen erwartet. Gespenstisch hallt das metallene Knarren der sinkenden Titanic durch die Gänge, als ihr plötzlich ein junger Mann entgegenkommt. Sie ruft nach ihm, aber er dreht sich nicht um. »Es ist wie ein Albtraum«, beschreibt James Cameron die Szene. »Die Schiffswand gibt entsetzliche Laute von sich. Die Lichter flackern und gehen aus. Nun herrscht totale Dunkelheit. Nichts rührt sich. Dann gehen die Lichter wieder an. Rose ist schweißüberströmt. Dieser eine Moment der Dunkelheit war der schlimmste Augenblick in ihrem ganzen Leben.«[3]

Die Dunkelheit inmitten der »entsetzlichen Laute«, die die sinkende Titanic von sich gibt, hat den Charakter einer Initiation – einem Ritual, das bei Eingeborenen üblich ist: Ein Jugendlicher, der zum Erwachsenen »eingeweiht« werden soll, wird mit seiner schlimmsten Angst konfrontiert.

Bevor ich weitererzähle, lassen Sie uns bitte einen kurzen Augenblick innehalten: Denken Sie doch bitte jetzt einmal in Ihre eigene Vergangenheit zurück und finden Sie eine Situation, in der Sie einem für damalige Verhältnisse großen Problem gegenübergestanden und es dann gelöst haben.

Haben Sie eine solche Situation gefunden? Wenn nein: Tun Sie es bitte jetzt.

_Überlegen Sie sich, wie es war, als Sie vor der Herausforderung gestanden haben. Waren Sie ängstlich? Haben Sie daran gezweifelt, dass Sie diese Herausforderung lösen können? Wollten Sie am liebsten ausweichen?

_Was geschah, als Sie sich mit der Herausforderung konfrontierten? Gab es einen Augenblick, in dem Sie von Gefühlen überwältigt waren?

_Und wie haben Sie es gelöst? Was haben Sie getan, um die Situation zu meistern?

_Wie haben Sie sich danach gefühlt? Fühlten Sie sich vielleicht lebendig, frisch und tatendurstig?

Und wenn Sie heute auf das Problem zurückschauen: Erscheint es Ihnen heute nicht eher »klein«? Wenn ja, kein Wunder: Denn Sie sind durch diese Auseinandersetzung im wahrsten Sinne des Wortes »gewachsen«.

Genau das zeigt sich bei Rose in der nächsten Szene. Sie trifft auf einen Steward, der völlig überrascht ist, dass sie hier noch herumläuft.

»**Steward:** Kommen Sie mit nach oben, Miss. Kommen Sie.

Rose: Warten Sie, warten Sie! Ich brauche Ihre Hilfe! Da ist –

Er hört ihr nicht zu und lässt sie nicht los. Sie schreit ihn an, und als er sich zu ihr dreht, schlägt sie ihm direkt ins Gesicht. Empört stolpert er rücklings ins Wasser: Zur Hölle mit Ihnen!

Rose: Dann sehn wir uns ja, Freundchen!«[4]

In dieser Szene wird deutlich, dass Rose durch die Konfrontation mit ihrer Angst neue Kräfte in sich geweckt hat. Aus dem ängstlichen Mädchen, das sich dem Druck ihrer Mutter nicht zur Wehr setzen konnte, ist eine entschlossene Frau geworden, die tatkräftig zulangen kann.

Das echte Leben

Herausforderungen treten im echten Leben meistens nicht als Darth Vader oder als Befreiungsaktion im Innern der Titanic auf, sondern präsentieren sich in einer für uns ganz bodenständigen Gestalt:

_Sie haben beruflich ein Projekt übernommen, das wenige Wochen vor Abschluss in eine gewaltige Schieflage abrutscht. Das Budget wird überschritten, der Endtermin kann vermutlich nicht mehr eingehalten werden. Ihr Kunde droht mit negativen Konsequenzen für Sie und Ihr Unternehmen. Ihr Chef macht Ihnen ebenfalls Druck: Sie haben das Gefühl, mit dem Rücken an der Wand zu stehen.

_Ihr Lebenspartner, den Sie über alles lieben, hat sich in einen anderen Menschen »verliebt«. Zwar will er sich nicht von Ihnen trennen – kann aber auch nicht von der neuen Liebschaft lassen.

_Ihre pubertäre Tochter »treibt« sich neuerdings mit Leuten rum, die Ihnen nicht geheuer sind. Jeden Versuch, Einfluss zu nehmen, blockt sie rigoros ab. Was, wenn sie Drogen nimmt oder in kriminelle Taten verwickelt wird?

_Sie sind selbständig und haben seit Wochen keinen neuen Auftrag mehr erhalten. Ihre Bank ist nicht bereit, Ihnen einen weiteren Kredit zu geben. Müssen Sie jetzt Ihre Selbständigkeit aufgeben?

Das sind nur einige Beispiele, und Ihre Aufgabe besteht jetzt darin, für Ihren Helden drei Herausforderungen zu finden, die wirklich schwierig sind. Wovor fürchtet sich Ihr Held am meisten?

Es genügen zum jetzigen Zeitpunkt einfache Stichworte. Ich möchte mit Ihnen auf den nächsten Seiten noch weitere Situationen ermitteln, aus denen wir dann am Ende Szenen für das Lebensdrehbuch entwickeln werden.

ÜBUNG

Rückschläge und Sackgasssen

Gestatten Sie mir bitte ein Geständnis: Als ich Anfang 2000 meine eigene Reise zum Trainer und Coach antrat, dachte ich naiverweise, dass sich jetzt alles zum Besten wenden würde. Schließlich folgte ich ja – endlich! – meinem Ruf.

Die Wahrheit ist, dass sich in der Tat neue Kontakte und neue Chancen auftaten, aber mir gelang nicht alles, was ich mir vornahm. Es gab auch Rückschläge und Sackgassen.

So war mein erster Versuch, ein Trainernetzwerk aufzubauen, um gemeinsam Onlineseminare auf die Beine zu stellen, von keinem Erfolg gekrönt. Trotz anfänglichen Interesses von vielen Seiten verliefen sich meine Aktivitäten ins Nichts. Konzeptionelle Gespräche mündeten in endlose Grundsatzdiskussionen, Termine wurden nicht eingehalten, Aufgaben nicht erledigt. Am Ende hatte ich einiges an Geld und Zeit verbraucht, ohne ein nennenswertes Ergebnis erzielt zu haben.

Diesen Missstand versuchte ich dadurch auszugleichen, dass ich meine Aktivitäten diversifizierte. Nach dem Motto »Viel hilft viel« verzettelte ich mich in immer neuen Projekten, die ebenso wenig fruchteten wie die vorhergegangenen.

Die Folgen ließen nicht auf sich warten: Am Ende des ersten Jahres war ich nicht nur finanziell, sondern auch körperlich ziemlich abgekämpft. Als sich dann noch einige potenzielle Aufträge zerschlugen, mit denen ich insgeheim gerechnet hatte, stand ich vor einem Scherbenhaufen.

Ich erinnere mich noch sehr genau, dass ich mit meiner Frau ausging und ihr gestand, dass ich mir eventuell eine neue Arbeit suchen müsse.

Kein schöner Augenblick, kann ich Ihnen sagen. Und die nächsten Wochen wurden auch nicht einfacher. Das Schlimme in dieser Zeit war, dass es mir immer schwerer fiel, einen klaren Gedanken zu fassen. Die Angst und die Sorge, was jetzt auf mich zukommen würde, hatten mich fest gepackt, und jede Idee, jeder mögliche rettende Einfall wurde schon zerschrotet, bevor ich ihn ausgiebig zu Ende gedacht hatte.

In dieser Notsituation entschied ich mich, für ein paar Tage wegzufahren. Nach Holland an die See. Ich packte mein Notebook, Lektüre und viel Papier ein, und als ich in Noordwijk angekommen war und in mein Hotel eingecheckt hatte, suchte ich mir ein Café, das mir nicht nur einen Stromanschluss für meinen mobilen Rechner, sondern auch einen ausgiebigen Blick aufs Meer bot.

Ich war der einzige Gast, und der Kellner, der an diesem und an den nächsten Tagen seinen trostlosen Job verrichtete, ließ mich in Ruhe arbeiten. Ab und zu bestellte ich mir einen frischen Kaffee und neues Mineralwasser, ansonsten las ich, blickte hinaus auf die See oder machte mir elektronische Notizen.

Ich schrieb alle Möglichkeiten auf, wie ich jetzt weiter vorgehen konnte, und ließ dabei keine einzige Idee aus. Alles, was mir in den Sinn kam, hielt ich auf meinem Notebook fest.

Und in all dem Gewirr von widersprüchlichen Ideen, die von einem Wiedereintritt in die Internetszene bis zum Gewinnen eines Kapitalgebers für meine Geschäftspläne reichten, dämmerte mir nach und nach eine Idee: Was, wenn ich jetzt der ganzen Verzettelung ein Ende bereiten und alles auf eine Karte setzen würde?

So sympathisch ich den Gedanken fand, so sehr lehnte ich ihn innerlich ab. Was, wenn sich ausgerechnet diese Karte als die falsche herausstellen würde?

Andererseits hatte ich ja selbst erlebt, wie weit ich mit meiner Vielzahl an gleichzeitigen Projekten gekommen war.

Während ich über dieses Thema nachdachte, entwickelte ich zwei verschiedene Seminarkonzepte. Das eine befasste sich mit Zeit- und Selbstmanagement. Das andere mit Lebensplanung.

Beide fand ich gut, aber ich ahnte, dass ich mich entscheiden musste. Zwei Online-Seminare zugleich waren zu viel. Schließlich beschloss ich, mich auf das Thema Zeit- und Selbstmanagement zu konzentrieren.

Als ich nach Hause fuhr, kam ich in eine Situation zurück, die sich zwar äußerlich nicht gewandelt hatte, die ich aber innerlich ganz anders wahrnahm. Ich begann damit, alle überflüssigen und halbgaren Projekte abzusagen. Ich mistete meine Ordner aus, entsorgte Papiere, Prospekte und alle anderen Unterlagen, die zu den ad acta gelegten Unternehmungen gehörten, und schuf mir so einen reinen Tisch.

[Was war ein wirklich ausgereifter Rückschlag in Ihrem Leben?]

Kurz darauf belebte sich mein Geschäft wieder. Ein Kunde, den ich noch aus alten Zeiten kannte, fragte wegen eines Beratungsprojektes an, das mir in den folgenden Monaten die Butter auf dem Brot bescherte, und half, die finanzielle Schieflage auszugleichen. Als ich dem Kunden erzählte, dass ich ein Training für Zeit- und Selbstmanagement anböte, buchte er es. Noch während des Trainings, das ich damals noch »Effektiv umsetzen« nannte, kam mir die Idee für einen besseren Titel: »e:ffectivity!« (siehe auch http://www.e-ffectivity.biz). Aus diesem Training entwickelte ich die erste Online-Version, die durch verschiedene Entwicklungsstufen ging, bis ich schließlich im Februar 2002 eine Variante auf den Markt brachte, mit der ich wirklich zufrieden war. Nachdem ich dieses Online-Seminar das erste Mal durchgeführt hatte, fuhr ich mit meiner Frau für zwei Wochen in den Urlaub. Aber drei Tage vor meiner Abreise stellte ich eine Website ins Netz, in dem ich mein zweites Seminar ankündigte: **Quest**. Als ich aus dem Urlaub zurückkam, waren insgesamt sieben Anmeldungen eingetroffen. Keine Frage: Ich war wieder auf dem Weg.

Was Helden einfach wissen müssen

Aus diesen Erfahrungen, die keineswegs so angenehm waren, wie sie vielleicht in der gerafften Rückschau erscheinen mögen, habe ich gelernt, wie wichtig es ist, Rückschläge und Sackgassen nicht als Quittung anzusehen, die ein ungerechtes Schicksal erteilt.

Sondern vielmehr diese Erfahrungen zu nutzen, um mein Denken und meine Einstellung zu ändern. Ich weiß nicht, was geschehen wäre, wenn ich nach meiner Reise nach Holland so weitergemacht hätte wie vorher, aber ich weiß, dass es meine Entscheidung in dem Café an der Küste und deren konsequente Umsetzung in den Monaten darauf waren, die mir halfen, die Situation zu meistern.

Zweifel, Ängste und Unsicherheiten gehören gerade am Anfang eines Weges dazu, und ich kann Ihnen trotz meiner zahlreichen Erfahrungen mit diesen Begleitern kein Patentrezept anbieten, außer: Konzentrieren Sie sich auf das, was Sie wirklich wollen. Egal, was passiert. Bleiben Sie einfach dran. Und nutzen Sie Ihre persönlichen Rückschläge und Sackgassen, in die wir uns alle ab und zu verirren, um wieder auf den Weg zurückzukommen.

ÜBUNG

Was kann Ihren Helden vom Weg abbringen?

Bitte denken Sie nun für einen Augenblick einmal darüber nach, wie und wodurch sich Ihr Held verzetteln oder in die Irre führen lassen könnte.

Das müssen nicht immer negative Erfahrungen sein: Auch ein attraktives Angebot, das Ihren Helden beruflich wieder zu alten Gefilden einlädt, die er doch gerade verlassen hatte, kann eine Sackgasse bilden.

Oder was ich nicht nur bei mir, sondern auch bei anderen **Quest**-Teilnehmern erlebt habe: Ein Zuviel an Ideen, das aus einem kreativen Ideenreichtum sprudelt, kann den direkten Weg in die Verzettelung bilden. Mit dem Ergebnis, dass man wie ich viel ankurbelt, aber nichts so recht ins Rollen kommen möchte.

Notieren Sie sich Ihre Ideen, was Ihren Helden auf seinem Weg zum Wesentlichen abhalten könnte – wir werden sie am Ende dieser Etappe nutzen, um Ihren Helden mental und emotional durch ein paar wirklich aufregende Erfahrungen zu führen.

Wegbegleiter

Wann immer ich mich in meinem eigenen Leben einer neuen Herausforderung zugewandt habe, tauchten nach einiger Zeit Menschen auf, die sich mir anschlossen.

So lernte ich direkt nach der Entscheidung, mich mit NLP zu befassen, einen Psychologen kennen, der sich in einer NLP-Ausbildung befand. Nachdem er mich eine Zeit lang gecoacht hatte, besuchten wir Übungsgruppen, in denen wir unser Wissen vertieften. Später coachten wir uns regelmäßig gegenseitig und fuhren gemeinsam zu Seminaren.

Ein gemeinsames Ziel

Wenn ich oben schreibe, dass sich mir Menschen angeschlossen haben, ist das natürlich nicht ganz richtig formuliert: Sie schlossen sich mir an, aber nicht »meinetwegen«, sondern »um meines Weges« willen. Das mag zwar spitzfindig formuliert klingen, bringt aber etwas Wesentliches auf den Punkt: Mein Ziel war auch ihr Ziel.

Das gilt auch für Luke und seine Wegbegleiter. Prinzessin Leia, Han Solo und Chewbacca verfolgen alle das gleiche Ziel: das Imperium zu stürzen.

Harry, Ron und Hermine haben ebenfalls gleiche Ziele: Sie wollen in Hogwarts zu Zauberern ausgebildet werden und gehen gemeinsam gegen ihren »Darth Vader« vor: Lord Voldemort.

Vorsicht Spannung: Zerstreute Ziele

Interessanterweise sieht man jedoch auch, dass die Helden unter Spannung geraten, wenn sie die gemeinsamen Ziele aus dem Auge verlieren.

Ein typisches Beispiel ist ein Konflikt zwischen Ron und Hermine, der sich während einer Unterrichtsstunde entzündet, in der eine Feder mit dem Zauberspruch »Wingardium Leviosa« zum Fliegen gebracht werden soll. Weder Harry noch Ron gelingt das Kunststück – ganz im Gegensatz zu Hermine, die als Klassenbeste wie immer alles richtig macht.

Als sie Ron einen Tipp geben möchte, wie er es besser machen kann, wird er sauer. »Kein Wunder, dass niemand sie ausstehen kann«, sagte er zu Harry, als sie hinaus in den belebten Korridor drängten, »ehrlich gesagt ist sie ein Albtraum.«[5]

Das hört Hermine und verschwindet weinend. Damit ist das Verhältnis der drei untereinander erst einmal gestört. Die Autorin Joanne K. Rowling wird die Helden natürlich wieder zusammenführen, aber sie benutzt Szenen wie diese, um die Andersartigkeit ihrer Protagonisten zu verdeutlichen.

Der Faktor »Ergänzung«

Apropos Andersartigkeit. Sie ist eine wesentliche Voraussetzung für das Miteinander von Wegbegleitern. Mehr noch: Sie ist wesentlich für alle Arten von Freundschaften, Liebes- und Geschäftsbeziehungen.

Ein gutes Beispiel dafür geben Jack und Rose ab. Wenn Jack nicht über vollkommen andere Fähigkeiten, Erfahrungen und Kenntnisse verfügen würde als Rose: Wie wollte er ihr dann helfen?

Auch Ron, Hermine und Harry ergänzen einander: Hermine hat einen klaren Verstand und verfügt über ein großes Hintergrundwissen. So gelingt es ihr in der Schluss-Sequenz von *Der Stein der Weisen* Ron und Harry mit einem Zauberspruch, den nur sie kennt, aus den Fängen einer gefährlichen Schlingpflanze zu befreien. Ron dagegen hat ein gutes Gespür für Taktik und Zusammenhänge – beides Eigenschaften, die er benötigt, um in der gleichen Schluss-Sequenz eine verzauberte Schachpartie zu meistern. Harry schließlich ist derjenige, der über sehr intuitive Zauberfähigkeiten verfügt und damit letztendlich den bösen Voldemort daran hindert, den Stein der Weisen zu ergattern.

Was für die Welt der Filme und Romane gilt, hat auch im echten Leben Gültigkeit. Im Geschäftsleben findet man oft nicht ein, sondern zwei Unternehmer oder Geschäftsführer: Meist hat der eine die Ideen, während der andere aufs Geld achtet. Oder der eine macht Erfindungen, der andere kann sie verkaufen. Erst diese Ergänzung ermöglicht echten Erfolg.

Das gilt auch für Partnerschaften. Bestimmt kennen auch Sie die eine oder andere Partnerschaft, in der »Er« und »Sie« zwei so sehr gegensätzliche Menschen sind, dass man sich fragt, was die beiden eigentlich zusammenhält. Das Geheimnis dahinter ist sehr einfach: Beide haben gleiche oder zumindest ähnliche Ziele (bspw. eine schöne Beziehung) und ergänzen sich durch die jeweilige Andersartigkeit zu einem größeren Ganzen, dem mehr gelingt als einem der beiden Partner alleine.

Es ist wichtig, sich dieser Widersprüchlichkeit bewusst zu sein. Je nach dem, wie man mit ihr umgeht, kann sie für eine Freundschaft furchtbar oder fruchtbar sein.

Das zeigt sich in einer weiteren Szene, die Rowling nutzt, um ihre Zöglinge Harry, Ron und Hermine charakterlich weiterzuentwickeln.

Hermine zieht sich nach Rons kaltschnäuziger Bemerkung verletzt in die Toilette von Hogwarts zurück, wo sie von einem Troll angegriffen wird. Der Troll war »ein fürchterlicher Anblick. Über drei Meter hoch, die Haut ein fahles, granitenes Grau, der große, plumpe Körper wie ein Findling, auf den man einen kleinen kokosnussartigen Glatzkopf gesetzt hatte. Das Wesen hatte kurze Beine, dick wie Baumstämme, mit flachen, verhornten Füßen. Der Gestank, den es ausströmte, verschlug einem den Atem.«[6]

Harry und Ron kommen Hermine zu Hilfe und greifen ihn an. Natürlich ist der Troll den drei Kindern haushoch überlegen und beginnt die Armaturen zu zerschlagen.

»Harry tat nun etwas, das sehr mutig und sehr dumm zugleich war: Mit einem mächtigen Satz sprang er auf den Rücken des Trolls und klammerte die Arme um seinen Hals. Der Troll spürte zwar nicht, dass Harry auf seinem Rücken hing, doch selbst ein Troll bemerkt, wenn man ihm ein langes Stück Holz in die Nase steckt, und Harry hatte seinen Zauberstab noch in der Hand gehabt, als er sprang – der war ohne weiteres in eines der Nasenlöcher des Trolls hineingeflutscht.

Der Troll heulte vor Schmerz, zuckte und schlug mit der Keule wild um sich, und Harry, in Todesgefahr, klammerte sich noch immer auf seinem Rücken fest; gleich würde der Troll ihn herunterreißen oder ihm einen schrecklichen Schlag mit der Keule versetzen.«

Zum Kontrast: Es handelt sich hier um den gleichen Harry, der sich zu Anfang weder gegen Onkel Vernon noch gegen seinen Stiefbruder Dudley zu wehren weiß. Dass es sich übrigens um eine Tat handelt, die die Autorin Rowling als »mutig und sehr dumm zugleich« bezeichnet, ist kein Zufall: Harry trifft keine Verstandesentscheidung, sondern handelt instinktiv. Dieses Handeln jenseits des Verstandes hilft nicht nur Rose und Harry, über sich selbst hinauszuwachsen, sondern auch Ron, der nun die Situation in die Hand nimmt.

»Hermine war vor Angst zu Boden gesunken. Jetzt zog Ron seinen eigenen Zauberstab hervor – er wusste zwar nicht, was er tat, doch er hörte, wie er den ersten Zauberspruch rief, der ihm in den Sinn kam: ›Wingardium Leviosa!‹

Die Keule flog plötzlich aus der Hand des Trolls, stieg hoch, hoch in die Luft, drehte sich langsam um – und krachte mit einem scheußlichen Splittern auf den Kopf ihres Besitzers. Der Troll wankte kurz im Kreis und fiel dann flach auf die Schnauze, mit einem dumpfen Schlag, der den ganzen Raum erschütterte.

Zitternd und um Atem ringend richtete sich Harry auf. Ron stand immer noch mit erhobenem Zauberstab da und starrte auf das, was er angestellt hatte.«

Aber auch Hermine wird durch diese Herausforderung verwandelt. Nachdem Ron den Troll niedergestreckt hat, stürmen Professor Snape und Professor McGonagall die Szenerie und stellen die drei zur Rede. Und diesmal ist es die sonst so penible und überaus korrekte Hermine, die die gesamte Szene dadurch rettet, dass sie etwas tut, was sie bis dahin nie gewagt hätte. Sie bricht die Regeln. Und genau darum geht es bei den Herausforderungen, die sich dem Helden in den Weg stellen: Sie sollen Seiten wecken, die der Held benötigt, um seinem Ruf gewachsen zu sein. Am Ende dieser Eskapade erhalten Harry, Ron und Hermine nicht nur eine Auszeichnung – sie sind auch als gemeinschaftliches Trio weiter zusammengewachsen und werden am Ende mit vereinten Kräften Lord Voldemorts hinterhältigen Plan vereiteln.

Isolation is the greatest dreamkiller

Dieses Zitat stammt von Barbara Sher, der Erfinderin der so genannten Erfolgsteams – einer Art Selbsthilfegruppe, die jedoch nicht über Probleme klagt, sondern sich lösungsorientiert bei der Erreichung von konkreten Zielen unterstützt. Und sie hat vollkommen Recht: Wer versucht, seinen Weg ganz alleine zu gehen, läuft Gefahr zu scheitern.

Warum? Nun, Ihr Held betritt Neuland, und das bedeutet, dass er sich in eine intensive Lernphase begibt. Andere Menschen können ihm helfen, die neuen Erfahrungen besser zu verarbeiten und von Hindernissen, die sich immer mal wieder in den Weg stellen, schneller und gezielter zu lernen.

Darüber hinaus erschwert Einsamkeit das Leben. Mag es auch für gewisse Zeiten wichtig, ja geradezu unumgänglich sein, sich zurückzuziehen und sich im Stillen darüber im Klaren zu werden, wohin der Weg geht – sobald man seine Reise antritt, sollte man sich nach guten Begleitern umsehen, die einen mit Ideen und tatkräftiger Unterstützung genau da zur Hand gehen, wo man selbst noch dazulernen muss.

Aus diesem Grund leite ich zu diesem Thema selbst Erfolgsteams, in denen sich eine kleine Gruppe von Leuten zusammengeschlossen hat, von denen jeder seine ganz persönlichen Ziele verfolgt. Einmal im Monat schließen wir uns kurz und tauschen uns aus: Wo steht man gerade? Was hat man erlebt? Welche Zwischenziele wurden erreicht? Was steht als Nächstes an?

Ein solches Erfolgsteam ist eine wunderbare Unterstützung für die persönliche Reise zum Wesentlichen, weil es einem hilft, auf der Spur zu bleiben. Die regelmäßigen Treffen und die damit verbundene Zielkontrolle helfen, Abweichungen zu erkennen und – falls notwendig – den Kurs zu korrigieren.

Wichtig dabei ist, dass Sie sich die richtigen Partner aussuchen ...

Wegbegleiter Ihres Helden

Wenn Sie jetzt noch am Anfang des Weges stehen, werden Sie noch nicht voll und ganz wissen können, wer Ihnen begegnen wird.

Schreiben Sie einfach spontan auf, wer Ihnen einfällt. Das können Menschen sein, die jetzt in Ihrem Leben eine Rolle spielen. Oder die früher eine Rolle gespielt haben. Sie können aber auch einfach Ihrer Fantasie freien Lauf lassen und sich Menschen ausdenken, die gut zu Ihrem Helden passen und ihn begleiten und ergänzen könnten. Bitte notieren Sie sich jetzt Namen.

Wie unterstützen diese Wegbegleiter Ihren Helden?
Wenn Sie jetzt die Liste der Begleiter ansehen und sich die einzelnen Namen vornehmen: Welche Qualitäten, Eigenschaften, Erfahrungen oder Mittel besitzen diese, die dem Helden für die Reise nützlich sein könnten?

ÜBUNG

Mentoren

Gemäß einem alten Sprichwort tritt ein Lehrer oder Mentor spätestens dann in Erscheinung, wenn der Schüler dafür bereit ist. In unserem Falle heißt das: sobald der Held oder die Heldin sich entschieden hat, den Weg wirklich zu gehen.

Der Mentor hat die Aufgabe, den Helden in die neue Welt einzuführen und mit wichtigen Hilfsmitteln auszustatten. In manchen Fällen bildet er den Helden aus, in anderen steht er »nur« mit Rat und Tat zur Seite. Seine Aufgabe ist es jedoch nicht, dem Helden Arbeit abzunehmen – sondern ihn lediglich auf die Reise und deren Herausforderungen vorzubereiten.

Harry Potter wird von mehreren Mentoren betreut, ohne die er den Verwicklungen und Gefahren auf Hogwarts kaum gewachsen wäre. Der kraftvolle, aber zugleich kindliche Hagrid übernimmt die Aufgabe, wichtige Utensilien wie einen Zauberstab, Kessel oder Lehrbücher (= Hilfsmittel) zu beschaffen. Aber Hagrid kann nur eine begrenzte Rolle einnehmen, denn er ist naiv und zuweilen auch tollpatschig. So verrät er immer wieder aus Versehen Geheimnisse oder zieht einen Feuer speienden Drachen auf, der ihm und der gesamten Schule fast zum Verhängnis wird. Der Leiter von Hogwarts, Albus Dumbledore, verkörpert dagegen den weisen Mentor, der Harry immer wieder wertvolle Interpretationen und Deutungen der Geschehnisse zukommen lässt – und ihm so hilft, die größeren Zusammenhänge zu enträtseln und zu verstehen.

Für Rose von der Titanic übernimmt Jack die Mentoren-Rolle. Er »unterrichtet« sie sozusagen über die Welt jenseits des Luxus und vermittelt ihr damit einen ersten Blick auf die Reiseroute, die ihr bevorsteht.

Aber auch Jack begegnet zwei Mentoren: Der erste ist, wie in der letzten Lektion bereits angedeutet, Rose. Sie erkennt sein wahres Talent und ist bereit, es zu fördern. Der andere Mentor ist Molly Brown, die etwas derbe Neureiche, die Jack hilft, in die für ihn unbekannte Welt des Luxus eintreten zu können. Sie versorgt unseren Helden nicht nur mit einem Anzug für das Abendessen (= Hilfsmittel), sondern gibt ihm auch einige wertvolle Ratschläge mit auf den Weg, was er im Umgang mit den Reichen berücksichtigen sollte.

Mann aus Glas

Amélies Mentor dagegen ist der ein alter Mann, der abgeschieden in einer Wohnung gegenüber von ihrem Zuhause lebt. Diesen Namen gab man ihm aufgrund seiner zerbrechlichen Knochen. Schon ein einfacher Händedruck kann ihm die Finger brechen. Darum sind die Ecken seiner Möbel gepolstert, und darum verlässt er auch nie das Haus.

Seine ganze Leidenschaft gilt einem Bild von Renoir: »Das Frühstück der Ruderer«, das er jedes Jahr von neuem malt. Seit über zwei Jahrzehnten schon. Das Nachmalen ist für den alten Mann wie eine Meditation, bei der er sich mit viel Liebe in die einzelnen Gestalten versenkt, die sich auf dem Bild zu einer Brotzeit versammelt haben.

Das Mädchen mit dem Wasserglas aus dem Gemälde »Das Frühstück der Ruderer« von Renoir.

Allerdings gesteht er, dass ihm eine Person auf dem Bild Rätsel aufgibt: das Mädchen mit dem Wasserglas in der Hand. »Sie steht im Zentrum, und dennoch ist sie außerhalb.«

Eine sehr angemessene Beschreibung der Amélie, die im Zentrum des Films steht, und die dennoch eine Außenseiterin ist, die (noch) keinen Kontakt zu den anderen Beteiligten aufgebaut hat. »Vielleicht«, sagt sie, »liegt es ja daran, dass sie anders ist als alle anderen.« Das weckt die Neugier des alten Mannes: Weiß Amélie vielleicht etwas über diese Person, die ihm so fremd zu sein scheint?

Anschließend gibt er ihr den entscheidenden Tipp, wo Sie Bredoteau, den Eigentümer des Schatzkästleins, finden kann – so wie es sich für einen anständigen Mentor gehört.

Amélies weitere Suche führt zu einem Bahnhof, wo sie eine schicksalsträchtige Begegnung mit einem jungen Mann namens Nino erlebt. Als sie ihn vor einer Schnellfotozelle knien und Fotoschnipsel aufsammeln sieht, beginnt ihr Herz zu pochen, ohne zu wissen warum.

Aber Nino hat anderes im Sinn. Er lässt sie links liegen und beginnt, einen Mann mit Glatze zu verfolgen. Verdattert läuft ihm Amélie nach. Während der Jagd nach dem Glatzkopf verliert Nino ein dickes Fotoalbum, das Amélie in die Hand fällt. Damit hat sie ein erstes Bindeglied zu ihm.

Und das ist gut so, denn gleich darauf erfahren wir Zuschauer, was Amélie erst noch entdecken wird: Die beiden sind füreinander geschaffen. So wie Amélie als Kind zu wenig Kontakt zur Außenwelt hatte, so hatte Nino zu viel davon. Er wurde in der Klasse immer gehänselt und entwickelte sich – wie Amélie – zum Träumer.

Sie nimmt das Album mit nach Hause und entdeckt darin lauter Fotos, die Menschen weggeworfen haben. Nino hat all die verunglückten und oft zerrissenen Schnappschüsse mit Akribie zusammengeklebt und in einer Papiergalerie vereint. Darunter finden sich jedoch immer wieder fast makellose Fotos von dem Glatzkopf. Das irritiert sie: Warum lässt sich der Mann immer wieder fotografieren – nur um dann die Fotos wegzuwerfen?

Beim nächsten Wiedersehen mit dem Mann aus Glas sinnieren sie beide über diese Frage: »Möglicherweise«, mutmaßt der alte Mann, »ist er von irgendetwas besessen? Zum Beispiel von der Angst, alt zu werden, und er kann sich nur auf diese Weise beruhigen.«

»Vielleicht ist er auch ein Toter«, entgegnet Amélie, »der Angst hat, in Vergessenheit zu geraten. Also bedient er sich der Fotofix-Automaten, um sich den Lebenden in Erinnerung zu rufen.«

»Nun«, entgegnet der Alte, während er das Bild von Renoir zudeckt, »die [Figuren auf dem Bild] hier haben auf jeden Fall gewonnen ... Sie sind schon lange tot, aber in Vergessenheit geraten sie niemals.«

Damit ist das Stichwort für Amélie gegeben. Sie gibt dem Alten einen Tipp zu dem Mädchen mit dem Wasserglas: »Vielleicht denkt sie ja an jemand anderen?«

Der alte Mann fragt, ob sie an jemanden denke, der auf dem Bild zu sehen sei. Amélie schüttelt den Kopf.

Darauf der Mann aus Glas: »Sie meinen, sie stellt sich lieber eine Beziehung vor, statt eine Beziehung einzugehen mit den Anwesenden?«

Amélie erwidert: »Vielleicht tut sie das alles, um das Kuddelmuddel im Leben der anderen in Ordnung zu bringen.«

Worauf er entgegnet: »Aber was ist mit ihr? Was ist mit dem Kuddelmuddel in ihrem Leben? Wer kümmert sich darum?«

Damit hat er nicht nur bei Amélie ins Schwarze getroffen, er unterstreicht auch sehr dezent die Verbindung zum Leben von Lady Di.

Amélie nimmt ihren Mut zusammen und macht Ninos Arbeitsstelle in einem Telefonbuch ausfindig: Er arbeitet in einem Sexshop. Damit ist für sie die Sache erledigt.

Nicht aber für den Mann aus Glas. Als sie ihn das nächste Mal besucht, fragt er sie, ob das Mädchen mit dem Wasserglas schon den jungen Mann getroffen hätte.

Amélie winkt ab: »Die beiden haben nicht die gleichen Interessen.«

Und wieder gibt der Mann aus Glas den entscheidenden Ratschlag: »Das Glück ist wie die Tour de France. Man wartet so lange – und dann rast es vorbei. Ist also der Moment gekommen, muss man die Barriere überwinden. Ohne zu zögern.«

Amélie nimmt die Herausforderung an und sucht den Sexshop auf. So sehen wir dann die vom Leben unbeleckte Amélie inmitten von Dildos und Pornomagazinen. Im Gespräch mit der Besitzerin erfährt sie, dass Nino auf einem Rummelplatz arbeitet – in der Geisterbahn.

Sie fährt dorthin, löst ein Ticket und hat eine erste nähere Begegnung mit Nino. Allerdings steckt der in einem Skelettkostüm, und um die Sache kurz zu machen: Außer einigen »Huuuuhs« kommt bei der ganzen Angelegenheit nicht viel herum. Amélie hat zwar eine erste Hürde genommen und ist auf Nino zugegangen, aber den Mut, ihn direkt anzusprechen, hat sie noch nicht entwickelt. Nino bleibt ganz sprichwörtlich ein Geist in ihren Gedanken. Obwohl »Frosch« die bessere Bezeichnung für Nino wäre (siehe Etappe 2 »Der Ruf«).

Erst nach einer Schnitzeljagd, einigen geheimnisvollen Telefonaten und mysteriösen Fotobotschaften, spricht sie endlich eine Einladung aus: Er soll in das Café kommen, in dem sie arbeitet.

Nino erscheint, aber wieder verlässt sie der Mut. Sie verleugnet sich, und Nino zieht enttäuscht wieder ab.

Und doch hat sich in Amélie etwas gewandelt. Als sie sich beim nächsten Mal mit dem Mann aus Glas über Renoirs Bild unterhält, sagt sie, dass das Mädchen sich in einen der Anwesenden verliebt hat.

»Ich glaube«, sagt der Mann aus Glas, »für sie ist die Zeit gekommen, ein richtiges Risiko einzugehen.«

»Sie denkt darüber nach«, erwidert Amélie. »Sie ist dabei, sich eine Strategie zu überlegen.«

»Strategien«, fällt ihr der alte Mann ins Wort, »ja, die liebt sie, ich weiß. Ich finde, sie ist ein bisschen feige. Vielleicht fällt es mir deswegen so schwer, ihren Blick einzufangen.«

Amélie weiß, dass der alte Mann Recht hat. Für sie ist in der Tat die Zeit gekommen, ein Risiko einzugehen.

Und das wird sie auch tun. Aber erst in unserer nächsten Reise-Etappe »Der Drache«.

Zuvor gilt es jedoch, dass Sie jetzt Ihr Lebensdrehbuch mit einigen knackigen Szenen befruchten, in denen Ihr Held Schritt für Schritt sein Potenzial entwickeln kann.

ÜBUNG

Ihr Lebensdrehbuch

Erarbeiten Sie drei Szenen

In der letzten Etappe »Die Entscheidung« haben Sie, so hoffe ich, eine ganze Reihe von handfesten Einwänden gesammelt. Einige davon dürften »harte« Faktoren wie Geld, Materialien oder spezifische Informationen betreffen – andere haben eher mit »weichen« Faktoren wie der Wunsch nach Sicherheit oder der Angst vor Erfolg zu tun.

Darüber hinaus werden Sie vermutlich in dieser Etappe hier schon eine ganze Reihe von Situationen identifiziert haben, die Ihren Helden richtig herausfordern.

Ihre Aufgabe besteht jetzt darin, sich die drei besten herauszusuchen und für jede von ihnen Lösungsansätze zu finden: Was kann Ihr Held handfest tun, um die Schwierigkeit zu lösen?

Dabei gilt: Je unangenehmer die Herausforderung, desto größer die Wachstumschance. Allerdings: Wagen Sie sich noch nicht an die ganz große Angst heran. Die nehmen wir uns in der nächsten Reise-Etappe vor.

Bitte notieren Sie hier, an welchen Herausforderungen Ihr Held am besten wachsen kann!

Herausforderung 1: ________________

Herausforderung 2: ________________

Herausforderung 3: ________________

Mentoren finden

Damit Ihr Held diese Herausforderungen nicht alleine lösen muss, können Sie die »Weisheit« Ihrer persönlichen Mentoren in Anspruch nehmen. Und die finden Sie in Ihrem eigenen Leben.

Als ich mich selbst zum ersten Mal mit dieser Thematik befasst habe, entdeckte ich zu meiner Verblüffung, dass ich auf meinem eigenen Weg einer Vielzahl von Mentoren begegnet bin, die mich in bestimmten Phasen meines Lebens begleitet und mir über manche Schwelle geholfen haben. Zu ihnen zählten unter anderem der Vikar der Gemeinde, der ich als Junge angehörte, ein Deutsch-Lehrer, mein Chef in meiner Düsseldorfer Zeit oder die Redakteurin des RIAS Berlin, die mir half, mein Hörspiel *Der Name des Spiels* zu überarbeiten.

Auch wenn keiner dieser Mentoren sich heute in meiner unmittelbaren Lebensumgebung befindet, stehen sie mir dennoch »gedanklich« zur Seite. Wenn ich bspw. Entscheidungen treffen muss, frage ich mich oft: Wie würde das mein Deutsch-Lehrer lösen? Was würde mir mein früherer Chef in dieser Situation empfehlen?

Welche Mentoren gab es im Leben Ihres Helden?

Es ist in jedem Fall hilfreich, sich die Zeit zu nehmen und zu überlegen, wer eigentlich in dem Leben Ihres Helden ein wichtiger Mentor war. Vermutlich waren es viele. Wer aber waren die ausschlaggebenden? Notieren Sie bitte deren Namen.

Mentor 1: ______________________________

Mentor 2: ______________________________

Mentor 3: ______________________________

ÜBUNG

Was empfehlen diese Mentoren Ihrem Helden?
Denken Sie nun an die drei Herausforderungen und stellen Sie sich vor, Sie könnten jetzt mit Ihren Mentoren Rücksprache halten: Was, glauben Sie, würden diese Mentoren Ihrem Held für einen Ratschlag geben? Gäbe es vielleicht auch ein Hilfsmittel, das diese Mentoren Ihrem Helden anvertrauen würden?

Ratschlag/Hilfsmittel 1: ______________________________

Ratschlag/Hilfsmittel 2: ______________________________

Ratschlag/Hilfsmittel 3: ______________________________

Schreiben Sie die drei Drehbuchszenen

Sobald Sie erste Ideen haben, nehmen Sie sich bitte Zeit und schreiben diese Szenen entweder auf, oder, wenn Sie es lieber mögen, stellen Sie sich in Ihrer Fantasie vor, wie Ihr Held

_herausgefordert wird,

_vielleicht zunächst zurückschreckt oder sogar daran scheitert (kann sein, muss nicht),

_sich mit einem Mentor berät oder einen Begleiter dazuholt,

_eine Lösung findet,

_die Situation erneut angeht,

_und sie erfolgreich meistert.

Mein Tipp: Erleben Sie diese Szenen so realistisch wie möglich. Je echter sie für Sie ausfallen, desto intensiver die Wirkung. Und desto besser die Vorbereitung für unsere nächste Etappe.

ÜBUNG

Welche Fähigkeiten, Kenntnisse und Charaktereigenschaften kann Ihr Held durch die Herausforderung entwickeln?

Beschreiben Sie nun unterhalb der jeweiligen Herausforderung, welche Wachstumschance diese Herausforderung anzubieten hat:

Ist die Heldin gefordert, bestimmte **Fähigkeiten** weiterzuentwickeln? Fähigkeiten sind Stärken, mit denen man ein Ergebnis erzielen kann: Flirten, Buchhaltung, Tischlern, Menschen führen, Geräte installieren oder reparieren

Geht es darum, zusätzliche **Kenntnisse** zu erwerben? Wissen zu Themen wie Computer, Marketing, Branchenkenntnisse etc.

Muss der Held bestimmte **Charaktereigenschaften** entwickeln, um den Anforderungen des Rufs gerecht zu werden?

Zum Beispiel: Mut, Zähigkeit, Toleranz, Selbstbewusstsein?

ÜBUNG

Zusammenfassung

Herausforderungen führen zum Wesentlichen
Probleme und Schwierigkeiten sind wichtig, um unsere persönlichen Fähigkeiten, Kräfte und Kenntnisse weiterzuentwickeln.

Nicht über Rückschläge jammern, sondern sie nutzen
Sackgassen sind ein Zeichen, dass man den falschen Weg eingeschlagen hat. Statt stehen zu bleiben und darüber zu lamentieren, ist es besser, die Route zu ändern.

Wer Neuland betritt, wird mit neuen Regeln konfrontiert
Denken Sie daran, dass Sie auf dem Weg zum Wesentlichen nicht alles wissen (können). Nutzen Sie alle Erfahrungen als eine Gelegenheit, dazuzulernen.

Mentoren
Mentoren nehmen uns die Arbeit nicht ab, helfen uns aber, unsere eigenen Kräfte zu stärken, um den Herausforderungen gewachsen zu sein.

Begleiter unterstützen Sie durch ihre Andersartigkeit
Im Gegensatz zu den Mentoren, die nur am Rande auftreten, helfen Ihnen Begleiter direkt an Ihrer Seite weiter. Begleiter haben das gleiche oder ein ähnliches Ziel wie Sie und unterstützen Sie durch Fähigkeiten, die Ihnen noch fehlen. Und umgekehrt.

Anmerkungen

Web-Tipp

Unter der Internet-Adresse *http://das-buch.qu-e-st.de* zusätzliche finden Sie:

_Fragen und Antworten zum Weg

_Ein interaktives Werkzeug, um Lösungen für »Probleme« zu finden

Fußnoten

[1]: Der »erste Teil seiner Geschichte« bezieht sich auf Lukes Weg. George Lucas hat später den ersten Teil zum vierten umbenannt, weil er noch die Vorgeschichte in drei Teilen erzählen wollte.

[2]: Cameron, 1999, Seite 108

[3]: Cameron, 1999, Seite 108

[4]: Cameron, 1999, Seite 109

[5]: Rowling, Seite 188 ff.

[6]: Rowling, Seite 191 ff.

DER DRACHE

Der Held stellt sich seiner größten Prüfung:
Der Begegnung mit dem »Drachen«.
Er symbolisiert die inneren Kräfte, die sich
gegen unseren Ruf stellen.

_Die Pforte

_Der Ruf

_Die Entscheidung

_Der Weg

_Der Drache

_Das Elixier

_Die Rückkehr

Die große Prüfung

Herzlich willkommen bei der schwierigsten, düstersten, aber vielleicht spannendsten Etappe bei **Quest**. Denn früher oder später wird jeder Held auf seiner Reise zum Wesentlichen mit einem Gegner konfrontiert, der ihn zu einer großen Prüfung auffordert.

»Die übliche Form der ultimativen Herausforderung«, schreibt Christopher Vogler, »ist eine Schlacht oder eine Konfrontation mit einer gegnerischen Macht. Das kann ein tödlicher Feind, ein Verbrecher, Antagonist oder Gegenspieler sein, möglicherweise sogar eine Kraft der Natur.«[1]

Jeder dieser Feinde attackiert den Helden an seiner Schwachstelle und zwingt ihn, entweder seine Ziele aufzugeben oder seine Schwäche in eine Stärke umzuwandeln.

Lord Voldemort fordert Harry Potter auf, mehr Mut zu entwickeln.

Cal konfrontiert Rose mit ihrer angepassten Seite, die einfach tut, was ihr aufgetragen wird. Erst wenn Rose den Drachen überwindet, der sie in Schach hält, und selbst entscheidet, was sie für richtig hält, hat sie zu ihrer wahren Freiheit gefunden.

Gegen Luke Skywalker tritt Darth Vader an, der ihn dazu bringt, seine Naivität zu überwinden und zu sehen, wer er wirklich ist. So erleben wir im zweiten Teil von Lukes Geschichte, wie er von seinem Jedi-Meister Yoda aufgefordert wird, eine dunkle Höhle zu betreten, in der sein größter Gegner auf ihn wartet. Luke betritt die Höhle und begegnet – Darth Vader. Die beiden kämpfen gegeneinander, und es gelingt Luke, Darth Vaders Kopf abzuschlagen. Als der Helm zu Boden fällt, löst sich Darth Vaders schwarze Maske auf und wir sehen – Lukes Gesicht. Das ist ein starkes Symbol für die Arbeit mit dem Drachen! Yoda erklärt ihm, dass Luke erst mit sich selbst ins Reine kommen muss, bevor er Darth Vader wirklich bekämpfen kann.

»Ein Bösewicht mag ein äußerlicher Charakter sein«, bestätigt Vogler, »aber in einem tieferen Sinne stehen all diese Umschreibungen für die möglichen, negativen Seiten des Helden.«

Das gilt auch für Amélie, die keinen echten äußerlichen Opponenten hat – sieht man mal von dem herzlosen Gemüsehändler Colignon ab, der den geistig zurückgebliebenen Lucien mit seinen Lästereien triezt. Ihr Drache äußert sich in der Angst, verletzt zu werden. Und dieser Drache ist so stark, dass Amélie immer wieder vor dem entscheidenden Schritt zurückschreckt.

Darum empfiehlt Joseph Campbell, »die ursächlichen Zonen der Seele aufzusuchen, wo die wahren Schwierigkeiten liegen, um dort die Hemmnisse aufzuklären und bei sich selbst ... zu überwinden«.[2] Wie ein altes Sprichwort sagt, müssen also die wahren Schlachten im eigenen Herzen ausgefochten werden.

Amélie muss sich also dem Drachen der Angst stellen, um das Elixier der Liebe zu gewinnen. Rose muss sich ihrer Angst vor der Eigenständigkeit stellen, wenn sie ihr abenteuerliches Leben als Künstlerin führen möchte.

Auf den Punkt gebracht: Wenn Sie auf Ihrem Weg zum Wesentlichen erfolgreich sein möchten, müssen Sie sich mit dem konfrontieren, was Sie am meisten fürchten. Ich wünschte, ich könnte Ihnen diese Herausforderung ersparen. Ganz ehrlich. Denn sich seiner eigenen Angst zu stellen, ist nicht einfach. Ich weiß, wovon ich spreche, denn ich habe selbst lange gezögert. Und doch kommt es gerade jetzt darauf an, seinen Ängsten ins Gesicht zu sehen. Denn wenn Sie es nicht tun, werden Sie sich nicht weiterentwickeln. Sie werden die notwendigen Schritte unterlassen, die zu gehen sind, und am Ende bleiben Ihre Lebensziele nichts weiter als – Wünsche.

Ich schreibe Ihnen das ganz direkt und unvermittelt, denn es ist notwendig, dass wir an dieser Stelle Klartext reden. Keine Konfrontation mit dem Drachen bedeutet: keine Erfüllung des Rufes.

Jeder Wachstumsschritt, jede persönliche Weiterentwicklung, jede Geburt von etwas Neuem ist mit Schmerz und (!) Freude verbunden. Nicht nur mit Schmerz, sondern auch mit Freude. Das ist wichtig. Als unser Sohn Rocco Lorenzo zur Welt kam, gab es beides: die Schmerzen der Geburt und die unglaubliche Freude, als wir den kleinen Mann in den Armen halten konnten.

Das gilt auch für andere Arten der Geburt: Als ich mich selbständig gemacht habe, gab es Zeiten, die einfach unangenehm waren. Phasen, in denen zum Beispiel das Geld knapp war und ich nicht wusste, wie ich meine Selbständigkeit weiter finanzieren sollte. Und ich kenne genügend Unternehmer, die von ähnlichen Erfahrungen zu berichten haben. Das sind schwierige Situationen, denn sie spielen auf der Klaviatur der eigenen Ängste: Was, wenn alles umsonst war? Was, wenn ich in Schulden abrutsche? Was, wenn ich versage?

Sie sehen: Wir werden uns in diesem Reise-Abschnitt mit sehr intensiven Themen befassen. Wie einst der Schriftsteller Dante in seiner *Göttlichen Komödie* begeben wir uns jetzt hinab in menschliche Abgründe – aber nicht um uns in Problemen zu suhlen, sondern um Licht ins eigene Dunkel zu bringen. Denn der Abstieg lohnt sich: Was wir unten antreffen, mag auf den ersten Blick ungewohnt erscheinen – auf den zweiten jedoch finden wir dort genau die Eigenschaften und Schätze, die wir brauchen, um unseren Ruf Realität werden zu lassen.

Für mich war diese Konfrontation nicht einfach, und wenn es nach mir gegangen wäre, hätte ich sie auch gerne umschifft. Aber dann hätte ich auch nie Seiten an mir kennen gelernt, die mir heute ein ganz anderes Standvermögen bescheren. Und die daraus resultierende Freiheit und die Erfahrung, dass ich Ihnen heute diese Zeilen schreibe, und das Wissen, dass Sie jetzt gerade diese Worte lesen, besitzen eine Qualität, die ich kaum beschreiben kann. Das Gefühl, morgens aufzuwachen und zu wissen, dass das, was ich tue, Sinn macht (für mich und vielleicht auch für andere), ist mit keinem Geld der Welt zu bezahlen. Es verleiht meinem Leben eine Tiefe, die ich nicht für möglich gehalten hätte.

Und darum, denke ich, ist es nun an der Zeit, aufzubrechen und den Drachen, der bereits auf Sie wartet, genauer zu erkunden. Fangen wir mit dem Grundsätzlichen an: Was genau ist eigentlich ein Drache? Wo kommt er her? Warum gibt es ihn? Und wie geht man am besten mit ihm um?

Der Sturz

Joseph Campbell erzählte auf einem seiner Vorträge[3] eine persische Geschichten-Variation des ewigen Teufelthemas: Luzifer[4] war einst ein Engel. Und zwar nicht irgendein Engel, sondern derjenige, der Gott am meisten liebte.

Alles wäre vollkommen paradiesisch geblieben, wenn Gott nicht angefangen hätte, eine neue Gattung zu erschaffen: die Menschen. Er war von seiner Innovation derart begeistert, dass er die Engel anwies, sie sollten sich vor den Menschen verbeugen.

Alle Engel hielten sich an die Anweisung, nur Luzifer nicht. Er konnte und wollte nicht, weil er seinen Herrn so sehr liebte. Daraufhin verbannte Gott ihn aus seiner Gegenwart: »Solange du dich nicht an meine Anweisung hältst«, rief er aus, »sollst du irgendwo weit ab von mir schmoren.« Und so geschah es, dass Luzifer aus dem Licht in die Dunkelheit stürzte – und dort zu einem Fürsten wurde, der Gott immer noch liebte, aber unfähig war, seiner Anordnung Folge zu leisten.

Zwei Aspekte der Geschichte finde ich ganz besonders bemerkenswert. Zum Ersten betont der persische Dichter, dass Luzifer der Weg zu Gott nicht verschlossen war. Luzifer konnte jederzeit zurückkehren. Wenn dem jedoch so war, warum tat er es dann nicht? Die Antwort des Autors lädt zum Nachdenken ein: Luzifer konnte (noch) nicht zurückkehren, weil er immer wieder an die Situation denken musste, in der Gott ihn verfluchte. Durch die beständige Erinnerung an das traumatische Erlebnis blieb Luzifer in seiner ganz persönlichen Hölle gefangen.

Der andere Aspekt tritt uns – wie wir gleich noch sehen werden – in vielen Drachengeschichten entgegen: Luzifer wurde verbannt, weil er eine Übertretung begangen hatte – eine Hamartia, eine Sünde in dem Sinne, dass man seinen eigenen Weg verloren hatte. Wenn man etwas in der Welt ablehnt, nicht anerkennt, nicht ehrt, hat man sich von einem Teil des Lebens im wahrsten Sinne des Wortes abgeschnitten und landet – in der Hölle.

Das ist ein sehr wichtiger Gedanke. Vielleicht der wichtigste in **Quest**.

Lassen Sie mich ihn am Beispiel des wohl bekanntesten Drachens erläutern, den wir in den westlichen Breitengraden kennen: Fafnir, der von dem berühmten Drachentöter Siegfried erschlagen wurde.

Auf der Spur des Drachens

Um zu begreifen, wer Fafnir war, lohnt es sich, die Vorgeschichte kennen zu lernen: Sie beginnt bei dem germanischen Gott Odin, der mit einigen Kumpels durch die Wälder streift und einen Otter erlegt. Der Volltreffer erweist sich jedoch als Fehlschlag. Denn der Otter ist in Wirklichkeit der Sohn eines sehr mächtigen Mannes, der erbost und rachsüchtig reagiert: Als Schadensersatz für die erlittene Unbill verlangt er von Odin, dass der Otter innerlich mit Gold gefüllt und äußerlich mit einer Goldschicht überzogen wird.

Damit gerät Odin in eine fatale Zwangslage: Woher das Gold nehmen? In seiner Not entschließt er sich, den Zwerg Andvari zu überfallen. Er entwendet dem fluchenden Gnom nicht nur das Gold, sondern auch einen Ring, der sich selbst vervielfältigen kann – ein Symbol für unbegrenzte Kraft. Falls Sie jetzt unwillkürlich an den *Herrn der Ringe* denken müssen, liegen Sie übrigens richtig: Tatsächlich tauchen in den Mythen immer wieder Ringe auf, die enorme Macht versprechen.

Zurück zu Odin und dem Zwerg. Andvari kann sich gegen Odin nicht wehren, schafft es aber noch, den Schatz zu verfluchen.

Odin liefert den außen und innen mit Gold ausstaffierten Otter beim Vater ab. Allerdings zeigt sich, dass ein einziges Haar im Fell des Otters nicht mit Gold bestrichen ist, und zähneknirschend muss Odin auch den Ring abtreten, den er natürlich am liebsten behalten hätte.

Gestatten Sie mir an dieser Stelle eine kleine Zwischenbilanz: Wenn man Odin noch zugestehen mag, dass er den Sohn des mächtigen Mannes aus Versehen getötet hat, so ist der Raubüberfall auf den Zwerg eindeutig eine Übertretung, eine Hamartia. Gewalt ist ins Spiel gekommen, und damit nimmt die Spirale des Leidens ihren unheilvollen Verlauf.

Nachdem Odin seines Weges gezogen ist, stellt der mächtige Mann nach einiger Zeit fest, dass er mit dem Schatz nicht glücklich wird. Eigentlich logisch, denn die Trauer eines Menschen kann nicht mit Gold aufgewogen werden. Das alleine wäre schon eine schöne Moral der Geschichte, aber in Wirklichkeit geht es jetzt erst richtig los.

Der mächtige Mann hat zwei Söhne, Regin und Fafnir. Beide wissen von dem Schatz, aber es ist Fafnir, der vom Anblick der Reichtümer verführt wird: Habgier lodert in ihm hoch. Er tötet seinen Vater und flieht mit dem Schatz in die Berge. Dort verwandelt er sich in einen Lindwurm, der Gift speit. In anderen Variationen der gleichen Geschichte mutiert er zu einem Drachen mit Flügeln. Aber welcher Version man auch folgt, in jedem Fall wird aus Fafnir ein Furcht erregendes Wesen.

Auch hier zeigt sich eine Parallele zu dem *Herrn der Ringe*. So tötet der Hobbit Sméagol seinen Vetter und besten Freund Déagol, der einen Ring gefunden hat, der seinem Besitzer die Herrschaft über die gesamte Welt verspricht. Sméagol flieht in die Einsamkeit und verwandelt sich dort in ein schizophrenes, bitterböses Wesen namens Gollum.

Zurück zum Drachen Fafnir: Auftritt Siegfried. Er wird als Junge zu Regin gebracht und von ihm aufgezogen. Da ist es wieder, dieses Motiv des jungen Menschen, der wie Luke Skywalker oder Ödipus als Waise aufwächst und seine wahre Herkunft nicht kennt – also nicht weiß, wer er wirklich ist.

Der junge Siegfried ist eine ziemlich derbe und tölpelhafte Erscheinung, und so fällt es Regin nicht schwer, ihn anzustacheln, den Drachen Fafnir zu töten. Siegfried lässt sich in der Tat nicht lange bitten, stellt sich dem Drachen und versetzt ihm einen tödlichen Stich ins Herz. Während Fafnir langsam verendet, gibt er Siegfried noch einige wichtige Wahrheiten mit auf den Weg; zum Beispiel, wer die Schicksalsfäden webt. Außerdem warnt er ihn, den Schatz an sich zu nehmen, denn er würde ihm nur Unglück bringen. Dann stirbt Fafnir.

[Haben Sie sich schon mal durch Selbstüberschätzung um die Früchte Ihres Erfolgs gebracht? Oder eine Beziehung deswegen aufs Spiel gesetzt?]

Regin, der die ganze Geschichte aus einem Versteck beobachtet hat, erscheint nun auf der Bildfläche, trinkt vom Drachenblut und weist unseren jungen Helden an, das Herz des Drachen herauszureißen und zu braten. Als Siegfried das saftige Stück über dem Feuer kross röstet, kostet er davon und erlebt einen radikalen Sinneswandel. Auf einen Schlag kann er den Gesang der Vögel verstehen. Das ist nicht nur für Siegfried eine unerwartete Wende – sondern auch für uns Leser und Leserinnen. Denn Siegfried hat plötzlich blitzartig einen Zugang zur Natur gewonnen, der einem Normalsterblichen verwehrt ist. Er versteht das Leben auf eine tiefere Weise.

Die Vögel warnen Siegfried vor Regin, der genau wie sein Bruder von dem Schatz besessen ist. Siegfried fackelt nicht lange und bringt ihn um.

Danach badet Siegfried im Blut des Drachen und wird unverletzbar. Fast unverletzbar, muss man einschränkend anmerken, denn während er sich in dem glutroten Sud aalt, fällt ein Eichenblatt auf seine Schulter. Das fatale Ergebnis: Eine Stelle seines Körpers ist bedeckt und bleibt deswegen verletzlich.

Das erinnert sehr an den griechischen Helden Achilles, der von seiner Mutter in das Wasser des Flusses Styx getaucht wird und der daraufhin genauso wie Siegfried unverwundbar ist – bis auf einen einzigen Flecken: die Ferse, an der ihn seine Mutter hält.

Beide Helden erinnern uns damit an etwas sehr Wichtiges, dem ich später noch ausführlich Aufmerksamkeit schenken werde: Wer einen Drachen besiegt, wird stark. Sehr stark sogar. Aber so enorm die Kräfte auch sind, die Helden sind nicht unsterblich. Wir bleiben als Menschen verwundbar.

Es gibt nicht wenige, die so etwas vergessen und damit in eine Falle tappen, in die auch Siegfried fällt: Selbstüberschätzung. Denn ausgestattet mit einer Tarnkappe, einem großen Schatz, einer übersinnlichen Wahrnehmungsgabe und einer fast unverwundbaren Haut wird unser Held übermütig und missbraucht seine Gaben. So nutzt er die Tarnkappe, um einer Jungfrau namens Brunhilde die Unschuld zu rauben. Er betrügt nicht nur die ihm versprochene Kriemhild, er vergeht sich auch noch an einer anderen unter Vorspiegelung falscher Tatsachen. Als das herauskommt, wird eine Intrige gegen ihn angezettelt, in deren Verlauf er getötet wird. Damit findet diese blutige Saga ihr mehr oder minder unrühmliches Ende. Und doch ist sie reich an wertvollen Informationen für all diejenigen, die sich ihrem eigenen Drachen stellen wollen.

Fafnirs Sturz

Zum Beispiel erläutert Fafnirs Geschichte, wie Drachenwesen entstehen. Aus dem Menschen Fafnir wird ein Ungeheuer, weil er habgierig ist. Was aber genau ist eigentlich Hab-Gier? Woher kommt sie? Und wie kann sie so stark sein, dass sie Fafnir zu einem Mord anstachelt?

Hab-Gier entsteht aus der Angst, dass man nicht das haben könnte, was man sich wirklich wünscht. Hätte Fafnir seinen Vater erschlagen, wenn er die Aussicht gehabt hätte, vom Schatz zu profitieren? Vermutlich nicht.

Denn es ist diese »unselige« Koalition aus Wunsch und Angst, die nicht nur Fafnir, sondern auch uns zu einem Drachen werden lassen kann. Ich weiß zum Beispiel, dass ich aus Eifersucht Dinge gesagt und auch getan habe, die ich später wirklich bereut habe.

Es war diese fatale Kombination aus der Sehnsucht nach einem anderen Menschen und der Angst, ihn verlieren zu können, die dazu führte, dass ich mich wie ein Drachen aufführte.

Ich glaube, die meisten von uns kennen diese Erfahrung, weil sie ganz einfach etwas Ur-Menschliches ist.

Das Raster dahinter ist einfach:

1. Ich bin der Meinung, dass mir etwas fehlt.
2. Ich glaube, dass es etwas da draußen im Leben gibt, das dieses Defizit aus gleichen kann. Dabei spielt es keine Rolle, auf was ich meine Wünsche projiziere: ein Mensch, ein Job, Geld, Sex, etc.
3. Habe ich das Objekt der Begierde gewonnen, versuche ich es aus Angst festzuhalten.

Die folgende Tabelle verdeutlicht, was ich meine:

	Fafnir	**Beziehung**	**Job**
Mir fehlt etwas	Macht, Geld	**Sicherheit, Lebenslust, Selbstvertrauen**	Einfluss, Freiheit, Reichtumg
Objekt der Begierde als Projektionsfläche	Schatz	Ein Mensch, in den ich mich verliebe	Karriereposten, Einkommen, Statussymbol
Angst / Festhalten	Jemand kann mir den Schatz wegnehmen: Horten	Jemand kann mir meinen Partner wegnehmen: Eifersucht	Jemand kann an meinem Stuhl sägen: Machtspiele, Intrigen, Mobbing, übersteigerter Leistungswillen

Paradoxerweise führt aber das ängstliche Festhalten oft genau zu dem, wovor man Angst hat. Die Beziehung, die man eifersüchtig bewacht, wird für den Partner zur Falle, so dass er beginnt, sich woanders umzusehen. Das ängstliche Beharren auf dem eigenen Posten macht einen ungerecht und starsinnig – und ruft so erst recht Gegner auf den Plan.

Auf den Punkt gebracht: Im Zentrum der Drachenwerdung steht eine Angst, die die Tendenz hat, in eine selbsterfüllende Prophezeiung umzuschlagen.

Das Wesen der Angst

Fafnir begreift bei alldem nicht, wovon er wirklich angetrieben wird. Nicht der Schatz, nicht der Vater oder irgendwelche äußeren Einflussfaktoren führen zu der Tat, sondern – ein Denkfehler: Er glaubt, dass er »nur« glücklich sein kann, wenn er den Schatz sein Eigen nennen kann. Tatsächlich aber liegt der Fall genau umgekehrt: Der Schatz bringt ihm alles andere als Glück. Fafnir verwandelt sich in ein Monster, das am Ende erschlagen wird.

Das ist ein wichtiger Punkt, auf den ich im nächsten Kapitel ausführlicher eingehen werde. Aber so viel trotzdem schon vorab: Im Kern der Angst steckt eine fehlgeleitete Idee. Finden wir diese, können wir ...

Die Macht des Drachen brechen

Im Grunde genommen ist Siegfrieds Tat relativ unspektakulär. In den alten Fassungen des Nibelungenlieds ist Fafnir noch ein Wurm, und Siegfrieds Heldentat besteht lediglich darin, ein Loch zu graben, sich darin zu verstecken, darauf zu warten, dass der Wurm darüber kriecht und dann von unten zuzustechen.

Das Besondere ist also nicht die Tat an sich, sondern Siegfrieds Mut. Statt vor dem Drachen zu fliehen und ihm damit Macht über ihn zu geben, bringt er die Courage auf, sich dem Drachen zu stellen. Der Rest ist dann lediglich »Handwerksarbeit«.

Und was für Siegfried gilt, stimmt auch für uns: Solange wir vor unseren persönlichen Ängsten (= Drachen) Reißaus nehmen, werden wir von ihnen verfolgt. Drehen wir uns um und stellen wir uns den Ängsten, sind sie im Grunde einfach zu erledigen.

Das Herz des Drachen

Dies kommt auch und gerade in der bemerkenswertesten Passage der gesamten Siegfried-Geschichte zum Ausdruck: Als er vom Herz des Drachen kostet, versteht er den Gesang der Vögel.

Wie ist es möglich, dass ausgerechnet das Herz eines Vatermörders, das sich ja obendrein von einem menschlichen Organ zu dem eines Drachen verwandelte, eine solche Macht verleiht? Auch auf die Gefahr hin mich zu wiederholen: Die Antwort darauf zieht sich wie ein roter Faden durch **Quest**. Wenn wir das, was wir verdrängen, ablehnen oder fürchten, wieder annehmen, erschließen wir uns genau das Kraftpotenzial, das für unseren Ruf von entscheidender Bedeutung ist.

Und doch hat die Geschichte ein tragisches Ende. Warum?

Die Spirale der Leidens

Wieso kann Siegfried sich nicht einfach den Schatz schnappen, die Frau seines Herzens heiraten und glücklich bis ans Ende aller Tage leben? Wie in jedem guten Hollywood-Film auch?

Weil sich durch die gesamte Geschichte vom Anfang bis zum Ende eine Spur der Gewalt zieht: Odin tötet den Otter und überfällt den Zwerg. Der Zwerg verflucht den Schatz. Der Schatz verführt Fafnir, der seinen Vater erschlägt. Siegfried tötet nicht nur Fafnir, sondern auch dessen Bruder Regin. Eine Bluttat folgt der nächsten.

[Welche berufliche oder private Eskalation der Gewalt (in Worten oder Taten) haben Sie selbst schon einmal erlebt?

Was waren die Folgen?]

Siegfried gewinnt zwar enorme Kraft, aber er hat sein eigenes Herz verloren. Er verstrickt sich selbst in ein drachenhaftes Verhalten, und am Ende ereilt ihn ein gewaltsamer Tod.

»Wer mit Ungeheuern kämpft«, bringt es der Philosoph Friedrich Nietzsche auf den Punkt, »mag zusehen, dass er nicht selbst zu einem wird.«[5] Genau davon handelt unsere nächste Geschichte, zu der ich Sie in eine weit entfernte Galaxie lange vor unserer Zeit entführen möchte.

Darth Vader

Obwohl *Krieg der Sterne* zweifelsohne eine Hightech-Science-Fiction-Saga ist, die durch beeindruckende Spezialeffekte, milliardenschweres Merchandising und rasante Weltraumjagden Berühmtheit erlang, hat sie – erstaunlicherweise – eine politische Aussage.

George Lucas schildert in den insgesamt sechs Episoden den Verfall einer demokratischen Republik, die an ihrer eigenen Bürokratie und Selbstgefälligkeit erstickt. Als sich immer mehr Separatisten einer Gegenbewegung anschließen, werden dem amtierenden Kanzler Palpatine die Rechte eines Imperators, eines Diktators zugesprochen. Obwohl er bei der Ermächtigung schwört, die Sonderbefugnisse nach Beseitigung der Krise zurückzugeben, wissen wir es besser: Er wird seine Macht nutzen, um eine furchtbare Schreckensherrschaft zu errichten. Denn es war Palpatine selbst, der im Hintergrund die Separatisten zur Abkehr von der Republik aufwiegelte, um den Senat ausschalten zu können.

Der Imperator

George Lucas hat für die Figur des Palpatine zwei geschichtliche Vorbilder gewählt. In einem Online-Interview mit Leonard Maltin erzählt Lucas: *»Um eine Idee davon zu bekommen, wer Palpatine ist, sollte man über den spektakulären Aufstieg des römischen Imperators Julius Caesars lesen.«*[6]

Lucas erläutert, dass sich Diktaturen nach bestimmten Mustern entwickeln: »Wenn Sie die historische Geschichte studieren, kann man entdecken, dass ... [bestimmte] chaotische Bedingungen gegeben sein müssen, damit eine Diktatur die Macht übernehmen kann. Wenn Sie über den Aufstieg des dritten Reichs in Deutschland lesen, bekommen Sie einen Eindruck von dem Chaos und Unfrieden, welche die Stabilität der Demokratie unterminierten und es ermöglichten, dass die Tyrannei die Macht ergriff und die Kontrolle über die Regierung und die Herzen der Menschen gewann.«

In der Tat bezieht sich George Lucas auch auf Hitler, der ja anfangs noch der mehr oder weniger rechtmäßig gewählte Kanzler einer Demokratie war. Nach dem Anschlag auf den Reichstag ließ er den Notstand ausrufen, der es ihm ermöglichte, sich nach und nach die gesamte staatliche Macht einzuverleiben.

Lucas demonstriert diese Übereinstimmung auch an anderen Stellen seiner Saga: Die Massenaufmärsche der imperialen Truppen in *Krieg der Sterne* ist den Zeremonien der Nazi-Reichsparteitage nachempfunden, und die »Storm Troopers«, mit denen Palpatines Schützling Darth Vader mordend durchs Universum zieht, haben ihren Namen von Hitlers eigener Leibgarde: den Sturmtruppen.

Das Wesen der Diktatur

Palpatines imperiale Schreckensherrschaft fußt auf den stets gleichen Wesenszügen jeder Diktatur: Menschen werden durch Angst gefügig gemacht. Wer sich nicht der Diktatur beugt, wird beseitigt. Schon von Kindestagen an wird jeder Mensch mit Propaganda infiltriert und so dressiert, dass er sich als erwachsener Mensch naht- und gesichtslos in die stromlinienförmige Geometrie der Massenaufmärsche einfügen kann.

In einer Diktatur kommt die Vision eines glücklichen Lebens von oben, nicht von innen. Das Letzte, was eine Diktatur gebrauchen kann, sind Menschen, die einfach ihrem eigenen Herzen folgen.

Darth Vader

Genau das bringt Lucas in seiner Figur des Darth Vader zum Ausdruck. Er ist die typische Verkörperung eines Menschen, der seine Seele zugunsten der Diktatur aufgegeben hat.

Obwohl momentan der letzte Teil der Geschichte des Anakin Skywalker verfilmt wird, der zum Jedi-Ritter aufstieg, um dann als Darth Vader zu enden, ist sein Schicksal bereits bekannt. So erleben wir in dem Film mit dem etwas verunglückten Titel *Angriff der Klonkrieger*, wie Anakin eine »große Wunde«[7] zugefügt wird. Seine Mutter wird entführt und misshandelt. Es gelingt ihm, seine Mutter aus den Fesseln zu schneiden, aber sie stirbt in seinen Armen. Anschließend vernichtet er die Entführer samt deren Frauen und Kindern. Anakin hat, wie Rose, eine furchtbare Erfahrung gemacht und dabei eine Grenze überschritten – allerdings in negativer Hinsicht. Statt seinem Herzen zu folgen, gehorchte er seinem Hass. Aber diese »Hamartia« reicht noch nicht, um aus ihm einen »dunklen Lord« zu machen, wie Vader in *Krieg der Sterne* des Öfteren genannt wird.

Er heiratet die Senatorin Padme Amidala, die von ihm schwanger wird und zwei Kinder zur Welt bringt: Luke und Leia. Zu dem Zeitpunkt sind Anakin Skywalker und sein ehemaliger Mentor Obi Wan Kenobi jedoch Todfeinde. Warum, ist noch nicht bekannt. Sicher aber ist, dass es zu einem erbitterten Schwertkampf epischen Ausmaßes kommt, aus dem Anakin schwer verwundet hervorgeht. Aber es gelingt ihm, seine verletzten Körperteile durch Maschinenmodule zu ersetzen: Aus Anakin, dem Jedi-Ritter, wird nun eine Mensch-Maschine, die künstlich beatmet wird und eine schwarze Rüstung trägt.

Die Mensch-Maschine

George Lucas übersetzt so gesehen die Figur des Drachen, der in der alten Literatur stets als ein Mischwesen aus Wurm, Schlange, Echse, Bock mit menschlichen Zügen gezeichnet wird, in ein modernes Zwitterwesen. Das ist aber nicht die einzige

Parallele, der sich Lucas bedient. Er zeigt zugleich auch, dass ein Drache auf gewisse Weise ohne Persönlichkeit ist. Leer. Maschinenhaft. Mechanisch.

Dieses Motiv finden wir übrigens nicht nur bei *Star Wars*:

- _In der Trilogie *Matrix* sind die Menschen durch Maschinen versklavt worden. Durch eine hoch entwickelte Computertechnologie wird den Menschen eine Scheinwelt vorgegaukelt, während sie in Wirklichkeit als lebendige Batterien dahinvegetieren.
- _Im Mittelpunkt der *Alien*-Trilogie steht ein Monster, das wie ein Insekt aussieht und über ein mechanisches Stahlgebiss verfügt, mit dem es unbarmherzig seine Gegner zerlegt.
- _Eine weitere Variation finden wir in der *Terminator*-Trilogie, in der die Zukunft ebenfalls von Maschinen beherrscht wird. Diese senden eine Killermaschine per Zeitreise ins Hier und Heute, um einen Jungen zu töten, der sich später als Rebell gegen sie wenden wird.
- _In der *Herr der Ringe*-Trilogie schließlich wird der Übergriff des Industriellen auf die Natur durch die Rodung des Fangorn-Waldes demonstriert, dessen Holz Maschinen anfeuert, mit denen Waffen hergestellt werden.

Das Un-Persönliche

In *Herr der Ringe* taucht noch ein weiteres Motiv auf, das sich in vielen anderen Geschichten widerspiegelt: Das Böse tritt als etwas Un-Persönliches auf. Sauron ist ein körperloses, feuerrotes Auge, das auf der Spitze eines weithin sichtbaren Turmes lodert.

Auch Lord Voldemort ist kein Lebewesen mit einem eigenen Körper, sondern vielmehr ein Etwas, das sich anderer Menschen bemächtigt. Zum Beispiel dem unbedarften, trotteligen Lehrer Quirrel, der von Lord Voldemort im wahrsten Sinne des Wortes nicht nur körperlich, sondern auch geistig »besessen« ist.

In diesen Gestalten wird zum Ausdruck gebracht, dass das Dunkle nicht unbedingt eine konkrete Person ist – sondern etwas, das auf einer geistigen Ebene existiert. Genauer gesagt, das Dunkle, Abgründige ist letztendlich nichts weiter als ein – Gedanke.

Eine Idee.

Und sie kann sich eines Menschen bemächtigen und ihn versklaven. Und weil wir auf dieser Etappe unserer Reise ganze Arbeit leisten müssen, sollten wir uns nun endgültig hinabwagen in die düstersten Abgründe menschlichen Denkens. Wenden wir uns einem der furchtbarsten Drachen zu, den die Weltgeschichte kennt: Adolf Hitler.

Gedanken der Angst

In seinem überaus brillanten Essay *Hitler als Vorläufer* untersucht der Schriftsteller und Politiker Carl Amery die Ideologie des »Führers« und kommt zu dem Schluss, dass das Buch *Mein Kampf* »eine düstere, eine hoffnungsarme Welt« zeige, in der furchtbare Gefahren drohen.

Krankheit

In Hitlers Weltbild spielen Krankheiten nicht nur im körperlichen Sinne eine wesentliche Rolle. Amery beschreibt Hitlers Sicht wie folgt: »Völker sind ›durchseucht‹; fremde Lehren drangen und dringen wie ›Bazillen‹ in den ›gesunden Volkskörper‹ ein ... Für seine unbornierte Unbedingtheit gibt es nur Gesundheit oder Siechtum, und mit den Erregern, welche die Gesundheit bedrohen, gibt es keine Versöhnung, keinerlei Kommunikation außer dem Kampf auf Leben und Tod. 1927 schrieb er: ›Der Kampf gegen die großen Tiere ist erledigt, aber unerbittlich geführt wird er gegen die kleinen Lebewesen, die Bakterien und Bazillen. Hier gibt es keine marxistische Verständigung, nur ein Ich oder Du, ein Ausrotten oder Sichdienstbarmachen.‹«[8]

Schon diese ersten Zeilen offenbaren einen von Furcht getriebenen Geist, der keinen anderen Weg der Gegenwehr kennt als die Vernichtung.

Als besondere Projektionsfläche seiner Ängste dienen ihm die Bolschewisten, vor allem aber die Juden, die er laut Amery wie folgt beschreibt: »Körperlich ein Ausbund an Scheußlichkeit, ist er den Halbaffen der gewöhnlichen Minderrassen geistig weit überlegen. Er plant langfristig, geht mit äußerster Raffinesse vor, ständig wach und bereit, das Hochwertige zu zerstören.«[9]

Feindbilder dieser Art finden wir nicht nur bei Hitler, sondern bei allen Menschen weltweit. »Je nach Modeströmung und politischem Standort«, schreibt Hajo Banzhaff, »sind oder waren das beispielsweise: Kommunisten, Freimaurer, Zionisten, Drogenbosse, Fundamentalisten, Hexen, Juden, Grüne, Neonazis, Ketzer, Scientologen, Bolschewisten, Mafiosi, Jesuiten, Großkapitalisten, die CIA.«[10]

Das Szenario der Krankheit wird ergänzt durch die des Hungers und der Armut. »Deutschland hat eine jährliche Bevölkerungszunahme von nahezu neunhunderttausend Seelen. Die Schwierigkeit der Ernährung dieser Armee von neuen Staatsbürgern muss von Jahr zu Jahr größer werden und einmal in der Katastrophe enden, falls eben nicht Mittel und Wege gefunden werden, noch rechtzeitig der Hungerverelendung vorzubeugen.«[11]

Daraus leitet Hitler seine Blut- und Boden-Politik ab, mit der er seine späteren Expansionsgelüste rechtfertigen wird.

Auf den Punkt gebracht, kann man Hitlers Weltsicht mit den Worten zusammenfassen:

Das Leben ist ein Kampf

»Alles weltgeschichtliche Geschehen ist ... nur die Äußerung des Selbsterhaltungstriebes der Rassen im guten wie im schlechten Sinne.«[12]

Und das bedeutet in letzter Konsequenz: Alles Schwache und Unwerte muss vernichtet werden, weil sonst das Volk selbst vernichtet wird.

Aber woher kommt diese tiefe Furcht, diese tiefe Angst, diese zutiefst unmenschliche Sicht der Dinge?

Bitte gestatten Sie mir, dazu den Schweizer Psychologen Arno Gruen zu Wort kommen zu lassen, der sich in seinem Lebenswerk intensiv mit der Natur des Fremdenhasses befasst hat. Seine Kernerkenntnis: Wer bestimmte Anteile seines Selbst verdrängt, verliert persönliche Stärken und fühlt sich deswegen folgerichtig: schwach. Es entstehen in der eigenen Persönlichkeit Bereiche, die undurchsichtig, verworren und ambivalent erscheinen. Kein Wunder: Man ist sich selbst auf gewisse Weise fremd geworden.

Dieses Gefühl der Schwäche können jedoch viele Menschen nicht aushalten. Es martert sie, es verfolgt sie, es mischt sich immer wieder in ihr Leben ein. Um diesem Konflikt zu entfliehen, neigen sie dazu, sich ein Opfer zu suchen, an dem sie ihre Stärke demonstrieren können.

Dabei spielt die inhaltliche Auseinandersetzung mit der gegnerischen Gruppe nur eine zweitrangige Rolle. Hauptsache, man kann das innere Drama durch äußere Ersatzhandlungen kompensieren.

Arno Gruen zitiert dazu folgenden Fall: »Klaus Barbie, der Gestapo-Schlächter von Lyon, der den französischen Widerstandskämpfer Jean Moulin zu Tode gefoltert hat, sagte in einem Interview mit Neal Ascherson (1983): ›Als ich Jean Moulin vernahm, hatte ich das Gefühl, dass er ich selber war.‹ Das heißt: Was der Schlächter seinem Opfer antat, tat er in gewisser Weise sich selbst an ... Wenn wir verstehen wollen, warum Menschen andere Menschen quälen und demütigen, müssen wir uns zuerst mit dem beschäftigen, was wir in uns selbst verabscheuen.«[13]

Das ist gewiss die krasseste und abscheulichste Ausprägung menschlichen Denkens und Handelns. Aber sie zeigt in ihrem Extrem, wie gefährlich es ist, persönliche Charakterzüge, die zu einem gehören, abzulehnen und in ein Schattenreich abzudrängen. Natürlich geht es nicht darum, alle Gedanken und Gefühle sofort und ungeschminkt auszuleben, vor allem nicht, wenn es um Gewalt geht. Sondern es geht vielmehr darum, seine Gedanken und Gefühle anzunehmen und herauszufinden, worauf sie uns aufmerksam machen möchten und welche Botschaft sie für uns haben. Und damit diese Aussage keine abstrakte Theorie bleibt, werden wir uns in dieser Reise-Etappe eben mit unseren ganz besonders schwierigen Emotionen und Gedanken befassen.

Zuvor möchte ich Ihnen jedoch signalisieren, dass wir eben in **Quest** das tiefe Tal der menschlichen Abgründe durchschritten haben und dass es nun Zeit wird, sich an den Aufstieg zu begeben. Kehren wir zurück zu Darth Vader und Luke.

Die Konfrontation

Luke dringt in den Todesstern ein, wird gefangen genommen und Darth Vader übergeben:

»**Vader**: Der Imperator erwartet dich schon.

Luke: Ich weiß, Vater.

Vader: Du akzeptierst also die Wahrheit.[14]

Luke: Ich akzeptiere die Wahrheit, dass du einst Anakin Skywalker warst, mein Vater.

Vader (dreht sich zu ihm): Dieser Name hat für mich keine Bedeutung mehr.

Luke: Das ist der Name deines wahren Selbst. Du hast ihn nur vergessen. Ich weiß, dass in dir etwas Gutes steckt. Der Imperator hat es nicht ganz aus dir entfernen können. Das ist der Grund, warum du mich nicht töten konntest. Und deswegen wirst du mich nicht dem Imperator übergeben.«[15]

Luke irrt sich: Vader führt ihn zum Imperator, der ihm eröffnet, dass seine Freunde in eine Falle geraten sind. Vor Lukes Augen breitet sich eine Weltraumschlacht aus, in der die Rebellen hoffnungslos unterlegen sind. Während er hilflos mit ansehen muss, wie seine Mitstreiter sterben, beginnt in ihm Hass aufzulodern.

»**Imperator**: Du willst es, stimmt's? Der Hass schwillt in dir an. Nimm deine Jedi-Waffe. Benutze sie. Ich bin unbewaffnet. Töte mich. Gib deinem Ärger nach. Mit jedem weiteren Augenblick wirst du mehr zu meinem Diener.«

Palpatine will Luke also zu einer Hamartia anstacheln. So wie Luke spürt, dass in Darth Vader etwas Gutes ist, so weiß der Imperator, dass es in Luke – wie in uns allen – auch etwas Schlechtes gibt. Um Luke auf seine Seite zu ziehen, muss er ihn lediglich dazu bringen, eine Grenze zu überschreiten: Luke soll sich seinem Hass so weit hingeben, dass er bereit ist, seinen eigenen Vater zu töten. Würde sich Luke dazu hinreißen lassen, wäre er danach ein anderer. Niemand könnte eine solche Erfahrung machen und danach weiterleben wie bisher.

Schließlich hält Luke die Provokation nicht mehr aus, er zückt sein Laserschwert und will auf den Imperator einschlagen. Aber Darth Vader geht dazwischen, und es entbrennt ein Kampf zwischen Vater und Sohn. Der Imperator beobachtet die Szenerie triumphierend: »Gut. Lass deinen Aggressionen freien Lauf. Lass den Hass durch dich durchfließen.«

Luke fängt sich wieder und schaltet sein Laserschwert aus. Aber Vader macht weiter. Er stürzt seinen Sohn von einer Balustrade und folgt ihm mit dem Lichtschwert in die Tiefe.

Nach einem kurzen Wortgefecht bricht Lukes Hass wieder durch, und er greift Vader erneut an. Ein Kampf auf Leben und Tod tobt zwischen den beiden, bis Luke mit einem aggressiven Schlag Darth Vaders rechte Hand abtrennt.[16]

In *Star Wars* spielt das Abschlagen der Hand eine große symbolische Rolle. So verliert Anakin Skywalker noch als Jedi-Schüler in einem Laserschwertkampf seinen rechten Arm, der durch eine schwarze metallene Prothese ersetzt wird. Als Anakin zu Darth Vader mutiert ist, schlägt er Luke in einem Kampf ebenfalls die rechte Hand ab, die danach durch eine Roboterhand ersetzt wird.

Jetzt liegt Vader sichtlich geschwächt am Boden. Über ihm Luke, das Laserschwert in der Hand.

»**Imperator:** Gut. Dein Hass hat dich kraftvoll gemacht. Nun erfülle deine Bestimmung und übernimm den Platz deines Vaters an meiner Seite.«

Das ist die Schlüsselszene zu *Star Wars.* Wir stehen vor der ultimativen Prüfung, die Luke abverlangt wird. Er sieht die mechanische Hand seines Vaters, betrachtet dann seine eigene Roboter-hand und erkennt, dass er drauf und dran ist, genauso zu werden wie sein Vater. Er tritt zurück und wirft das Laserschwert fort.

»**Luke:** Niemals. Ich werde niemals zur dunklen Seite wechseln. Sie haben sich getäuscht, Eure Hoheit. Ich bin ein Jedi, so wie es mein Vater vor mir war.

Imperator: Wenn du dich nicht bekehren lässt, wirst du zerstört.«

Aus den Händen des Imperators schießen nun gewaltige Lichtblitze, die Luke zu Boden werfen. Er ist dieser enormen Kraft nicht gewachsen und windet sich auf dem Boden hin und her. Die Lichtblitze prasseln auf Luke ein, während der Imperator ihn laut verhöhnt. Schließlich verstärkt er sein Lichtgewitter, und Luke schreit auf.

In diesem Augenblick packt Darth Vader den Imperator und stößt ihn in einen endlosen tiefen Abgrund. Man sieht in dem Schlund eine Explosion aufsteigen – und damit ist der Imperator vernichtet.[17]

Aber noch ist Krieg der Sterne nicht zu Ende. Luke schleppt seinen verwundeten Vater zu seinem Raumschiff.

»**Vader** flüstert: Luke, nimm mir die Maske ab.

Luke: Aber du wirst sterben

Vader: Nichts kann das mehr verhindern. Nur einmal ... möchte ich dich mit meinen Augen ansehen.«

Luke entfernt vorsichtig die schwarze Maske von dem Gesicht seines Vaters und zum Vorschein kommt ein altes, vernarbtes Gesicht mit starren Augen.

»Wenn Darth Vader die Maske abgenommen bekommt,« so Joseph Campbell, »sieht man einen ungeformten Menschen, jemanden, der sich als menschliches Individuum nicht entwickelt hat. Was man sieht, ist ein undifferenziertes Gesicht, das fremd und Mitleid erregend wirkt. ... Darth Vader hat seine eigene Menschlichkeit nicht entwickelt. Er ist ein Roboter. Er ist ein Bürokrat, der nicht sein eigenes Leben führt, sondern nach einem übergestülpten System lebt«[18]

Luke ist der einzige, der dieses Drama durchschaut hat. Während alle anderen Darth Vader fürchten, weiß er, dass in dieser Mensch-Maschine jemand eingesperrt ist, der in der Lage ist zu lieben.

Der Schatten wird nicht durch Gewalt geheilt

Luke zeigt uns, dass wir unsere Schattenseiten nicht mit Aggressionen und Gewalt bekämpfen können. Das wäre eine Schlacht, die wir nicht gewinnen können, denn wir kämpfen letztendlich immer nur gegen: uns selbst.

Der einzige Weg aus dem Dilemma ist die Erkenntnis, dass auch die ungeliebten Seiten zu uns gehören und dass es besser und heilsamer für uns ist, uns mit ihnen zu versöhnen und sie wieder an den Tisch zurückzuholen.

Dazu ist es jedoch erforderlich, dass wir diese Seite in uns erkunden und erkennen. Schauen wir also dem Drachen im wahren Leben ins Gesicht ...

Begegnung mit dem Drachen

Unser Ziel ist es, die größte innere Angst Ihres Helden ans Tageslicht zu bringen und Ihren Helden dann mit einer Szene zu konfrontieren, in der alles zusammenkommt, wovor er sich fürchtet.

Denn erst in dieser nahezu aussichtslosen Situation kann ihm das Geschenk, das Elixier, zuteil werden, das der Drache für ihn bereithält.

Ich weiß nicht, ob die Zeit für Sie reif ist, diesen Schritt zu wagen. Das können nur Sie wissen. Ich schlage Ihnen deswegen vor, dieses Kapitel zu Ende zu lesen und dabei mit den Fragen zu arbeiten, die ich Ihnen stellen werde. Danach gilt es, eine Entscheidung zu treffen: Werden Sie bereit sein, sich eine Szene auszudenken und sie niederzuschreiben, die Ihrem Helden wirklich Angst macht? Wenn nein, lassen Sie es. Niemand darf sich zu einem solchen Schritt zwingen. Das Ganze funktioniert nur, wenn Sie den Schritt aus sich heraus wagen.

Mein eigener Drache

Ich denke, es gehört sich, dass ich den ersten Schritt mache und Ihnen meine größte Angst vorstelle. Sie lautet, ein Versager zu sein. Aber das ist, ehrlich gesagt, eine sehr grobe Vereinfachung.

Tatsächlich bestand meine weitaus tiefere Angst darin, mich auf meine eigene weibliche, kreative Seite einzulassen. Aus zahlreichen Quellen hatte ich die Überzeugung übernommen, dass das (Berufs-)Leben von vielen kalten, hartherzigen, intriganten Menschen bevölkert sei, denen man nur beikommen könne, wenn man selbst schlau und gerissen sei. Also hatte ich mir im Laufe der Jahre einen Panzer zugelegt, mit dem ich mich gegen das vermeintlich Infame anderer Menschen schützte.

In meiner Düsseldorfer Zeit war ich zu einem jungen, zornigen Menschen geworden, dem die Karriere wichtiger war als alles andere. So legte ich mich immer wieder mit Kollegen an, wenn ich meinte, dass sie meine Arbeit behinderten. Was sie dazu zu sagen hatten, interessierte mich nicht wirklich, denn ich hatte stets das »bessere Argument« in der Hand: Umsatz und Rendite. Mehr als einmal verließen Mitarbeiterinnen mein Büro mit Tränen in den Augen, weil sie sich gegen meine Argumente nicht durchsetzen konnten.

Zugleich aber war mein eigenes Leben leer und kalt. An den Freitagabenden saß ich einsam in meiner überteuerten Oberkasseler Edelwohnung und starrte zur Decke hoch. Vor mir lagen dann zwei Tage, die irgendwie durchzustehen waren.

Meine Beziehungen zu Frauen waren schwierig. Die eine, die ich liebte, wollte mit mir nicht zusammen sein, weil ich sie verletzt hatte. Und so sehr ich es auch versuchte, sie zurückzugewinnen: Ich verbrannte mir immer wieder die Finger, weil sie sich ab und zu für wenige Stunden auf mich einließ – und sich dann doch wieder entzog. Was übrig blieb, waren »Verhältnisse«: Kurz. Stürmisch. Und lieblos.

In diese Winterstarre hinein ertönte dann mein Ruf in San Francisco. Wie Sie wissen, fing ich an zu schreiben, kehrte in meine Heimat zurück und fand eine neue große Liebe. Dennoch war mein Leben alles andere als harmonisch. Es gab immer wieder Streit, Streit und nochmals Streit. Kein Wunder, denn in meinem Inneren lauerte immer noch mein Drache, der mich nach wie vor in Beschlag nahm. Ich stritt mich mit den Menschen, die ich liebte, weil ich dachte, dass ich stark sein müsste. Ich meinte, dass nur der Stärkere durchkommt und dass alles Unsichere und Hilflose dem Untergang geweiht war. Und so durfte ich alles sein, nur nicht ängstlich. Aber genau das war ich doch! Ich hatte Angst. Ich fühlte mich unsicher. Ich fühlte mich hilflos. Natürlich nicht die ganze Zeit. Im Gegenteil: Ich trug ja, wie Darth Vader, meine eigene, streitsüchtige Maske, und da ich weder dumm noch auf den Mund gefallen war, verletzte ich andere nicht mit den Fäusten, sondern mit meinen Worten und Taten. Fazit: Während ich mir also ängstlich einflüsterte, wie kalt und ungerecht die Welt war, wurde ich genau das, was ich ablehnte: kalt und ungerecht.

So, damit kennen Sie mein Geheimnis. Und wenn Sie bereit sind, erforschen wir jetzt das Ihres Helden. Wovor also hat Ihr Held, Ihre Heldin große Angst? Was ist das Furchtbarste, das ihm zustoßen könnte? Haben Sie schon eine Ahnung, eine Idee? Wenn nicht, kein Problem: Denn wir haben in **Quest** schon die ganze Zeit mit der Angst Ihres Helden gearbeitet. Die Schwellenwächter, denen wir in der Reise-Etappe drei »Die Entscheidung« begegnet sind, waren nichts weiter als Vorboten des Drachen.

Schauen wir uns diese jetzt noch einmal an, und entscheiden Sie dann, welche dieser Drachen für Ihren Helden besonders bedrohlich sind.

Hat Ihr Held Angst vor der Meinung anderer Leute?

Im Wesentlichen äußert sich diese Angst in einem angepassten Leben, in dem man einfach nicht den Mut hat, zu sich selbst, zu seinen Ecken und Kanten, zu seinen Stärken und Schwächen zu stehen. Es geht darum, nett, höflich, gefällig zu sein - aber bloß nicht aufzufallen und anzuecken. Typische Aussagen dieser Angst lauten:

_Ich darf nicht Nein sagen.

_Wenn ich erfolgreich bin, mag mich niemand.

_Wenn ich versage, werde ich verspottet, ausgegrenzt, verlacht.

_Wenn ich sage, was ich denke, gibt es Ärger.

_Bloß nicht aus der Reihe tanzen.

Hat Ihr Held Angst vor dem Verlust der Sicherheit?

Diese Angst zeigt sich oft in einer Form von Perfektionismus. Alles muss ordentlich und geregelt sein. Bloß kein Chaos, keine Veränderung, keine kreativen Einfälle, die das solide, von Routine geprägte Leben aus der Bahn werfen könnten. Immer schön auf Nummer sicher gehen, lautet die Devise. Dazu passen Ängste und Sorgen wie:

_Wenn ich mich selbstständig mache, gehe ich Pleite.

_Wenn ich meinen Beruf wechsele, kann ich mir nichts mehr leisten.

_Wenn ich mich auf eine neue Liebe einlasse, werde ich sowieso verletzt werden.

_Wer ganz noch oben will, fällt tief.

Hat Ihr Held Angst vor dem Versagen?

Diese Angst unterscheidet sich von den vorgenannten durch ihre Wirkung, die sie auf Ihren Helden haben kann. Während die ersten beiden Ängste dafür sorgen, dass sich jemand duckt und in sein Schneckenhaus zurückzieht, wirkt diese Angst genau umgekehrt. Man wird egoistisch, launisch, aggressiv und kämpferisch. Beziehungen werden auf ihre Nützlichkeit reduziert, Geld und Macht sind die dominanten Faktoren im Denken, Fühlen, Handeln und Entscheiden. Dazu passen Aussagen wie:

_Pass bloß auf, dass du nicht hintergangen wirst.

_Das Leben ist ein »Fressen und Gefressen-Werden«.

_Wer schwach ist, geht unter.

_Was mich nicht umbringt, macht mich hart.

Hat Ihr Held Angst vor Erfolg?

Wer Angst hat, erfolgreich zu sein, steht immer ganz kurz vor dem Durchbruch – bis dann in letzter Minute etwas dazwischen kommt. Oft ist das ein versteckter Akt der Selbstsabotage, indem man sich zu viel vornimmt und seine Termine nicht einhält oder einen Streit vom Zaun bricht, der gemeinsame Anstrengungen zum Scheitern bringt. Nach außen hin wirken diese Menschen sehr geschäftig, aber in Wirklichkeit erreichen sie nichts. Unterm Strich bleibt alles beim Alten. Die darunter liegenden Ängste können lauten:

_Wenn ich erfolgreich bin, bricht das Chaos über mich herein.

_Erfolg macht selbstsüchtig und egoistisch.

_Ich arbeite nur unter Druck richtig gut.

_Ich bin schlecht und habe den Erfolg nicht verdient.

Hat Ihr Held Angst vor Verantwortung?

Diese Angst ist oft bei kreativen Menschen anzutreffen, die sich immer wieder von einer Idee auf die nächste stürzen – nur um nach kurzer Zeit festzustellen, dass es noch viele andere Dinge gibt, die wesentlich attraktiver erscheinen. Die Folge ist, dass man gar nichts auf die Beine stellt und unter der Last der übersprudelnden Ideenflut leidet.

_Wenn ich A mache, kann ich nicht mehr B machen.

_Ich brauch das Chaos, sonst kann ich nicht arbeiten.

_Wenn ich mich zu sehr auf etwas festlege, verliere ich meine Freiheit.

_Ordnung ist das Ende der Spontaneität und Kreativität.

Nun? Zu welchem Ergebnis sind Sie gekommen? Welche dieser Ängste bedrohen Ihren Helden? Ist es nur eine? Oder sind es mehrere?

ÜBUNG

Ihr Lebensdrehbuch

Es wird Zeit, an die Arbeit zu gehen und die schwierigste Szene in Ihrem gesamten Drehbuch zu schreiben. Sie haben die Aufgabe, Ihren Helden mit einer Szene zu konfrontieren, in der alle seine Ängste auf einmal zuschlagen.

In der fabelhaften Welt der Amélie spielt sich das zum Beispiel wie folgt ab: Nachdem unsere Heldin nicht den Mumm aufgebracht hat, sich ihrer großen Liebe zu stellen, ergreift ihre Kollegin Gina die Initiative und verabredet sich mit Nino. Damit beginnt nicht nur für Amélie, sondern auch für alle weiteren Beteiligten ein schwieriges Szenario.

Ihr eifersüchtiger Exfreund Giuseppe belästigt seine neue Flamme Georgette so lange mit Vorhaltungen und Verdächtigungen, bis sie weinend das Café verlässt. Danach legt er sich mit dem Dichter Hipolito an, den er als Versager beleidigt. Das ist Hipolitos Stichwort: »Scheitern. Wie ich das Wort liebe. Das menschliche Schicksal erfüllt sich im Scheitern. Und von Scheitern zu Scheitern gewöhnt man sich daran, dass man nie über die Rohfassung hinauskommen wird. Das Leben ist nichts als die endlose Probe einer Vorstellung, die nie stattfinden wird.«

»Blödsinn!«, ruft Giuseppe aus und dreht sich weg: »Ich wette, das ist noch nicht mal von ihm« und zeigt auf Hipolito.

»So ist das auch nicht«, entgegnet der Schriftsteller, »ein paar Ideen sind auch von mir – auch wenn ich sie mir immer wieder klauen lasse.« Dann dreht er sich zu Giuseppe und bringt dessen Angst auf den Punkt: »Das ist ein bisschen wie bei dir – mit den Frauen.« Das sitzt. Giuseppe geht auf Hipolito los – doch in diesem Augenblick betritt Amélie die Szenerie. Sie fragt, was los ist, und erfährt von Giuseppe: Gina hat sich mit Nino verabredet, und was die beiden da jetzt still und heimlich machen, kann man sich ja wohl denken. Voilà: Amélie ist mit ihrem Drachen konfrontiert. Nino treibt es gerade jetzt ausgerechnet auch noch mit ihrer Kollegin Gina!

Schritt 1: Woran scheitert Ihr Held?

Beginnen Sie nun zunächst stichwortartig, die schlimmsten Ängste ihres Helden zusammenzufassen.

Bei mir wäre das zum Beispiel:

_Angst davor, mit einer kreativen Idee zu scheitern.

_Nicht schlau genug zu sein und deshalb von einem intriganten, eiskalten Geschäftspartner ausgenommen zu werden.

_Pleite zu gehen und große Schulden zu haben.

_Und deswegen unterwürfig einen Routinejob machen zu müssen, der meine kreative Ader vollends erstickt.

_Der Spott der anderen: Siehste, haben wir doch gleich gesagt. Mit seinen spinnerten Ideen schafft der das doch nie.

Soweit meine Schreckensszenarien. Jetzt sind Sie dran.

Schritt 2: Was ist der absolute Tiefpunkt in der Geschichte?

Entscheiden Sie sich dann für eine Szene, in der sich alles gegen Ihren Helden wendet. Entweder führen Sie in einer Szene alles zusammen oder, wenn es für Sie anders stimmiger ist, schreiben Sie vielleicht zwei oder drei Szenen, in denen sich das Unglück zu seinem negativen Höhepunkt hoch schraubt. Meine Szene könnte ich zum Beispiel wie folgt skizzieren:

»Nachdem ich vom Gericht wiederkomme, wo ich nicht nur einen Prozess, sondern auch viel Geld verloren habe, sitze ich in meinem Büro und sehe auf meinem Computermonitor, dass das Finanzamt Geld auf meinem Konto gepfändet hat. In dem Augenblick klingelt mein Telefon. Mein Banker ist dran: ›Ich habe an Sie geglaubt, Herr Weiss, und jetzt das! Hiermit kündige ich Ihre Kreditlinie.‹ Als er aufgelegt hat, weiß ich, dass dies das Ende meiner Selbständigkeit ist. Ich bin tief verschuldet und kann mir nirgendwo mehr Geld leihen. Tief getroffen schalte ich den Monitor ab, stehe auf und verlasse mein Büro. Als ich mich noch einmal umdrehe und zu meinem Bürofenster hochschaue, weiß ich, dass ich nun endgültig versagt habe.«

Und nun Sie: Wie sieht die denkbar schlimmste Szene Ihres Helden aus?

Zusammenfassung

Ein Drache entsteht durch Hamartia – eine Übertretung
Aus der Kombination von Wunsch und Angst entstehen negative Gefühle wie Habgier, Neid oder Eifersucht, die uns zum Drachen machen können.

Das Wesen eines Drachen ist Angst
Jeder Drachen steht für eine Angst, die wir haben.

Das Böse ist letztendlich nichts weiter als eine Idee
Es sind Gedanken, die uns Angst machen. Das ist der Kern der Sache.

Solange wir unseren Drachen meiden, verfolgt er uns
Es hat keinen Sinn, vor seinen Ängsten und Befürchtungen davonzulaufen oder sie zu verdrängen. Das macht sie nur stärker.

Gewalt ist keine Lösung im Umgang mit dem Drachen
Wir können nicht gegen unsere Ängste und damit gegen uns selbst kämpfen – stattdessen geht es darum, das anzunehmen, was in uns ist.

Jeder Drache hat ein Geschenk für uns
Wenn wir unserem Drachen ins Gesicht sehen, erhalten wir ein Geschenk: Stärke, Kompetenz, Freiheit etc.

Anmerkungen

Fußnoten

[1]: Vogler, 1992, Seite 189

[2]: Campbell, 1999, Seite 26

[3]: Campbell, Western Quest: The Mythology of Love (als Download erhältlich unter www.audible.com)

[4]: Luzifer heißt übersetzt »Lichtbringer« oder auch »Morgenstern«.

[5]: Friedrich Nietzsche, Jenseits von Gut und Böse, Aphorismus 146

[6]: http://www.darklords.net/lucasint.htm

[7]: Siehe dazu auch Etappe 3

[8]: Amery, 2002, Seite 59

[9]: Amery, 2002, Seite 70

[10]: Banzhaff, 1997

[11]: Amery, 2002, Seite 89

[12]: Amery, 2002, Seite 63

[13]: Gruen, 2001, Seite 10

[14]: In der vorherigen Episode war es für Luke ein Schock zu erfahren, dass Darth Vader sein leiblicher Vater ist

[15]: Eigene Übersetzung der amerikanischen Fassung des Drehbuchs

[16]: In dem vorherigen Teil sah man die gleiche Szene umgekehrt: Vader trennte im finalen Schwertkampf Lukes Hand ab. Am Ende jener Episode sieht man, dass Luke seine Hand durch eine maschinelle Prothese ersetzt hat.

[17]: In dem Film endet damit die Geschichte von Palpatine. Es gibt jedoch noch Fortsetzungsromane: Palpatines Körper ist zwar vernichtet – nicht aber sein Geist. Diesem gelingt es, bis zumPlaneten Byss vorzustoßen, wo er sich mit einem geklonten Körper vereinen kann. Im ewigen Kreislauf von Gut und Böse zettelt er eine neue Rebellion an, in deren Verlauf er endgültig vernichtet wird. Auch hier kommt also die Idee zum Tragen, dass das Böse, Dunkle keine Person, sondern etwas Geistiges, eine Haltung, eine Einstellung, ein Gedanke, eine Idee ist, die übertragbar ist.

[18]: Moyers, 1994, Seite 170

DAS ELIXIER

Erst, wenn sich der Held seinem Drachen stellt, kann er das Elixier gewinnen, das er für die Erfüllung seines Rufes benötigt

_Die Pforte

_Der Ruf

_Die Entscheidung

_Der Weg

_Der Drache

_Das Elixier

_Die Rückkehr

Dem Drachen ins Gesicht sehen

Bevor ich mit Ihnen zum Höhepunkt von **Quest** forteile, habe ich eine Frage an Sie: Haben Sie sich ein Szenario ausgemalt, in dem Ihr Held seiner größten Angst begegnet?

Wenn ja: gut! Sie können die nächsten Zeilen überspringen und mir zum nächsten Kapitel folgen, in dem Harry schon auf uns wartet.

Wenn nein: Warum haben Sie es nicht getan? Vielleicht weil Sie Angst davor hatten, sich Ihre größte Furcht auszumalen? Verdenken könnte ich Ihnen das nicht. Wer will sich schon freiwillig einer solchen Aufgabe stellen?

Laufen Sie vor Ihrer Angst davon? Und geben ihr damit die Macht über Sie?

Aber: Solange wir nicht den Mut aufbringen, uns wenigstens in Gedanken den eigenen Sorgen zu stellen, werden wir es im echten Leben auch nicht tun. Damit geben wir nicht nur unseren Befürchtungen die Herrschaft über unser Denken, Fühlen, Entscheiden und Handeln. Wir nehmen uns auch die Chance, hinauszugehen und das Leben zu führen, das wir uns wirklich wünschen.

Ich weiß, alles wäre wesentlich leichter ohne Drachen. Warum nicht einfach vertrauen und alles wird gut? Weil die Welt nicht so einfach ist, wie wir uns sie wünschen. »Shit happens« sagt ein amerikanisches Sprichwort, und Rückschläge, enttäuschte Erwartungen sowie kleinere als auch größere Wunden gehören zum Leben genauso dazu wie seine unabwendbaren Höhepunkte und Glücksmomente. Das eine ist nicht ohne das andere zu haben, und darum gilt auch hier bei **Quest**: Erst, wenn wir den schwärzesten Punkt der Nacht erreicht haben, kann die Sonne wieder aufgehen.

Genau diesen Punkt werden auf den folgenden Seiten alle unsere Helden und Heldinnen durchschreiten. So wie Luke sich Darth Vader und dem Imperator stellt und den düstersten Augenblick seiner Reise erlebt, so müssen auch Rose, Amélie sowie Harry und seine Freunde durch diesen dunklen Punkt ihrer Geschichte gehen, um – etwas Wesentliches zu verstehen.

Denn so paradox es auch klingen mag: Der Drache hat eine wichtige Botschaft, die erst gehört und dann verstanden werden muss, wenn man weiterkommen möchte. Darum halten Sie sich nun Ihren eigenen schwärzesten Punkt der Nacht vor Augen, während wir uns jetzt mit Getöse in die Geschichten unserer Helden und Heldinnen stürzen, um zu erleben, wie sie den Drachen meistern und den Schatz erobern, der ihnen zusteht. Vorhang auf für ...

Harry: Eine starke Kraft

Harry ist bereits mit seinen Freunden Ron und Hermine in eine geheime Kammer eingedrungen, wo er den Stein der Weisen vermutet. Zu seiner Verblüffung stößt er wieder auf den Spiegel, der die Herzenswünsche widerspiegelt und neben dem sein Lehrer Quirrel steht – eigentlich eine Randfigur des Romans, die bis dahin harmlos, unbeholfen und belächelnswert in Erscheinung getreten war.

Als Harry ihn nach Lord Voldemort fragt, antwortet er: »Er ist bei mir, wo immer ich bin ... Ich traf ihn bei meiner Reise um die Welt. Damals war ich noch ein einfältiger junger Mann, mit dem Kopf voll lächerlicher Vorstellungen über Gut und Böse. Lord Voldemort hat mir gezeigt, wie falsch ich dachte. Es gibt kein Gut und Böse, es gibt nur Macht und jene, die zu schwach sind, um nach ihr zu streben.«[1]

In dieser Aussage von Quirrel zeichnen sich starke Parallelen zu *Star Wars* ab: Das Leben wird auf einen Machtkampf reduziert, in dem »Gut und Böse« lächerlichen Vorstellungen entsprechen. Und genauso wie Darth Vader ist Quirrell zu einer Marionette geworden: » ... Seit damals bin ich sein treuer Diener, auch wenn ich ihn viele Male enttäuscht habe.«

Kurze Zeit später kommt dann die ganze Wahrheit ans Tageslicht: Quirrell wickelt seinen Turban vom Kopf, dreht sich um und »wo eigentlich Quirrells Hinterkopf hätte sein sollen, war ein Gesicht, das schrecklichste Gesicht, das Harry jemals gesehen hatte. Es war kreideweiß mit stierenden roten Augen und, einer Schlange gleich, Schlitzen als Nasenlöchern.«

Wieder haben wir es mit einem drachenartigen Mischwesen zu tun.

»Siehst du, was aus mir geworden ist?«, sagte das Gesicht. »Nur noch Schatten und Dunst ... Ich habe nur Gestalt, wenn ich jemandes Körper teile ... aber es gibt immer jene, die willens sind, mich in ihre Herzen und Köpfe einzulassen.«

Wie der Imperator aus *Star Wars* kann Lord Voldemort Besitz von anderen Menschen ergreifen, sie zu willenlosen Dienern versklaven und für eigene Zwecke instrumentalisieren. Die Vorraussetzung dafür nennt uns Quirrell: »Damals war ich noch ein einfältiger junger Mann.«

Quirrell ist der Prototyp eines Menschen, der sich nicht gefunden hat und deswegen Gefahr laufen kann, von anderen vereinnahmt zu werden. Solange man seinen Ruf nicht kennt, ist man letztendlich immer wieder anfällig für die Vorstellungen und Lebensvisionen anderer Leute.

Das gilt nicht nur für Quirrell auf dem Zauberschloss Hogwarts, sondern auch für Menschen in unseren Breitengraden.

Die geheimen Verführer

Der Franzose Frédéric Beigbeder[2] lässt in seinem viel gelesenen, viel diskutierten und sicher auch umstrittenen Bestseller *39,90* einen Marketingprofi folgende Worte sagen: »Ich bin der Typ ..., der Sie von Sachen träumen lässt, die Sie nie haben werden. Immerblauer Himmel, nie flaue Frauen, perfektes Glück. Photoshop-retuschiert. Geleckte Bilder. Musik im Trend. Wenn Sie genug gespart haben, um sich den Traumwagen leisten zu können, den ich in meiner letzten Kampagne lanciert habe, ist der durch meine nächste Kampagne längst überholt. Ich ... enttäusche Sie zuverlässig ... Ich fixe Sie mit Neuheiten an, die den Vorzug haben, dass sie nicht neu bleiben. Mein Amt ist es, Ihnen den Mund wässrig zu machen. In meinem Metier will keiner Ihr Glück, denn glückliche Menschen konsumieren nicht.«

Was Beigbeder hier provokant auf die Spitze treibt, hat etwas Wahres: Werbung wird mit viel Geld betrieben, extrem viel Geld, um es hier deutlich zu unterstreichen, und auch wenn wir über neunzig Prozent der Werbung nicht mehr wahrnehmen, so wirkt sie dennoch. Beständig. Unterschwellig. Und hochgradig attraktiv.

Entscheidend dabei ist: Werbung vermittelt mehr als nur den Preis und die Eigenschaften eines Produktes. Das wurde mir bewusst, als ich vor einigen Jahren als Marketingleiter zu Besuch bei einer der größten Werbeagenturen Deutschlands war. Wir erhielten dort eine Checkliste, mit der wir unsere bisherigen Werbeaktivitäten prüfen sollten. Eine der Fragen lautete: »Ist die Marke mit einem grundlegenden menschlichen Bedürfnis wie Anerkennung, Liebe, Wohlstand etc. verbunden?«

Werbung ist o.k., aber bitte glauben Sie ihr nicht

Bitte verstehen Sie mich recht: Ich finde Werbung nicht schlimm. Um Leser für Quest zu gewinnen, wird Werbung gemacht. Für meine Seminare entwerfe ich Prospekte, schreibe Texte und betreibe eine Website, in der ich ausführlich die Vorteile meines Angebotes zu Wort kommen lasse. Fatal wirkt Werbung nur, wenn man aus Unkenntnis der eigenen Berufung auf die Versprechen einer milliardenschweren Branche hereinfällt, die zwar verführerisch klingen, die aber keine Erfüllung bringen werden.

Das ist auch die Botschaft, die Dumbledore nach dem bestandenen Abenteuer für Harry bereithält, als er auf den Stein der Weisen zu sprechen kommt: »Weißt du, eigentlich war der Stein gar nichts so Wundervolles. Geld und Leben, so viel du dir wünschst! Die beiden Dinge, welche die meisten Menschen allem anderen vorziehen würden – das Problem ist, die Menschen haben den Hang, genau das zu wählen, was am schlechtesten für sie ist.«

Reich, berühmt und sexy?

Wenn also »reich und berühmt« und vielleicht »sexy« nicht glücklich macht: Was dann?

Dazu kehren wir am besten zurück in die geheime Kammer und zu dem von Lord Voldemort besessenen Quirrell, der sich gerade jetzt auf Harry stürzt, um ihm den Stein der Weisen zu entreißen. Als er die Hände um Harrys Hals legt, schreit Quirrell auf. »Und obwohl Quirrell Harry mit den Knien zu Boden presste, ließ er seinen Hals los und starrte entgeistert auf seine Handflächen – die, wie Harry sehen konnte, verbrannt waren und fleischig rot glänzten.«

Als Quirrell erneut von Voldemort angestachelt wird und einen tödlichen Fluch ausstoßen will, presst Harry seine Hand in das verzerrte Gesicht des Widersachers und fügt ihm weitere Verbrennungen zu. Schließlich sind die Schmerzen, die Harrys Berührungen auslösen, so enorm, dass Lord Voldemort fauchend aus Quirrells Körper fährt und sich verflüchtigt.

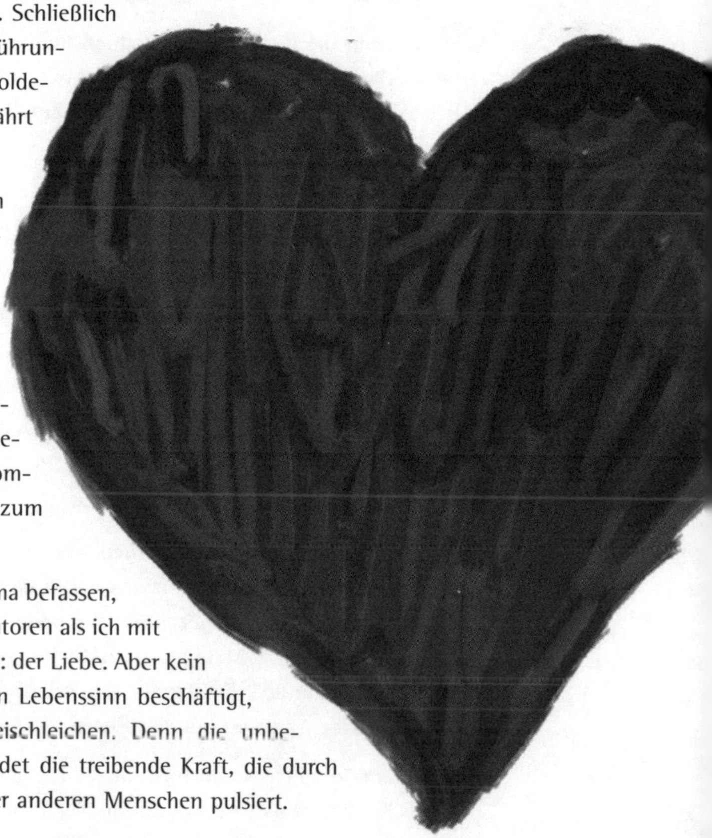

Später, nachdem sich Harry von dem Kampf erholt hat, fragt er Dumbledore, warum Quirrell ihn nicht berühren konnte.

Halt!

Bevor ich Dumbledore zu Wort kommen lasse, muss ich Ihnen etwas gestehen: Ich werde gleich nicht umhinkommen, haarscharf an der Grenze zum Kitsch entlangzuratschen.

Denn wir werden uns mit einem Thema befassen, dem sich schon weitaus begabtere Autoren als ich mit erheblicher Inbrunst gewidmet haben: der Liebe. Aber kein Buch, das sich mit dem persönlichen Lebenssinn beschäftigt, kann sich an diesem Thema vorbeischleichen. Denn die unbeschreibbare Essenz namens Liebe bildet die treibende Kraft, die durch Ihr Leben, meines und durch das aller anderen Menschen pulsiert.

Und zwar im wahrsten Sinne des Wortes »pulsiert«: Dort, wo die Liebe stark ist, existiert Frieden, dort, wo sie nur mit schwacher Frequenz funkt, beherrschen Disharmonien, Konflikte und Zerwürfnisse die Szenerie. Ohne Liebe ist die ganze Reise zwecklos.

Hehre Worte, ich weiß. Aber ich verspreche Ihnen, die Sache bodenständig anzugehen.

So, und nun übergebe ich das Mikrofon an Dumbledore: »Deine Mutter ist gestorben, um dich zu retten. Wenn es etwas gibt, was Voldemort nicht versteht, dann ist es Liebe. Er wusste nicht, dass eine Liebe, die so mächtig ist wie die deiner Mutter zu dir, ihren Stempel hinterlässt .... Quirrell, voll Hass, Gier und Ehrgeiz, der seine Seele mit der Voldemorts teilt, konnte dich aus diesem Grunde nicht anrühren. Für ihn war es eine tödliche Qual, jemanden zu berühren, dem etwas so Wunderbares widerfahren ist.«[3]

Verschmäht, verachtet und vollkommen unterschätzt

Liebe ist eine Kraft, die heutzutage nicht wirklich ernst genommen wird.

Ein Blick in die täglichen Nachrichten genügt, und wir sehen nicht nur den enormen Mangel an Liebe, sondern auch dessen fatale Folgen: Machtspiele, Beleidigungen, Verleumdungen, Streit, Zerwürfnisse – und in letzter Konsequenz Terror und Gewalt. Kampf, nicht Liebe, ist das Motto, das sich allenthalben zu erkennen gibt:

_In den Beziehungen zeigt er sich als eine Art darwinistischer Kampf der Geschlechter, wie schon in der Etappe »Der Ruf« dargestellt.

_Im wirtschaftlichen Kontext äußert er sich in von Angst beseelten Unternehmensstrategien, die ihre Mitbewerber mindestens zurückschlagen, wenn nicht sogar vernichten möchten

_Im politischen Rahmen zeigt er sich überall, zum Beispiel in der Talkshow von Sabine Christiansen sonntagabends, in der sich Politiker gegenseitig immer wieder lächerlich zu machen versuchen.

Für diesen allgegenwärtigen Leitgedanken des Kämpfens bezahlen wir einen hohen Preis: eine ebenso allgegenwärtige Gewalt, die sich bei unseren Kindern in der Schule äußert, sich in den ungezählten gescheiterten Partnerschaften und Ehen niederschlägt, beruflich als Mobbing in Erscheinung tritt und letztendlich auf einer politischen Ebene in über dreißig Kriegen lodert, die zum Zeitpunkt, da ich diese Zeilen niederschreibe, weltweit blutig ausgefochten werden.

Wenn aber der Preis so hoch ist, dass ihn eigentlich niemand, der bei Sinn und Verstand ist, zahlen möchte, warum in aller Welt führen wir diesen Kampf?

Vielleicht ist der Grund ganz schlichter Natur: Die Kraft der Liebe wird einfach unterschätzt. Wir glauben, so vermute ich, dass Liebe ein zartes Pflänzchen ist, schutzbedürftig und schnell zu zerstören.

Nichts jedoch könnte von der Wahrheit weiter entfernt sein als diese Annahme.

Jeder, der einmal erlebt hat, wie es ist, verliebt zu sein oder einen Menschen (Liebespartner, ein Kind, ein Familienmitglied) wirklich zu lieben, hat die enorme Stärke erfahren, die von dieser Kraft ausgeht.

Dazu ein paar einfache Beispiele aus dem echten Leben, die jeder kennt:

_**Energie:** Man fühlt sich körperlich, geistig und emotional wie aufgeladen. Man könnte geradezu Bäume ausreißen.

_**Alles wird gut:** Man schaut enthusiastisch in die Zukunft und sieht ganz neue Chancen für ein erfülltes Leben.

_**Selbstvertrauen:** Man fühlt sich schön, liebenswert und attraktiv.

_**Gut drauf sein:** Anderen gegenüber tritt man entspannt und großzügig auf. Man gibt gerne und erfreut sich an dem Glücksgefühl anderer Menschen.

_**Innerer Frieden:** Man kommt gut mit anderen zurecht, weil man mit sich selbst im Reinen ist.

_**Bedeutung:** Wir haben plötzlich das Gefühl, dass unser Leben einen Sinn hat. Wir haben etwas, für das es sich zu leben lohnt.

Diese Aufzählung[4] ist nicht einmal repräsentativ, aber ich finde sie reicht aus, um den enormen Kraftfluss zu verdeutlichen, der von der Liebe in den persönlichen Beziehungen ausgeht.

Aber Liebe funktioniert auch und gerade im wirtschaftlichen Bereich. Sie zeigt sich genau da, wo Kooperationen erfolgreich wachsen und gedeihen. Sei es in Teams, die gut und vertrauensvoll zusammenarbeiten, bei Geschäftsführern und Vorständen, die gemeinsam an einem Strang ziehen, oder bei Unternehmen, die sich in Netzwerken zusammenschließen, um neue Produkte und Dienstleistungen an den Markt zu bringen: Liebe im Geschäft wirkt sich äußerst positiv auf den eigenen Geldbeutel aus. Damit dies nicht als netter Gemeinplatz daherkommt, gestatten Sie mir bitte einen ganz kurzen Abstecher in die Welt der Unternehmensprozesse. So weisen die Autoren des Harvard-Business-Artikels »Putting the Service-Profit Chain to Work«[5] nach, dass Kundenorientierung sich eindeutig auszahlt. Allein eine Erhöhung der Kundenloyalität um rund 5% kann den Profit um 25% bis 85% steigern. Warum?

Höhere Kundenorientierung, die eindeutig ein Fall von wirtschaftlicher Liebe darstellt,

_erhöht die Quote der Verkaufsabschlüsse, weil das jeweilige Angebot besser als andere auf die Wünsche des Kunden zugeschnitten ist,

_senkt die allgemeinen Marketinginvestitionen, weil die Mund-zu-Mund-Propaganda nicht nur weitaus wirkungsvoller ist, sondern darüber hinaus im Vergleich zu herkömmlicher Werbung so gut wie nichts kostet,

_sorgt für eine erhöhte Loyalität von Kunden, die auch und gerade für zukünftige Angebote besonders offen ist.

Dies sind nur einige wenige Beispiele, und sie sind keineswegs erschöpfend, ich weiß.

Dennoch bin ich mir sicher, dass Sie verstehen, was ich meine. Liebe in ihren unterschiedlichen Gestalten schafft Werte, die sich nicht nur auf menschlicher Ebene, sondern auch durchaus wirtschaftlich auszahlen.

Darum gilt:

Liebe ist der Schlüssel

Wenn wir uns Rose, Luke, Amélie und Harry ansehen, kann man feststellen, dass Liebe in jedem Fall der gemeinsame Nenner ist:

_Harrys wahre Macht liegt nicht in seinen Zauberkräften, sondern in der Liebe, die ihm seine Mutter zuteil werden ließ. An ihr verbrennt sich Quirrell seine Finger.

_Luke vernichtet die Macht des Imperiums nicht mit Gewalt, sondern dadurch, dass er – wie Gandhi – die Waffe fortwirft. Damit stachelt er den Konflikt an, der in Darth Vaders Herzen pulsiert. Vader entscheidet sich am Ende für seine Vaterliebe, und genau das befreit ihn von seiner schwarzen, grausamen Maske.

_Jack gewinnt Rose nicht durch Geld, Ansehen oder Status, sondern dadurch, dass er sie in ihrem Herzen berührt. Er sieht in ihr, wer sie wirklich ist: nicht ein Schmetterling, den man im Glas gefangen hält, sondern eine außergewöhnliche Frau, die es verdient, ein freies und erfülltes Leben zu führen.

_Amélie kann, wie wir gleich noch sehen werden, ihre Einsamkeit erst überwinden, als sie auf ihr Herz hört und die Tür zu ihrem geliebten Nino öffnet.

Joseph Campbells Lieblingsspruch lautete: »Follow your Bliss«, was man in etwa mit »Folge dem, was Dich wirklich glücklich macht« übersetzen könnte.

Und im echten Leben?

Obwohl ich in meinem Leben viele unterschiedliche Rollen bekleidet habe (Kaufmann, Autor, Marketingleiter, Coach und Trainer, um einige zu nennen), gab es im Kern zwei Arten von Zuständen: mit und ohne Herz.

Die Zeit in Düsseldorf war beispielsweise ohne. Wie weiter vorne beschrieben, hatte ich mich von mir selbst und meiner Umwelt entfremdet und erlebt, wie es ist, wenn man für den Erfolg viel Persönliches opfert. Als ich meinem Ruf zu folgen begann, blühte mein Leben auf: Eine neue Liebe trat in mein Leben, ich gewann neue Freunde und veröffentlichte mein Hörspiel.

Sobald ich aber diesen Pfad verließ, und das geschah mehr als einmal, ging es »irgendwie« bergab: Unzufriedenheit innerlich. Stress äußerlich. Schwierigkeiten. Streitereien. Krach. Krise. Rückbesinnung aufs Wesentliche. Etwas beginnt wieder aufzublühen. Und so weiter. Und so fort. Ein stetiges Wechselspiel.

Ich wünschte, ich hätte das damals schon begriffen, aber ehrlich gesagt war mir dieses Muster vollkommen schleierhaft. »Irgendwie« lief mein Leben plötzlich nicht mehr, und ich wusste nicht, warum.

In diesen ewigen Kreislauf aus Frust und Freude mischte sich dann irgendwann eine wichtige Aussage Campbells ein, die die zentralen Aussagen von **Quest** auf den Punkt bringt: »Als ich in der Queste del Saint Graal aus dem dreizehnten Jahrhundert las, fiel mir auf, dass sie ein eigenes Ziel und Ideal auf den Begriff bringt: nämlich das Leben zu leben, das in einem selbst angelegt ist und in keinem anderen jemals als Möglichkeit bestand.«[6]

Und im Laufe der Zeit begann mir zu dämmern, dass es keinen tieferen Ausdruck der Selbstliebe gibt, als genau das zu tun, was Campbell vorschlägt: das Leben zu führen, das in einem selbst angelegt ist.

Genau davon handelt unsere nächste Geschichte ...

Rose: Ein eigenes Leben führen

Gestatten Sie mir für einige Momente eine kurze Spekulation. Was wäre gewesen, wenn Rose sich tatsächlich den Ansprüchen und Forderungen ihrer Mutter und ihres Verlobten Cal gebeugt und sich nicht auf Jack eingelassen hätte? Nehmen wir einfach mal an, Rose hätte – wie im Film – den Untergang der Titanic überlebt, wäre mit Cal nach Amerika heimgekehrt und hätte ihn geheiratet. Wäre sie glücklich geworden?

Vermutlich nicht.

Denn wir erfahren ja schon ganz zu Anfang des Films, dass sie Cal nicht liebt und dass sie sich nach einem freien, ungebundenen Leben voller Liebe, Kunst und Abenteuer sehnt. Wenn sie aber Cal doch geheiratet und sich damit für ein bürgerliches Leben entschieden hätte, was wäre aus dieser Sehnsucht geworden?

Eine Möglichkeit wäre, dass ihre Sehnsucht weit in den Hintergrund gedrängt worden wäre und mit ihr alle Lebenslust und Lebensfreude. Roses Leben hätte dann in eine Art parsifalsche Dürre gemündet, in der sie im Würgegriff von ebenso öden wie beengenden gesellschaftlichen Zwängen mehr oder minder dahinvegetiert wäre. Körperlich noch am Leben, aber emotional ziemlich tot.

Eine andere Variante wäre, dass ihre Lebenslust sich zwar in den Hintergrund drängen lässt, dort aber – im Versteckten – ein Eigenleben zu führen beginnt. Gut denkbar wäre, dass Rose sich immer wieder zu künstlerischen Typen hingezogen fühlt, sich aber nicht wirklich auf sie einlassen kann. Das Ergebnis wären Affären, die alle Merkmale eines magnetischen Dramas aufweisen: unglücklich und emotional aufreibend, aber zugleich von einer so verfänglichen Attraktivität, dass sich Rose nicht wirklich aus der permanenten Wiederholung des ewig gleichen Beziehungsmusters befreien könnte.

Es gibt noch weitere Versionen, wie zum Beispiel die Verlagerung der Sehnsucht in eine Sucht, um die Lücke, die durch die Verweigerung des Rufes entsteht, füllen zu können. Vielleicht würde sie wie ihre Mutter Ruth eine Zwanghaftigkeit entwickeln, nach außen hin ein gutes Bild abgeben zu müssen, um die Liebe, die sie selbst verweigerte, durch die gesellschaftliche Anerkennung ersetzen zu können. Aber das ist natürlich alles nur Theorie.

Worauf ich mit diesen Gedanken hinaus will: Es geht bei Roses Entscheidung gegen oder für ihren Ruf um mehr als die Überwindung einer temporären Unbequemlichkeit. Es geht im wahrsten Sinne des Wortes ums Wesentliche. Und nicht nur ich habe diese Erfahrung gemacht, sondern auch die Teilnehmer und Teilnehmerinnen des **Quest**-Online-Seminars haben mir gezeigt: Es gibt – eigentlich – keine echte Wahl, wenn es darum geht, das, was in uns als Leben angelegt ist, wirklich zu leben.

Und doch ist diese Entscheidung nicht einfach. Mag sein, dass Rose von ihrem Autor James Cameron durch eine Reihe von Herausforderungen geführt wurde, in denen sie ihre Kräfte nach und nach wecken konnte: Eine letzte Prüfung steht ihr noch bevor: Die Titanic geht unter, und es gelingt Jack, Rose auf ein Trümmerstück aus Holz zu retten, auf dem leider nur für eine Person Platz ist. Jetzt treiben die beiden unter den funkelnden Sternen dahin.

»**Rose:** Es wird leiser.

Jack: Nur noch ein paar Minuten. Die brauchen ne Weile, bis sie die Boote rumgedreht haben ...«

Aber Rose weiß es besser: Es werden keine Boote kommen. Ihre Situation ist hoffnungslos. Um sie herum sterben hunderte von Menschen mit erstickenden Stimmen den Kältetod.

»**Jack:** Ich weiß nicht, wie du darüber denkst, aber ich werde der White Star Line wegen dieser Geschichte einen gepfefferten Brief schreiben.

Er lacht leise, und Roses Blick findet seine Augen im schwachen Licht.

Rose: Ich liebe dich, Jack.

Jack: Nein ... fang nicht an, dich zu verabschieden, Rose. Gib nicht auf. Tu's nicht.

Rose: Mir ist so kalt.

Jack: Du wirst gerettet ... du wirst weiterleben und später einen Haufen Babys kriegen. Du wirst sie aufwachsen sehen, und du wirst als alte, alte Frau friedlich in deinem Bett sterben. Nicht hier. Nicht heute Nacht. Hast du mich verstanden?«[7]

Dies ist also der Augenblick der Wahrheit. Rose muss sich entscheiden: Wird sie die Hoffnungslosigkeit der Situation überwinden? Oder wird sie an ihr zugrunde gehen?

»**Jack:** Rose, hör mir zu. Hör zu. Diese Fahrkarte zu gewinnen war das Allerbeste, was mir je passiert ist. Sie hat mich zu dir gebracht. Und dafür bin ich dankbar, Rose. Sehr dankbar. Du musst mir diese Ehre erweisen ... versprich mir, dass du überleben wirst ... dass du nie aufgeben wirst, ganz gleich, was passiert ... ganz gleich, wie hoffnungslos es ist. Versprich es mir jetzt; und vergiss dieses Versprechen niemals.

Rose: Ich verspreche es.«

Rose greift nach seiner Hand, und so liegen sie Kopf an Kopf. Bis auf das leise Schwappen der Wellen ist nichts mehr zu hören. An dieser Stelle schwenkt die Kamera auf eine andere Szenerie: Wir sehen Männer in einem Rettungsboot, die zu den Opfern des Untergangs zurückrudern. Ihr Boot gleitet durch eine gespenstische Grabstätte: überall Leichen. Menschen, die in der Kälte des Eiswassers erfroren sind. Männer. Frauen. Kinder.

Schnitt auf Rose.

Rose hebt den Kopf und schaut zu Jack, der zu schlafen scheint. Sein wächsernes Gesicht wirkt friedlich, fast so, als ob er schlafen würde. Aber er schläft nicht.

Rose berührt seinen toten Körper und fleht ihn an: »Oh, Jack ... Komm zurück ... Bitte komm zurück.«

Der schwärzeste Punkt der Nacht

Dies ist der Augenblick, der in der Mythologie der »schwärzeste Punkt der Nacht« genannt wird. Ein Moment, in dem – scheinbar – nichts mehr geht und in dem die Transformation des Helden stattfindet.

Ich weiß, es ist nur ein Film, aber ich finde die Vorstellung, die Liebe seines Lebens zu treffen und sie dann schon nach wenigen Stunden wieder zu verlieren, absolut furchtbar. Was ist das für ein Leben, das so etwas zulässt? Hätte Rose nicht alles Recht der Welt, jetzt einfach das zu tun, was sie die ganze Zeit immer wieder tun wollte? Sich selbst aufzugeben?

Nichts wäre einfacher als das.

In diesem Augenblick erinnert sich Rose an ihr Versprechen und trifft eine Entscheidung. »Plötzlich hebt sie ihren Kopf. Das Eis klirrt, als sie ihr Haar vom Holz zieht. Sie ruft, aber ihre Stimme ist so schwach, dass sie sie nicht hören. Das Boot ist jetzt nicht mehr zu sehen, die Lampe wie ein unerreichbarer Stern. Sie versucht Luft zu holen und erneut zu rufen.«

Wie in einem Albtraum versucht sie verzweifelt, sich zu bewegen. Ihre Hand ist an Jacks gefroren. Sie haucht die Hand an und bringt das Eis zum Schmelzen. Sie trennt ihre Hände und lässt Jack los, der wie ein Geist ins dunkle Meer versinkt.

Rose gleitet ins kalte Wasser, schwimmt zu der Leiche eines Offiziers, nimmt seine Trillerpfeife und beginnt mit aller Kraft, in die Pfeife zu blasen.

Rose wird gerettet.

Am nächsten Morgen kommt ein Rettungsschiff, das die Schiffbrüchigen aufnimmt. Später beobachten wir Cal, der über das Deck geht und nach Rose sucht. Als sie ihn sieht, wendet sie sich ab, so dass er sie nicht entdecken kann. Diese Entscheidung ist endgültig: Cal wird Rose nicht mehr finden.

Wir sehen als Nächstes, wie das Schiff in den Hafen von New York einfährt – an der Freiheitsstatue (!) vorbei. Als Rose von Bord geht, wird sie von einem Mitarbeiter der Reederei nach ihrem Namen gefragt und nennt statt des eigenen den von Jack: »Mein Name ist Dawson, Rose Dawson[8].« Damit ist Roses Transformation abgeschlossen.

Das Elixier: Die Kraft, zum eigenen Leben zu stehen

Rose erlebt in den Schlussszenen des Films eine Grenzerfahrung: Sie wird vom Schicksal (eigentlich von ihrem Autor James Cameron) in eine so starke Herausforderung geführt, dass diese ihren Charakter wie ein heißes Schmiedefeuer formen kann. Es ist zwar an Rose, zu entscheiden, wie sie auf diese Situation reagiert, aber wozu auch immer sie sich entschließt: Die Erfahrung ist so intensiv, dass sie Rose in jedem Fall verändern wird.

Das ist der Vorteil von großen Krisen und wirklich schlimmen Problemen: Sie können unsere Kraft in einem Maße wecken, das wir vorher nicht für möglich gehalten hätten.

Die Botschaft des Drachen

Genau darum geht es in Roses Geschichte. Alle Figuren führen sie genau auf diesen Punkt hin. Nicht nur Jack, der sie als Liebhaber unterstützt, sondern auch ihre wichtigste Gegenspielerin – ihre Mutter Ruth. Als Fleisch gewordener Drache verkörpert sie genau die Kraft, die Rose noch entwickeln muss. Mag man Ruth für ihre Hartherzigkeit verurteilen, ist sie dennoch stark darin, ihre eigenen Interessen zu verfolgen. Genau das ist es, was Rose braucht, und ihre Mutter sorgt wie alle guten Drachen dafür, dass ihre Tochter diese Kraft gewinnt.

Mit Erfolg übrigens: James Cameron erlaubt uns am Ende des Films, einen Blick auf Roses Leben zu werfen. Wir sehen die alte Dame in einer Schiffskombüse schlafen. Die Kamera fährt über ihr stilles Gesicht und wendet sich dann der Kommode zu, auf der wir Fotos sehen, die Rose aufgestellt hat. Wir sehen sie als junge Frau vor einem Flieger stehen, eine Pilotenmütze in der Hand. Ein anderes Foto zeigt sie auf einem Pferd, und man erkennt deutlich, dass sie sich an Jacks Anweisung aus der »Spuckszene« gehalten hat: »Sie müssen dann wie'n richtiger Cowboy reiten. Vergessen Sie diesen Damensattel.«[9]

Rose hat also aus der Tragödie die Kraft gewonnen, um das Leben zu führen, das – wie Joseph Campbell es ausdrückt – in ihr angelegt war.

Von Cal dagegen erfahren wir, dass er während der großen Depression in den dreißiger Jahren sein Vermögen verliert: Er steckt sich einen Revolver in den Hals und drückt ab.

Die Wurzel des magnetischen Dramas

Cals Schicksal erinnert daran, was auf dem Spiel steht, wenn man nicht seinem Herzen folgt. Alles, was dann als Stützwerk bleibt, sind äußere Lebensumstände, die man nicht wirklich steuern kann. Solange die Geschäfte für Cal gut laufen, wird nicht sichtbar, wie schwach und unzuverlässig sein Halt ist. Nach außen hin mag er stark wirken, aber in Wahrheit ist er schwach, denn er ist dem unvermeidlichen Auf und Ab des Lebens ausgeliefert. Als er sich schließlich in der Abwärtsspirale befindet und an seinen eigenen schwärzesten Punkt der Nacht gelangt, entscheidet er sich nicht für das Leben, wie Rose es tat, sondern dagegen.

Dass dies alles keine schnöde Theorie ist, wurde mir wieder bewusst, als ich letztens ein Interview mit dem Börsenspekulanten George Soros[10] las. Falls Ihnen dieser Name nichts sagen sollte: Soros gelang es durch eine kaltschnäuzige Spekulation, die Bank von England zu knacken und auf einen Schlag eine Milliarde US-Dollar zu verdienen.

In dem Interview erzählt er von seiner eigenen Midlife-Crisis, die durch einen Fonds ausgelöst wurde, den er aufgelegt hatte und der ihm sein Leben zerfraß: »Meine Ehe ging kaputt. Ich stand vor der Frage: Wer ist wichtiger? Mein Fonds oder ich? Wir waren wie siamesische Zwillinge. Er verzehrte mich, er ernährte mich, er fraß mich auf. In mir tobte ein Kampf ... Sollte ich der Sklave des Systems sein, das mich ernährt? Das Leben eines Fonds-Managers ist ein fürchterlicher Stress. Sie bekommen alle möglichen psychosomatischen Krankheiten, Ihr Rücken killt Sie, Sie schlafen nicht, Sie haben nur noch den Blick aufs Geld, auf Kurse, Telefone, Zeitungen, es verschlingt Sie.«

Was Soros hier so eindrücklich beschreibt, ist ein magnetisches Drama, das immer dann entsteht, wenn man seinem Herzen nicht folgt. Den daraus resultierenden Verlust versuchte Soros durch eine Ersatzdroge auszugleichen: Geld. Weil aber kein Reichtum der Welt den Hunger des Herzens stillen kann, gerät man in eine fatale Spirale: wie ein Schiffbrüchiger, der seinen Durst mit Meerwasser zu stillen versucht und dabei immer nur noch durstiger wird, so drohte auch Soros von einer sich immer weiter hoch spulenden Eskalation im wahrsten Sinne des Wortes verschlungen zu werden.

Verstehen Sie mich bitte recht: Es geht hier nicht darum, dass Geld und finanzielle Gewinne etwas Schlechtes sind. Das sind sie nicht. Geld ist einfach wie Benzin, mit dem man ein Auto betanken kann. Es ist also ein Mittel zum Zweck, und deswegen ist es weder gut noch böse. Ich möchte deswegen auf etwas Anderes hinaus: Die Sehnsucht des Herzens nach dem Leben, das in uns angelegt ist, kann nicht durch Äußerlichkeiten gestillt werden. Weder durch Geld noch durch den Luxus, den man sich damit beschaffen kann. Diese Rechnung geht einfach nicht auf. Das ist alles.

Soros entschied sich gegen den Fonds. Und obwohl ihm auch heute immer noch ein leicht zweifelhafter Ruf anhaftet, ist er ein bedeutender Botschafter für ein menschlicheres Leben: Er unterstützte schwarze Studenten in Kapstadt zu Zeiten der Apartheid und investiert bis heute beträchtliche Summen in die demokratische Entwicklung in Ländern wie Russland, Vietnam, Thailand, Türkei oder auf den Philippinen.

Ein Leben gegen den Strich führen

Aber Rose erinnert uns auch daran, dass es nicht sehr vielen Geldes bedarf, um seinem Herzen zu folgen. Wir sehen sie am Ende des Lebens als eine Frau, die ihrer eigenen künstlerischen Ader durch die Töpferei Ausdruck verleiht.

Die 1893 geborene Beatrice Wood gilt als »Mutter« des Dadaismus.

Die Töpferei hat Cameron übrigens nicht zufällig gewählt: »Bill Paxtons Frau hatte mir *I Shock Myself* gegeben, die Autobiographie von Beatrice Wood[11], einer Künstlerin in Ojai, Kalifornien, die mit 102 Jahren immer noch an Kunstwerken arbeitet. Das erste Kapitel beschreibt nahezu wörtlich die Figur, die ich mir gerade für die alte Rose ausdachte. Beatrice war in Paris und New York aufgezogen worden. Mit siebzehn ist sie vor ihrer dominanten Mutter davongelaufen und lebte als Künstlerin in einer heruntergekommenen Mansardenwohnung. Sie hatte eine Affäre mit dem kubistischen Maler Marcel Duchamps. Später ging sie dann nach Indien ... In den späten Vierzigern wurde sie Kunsttöpferin und machte einen Laden in Ojai auf. Beatrice war der lebende Beweis, dass meine Beschreibung der Figur von Rose gar nicht so weit hergeholt war, wie man das vielleicht hätte meinen können. Als ich sie dann traf, war sie charmant, kreativ und unglaublich lustig.«[12]

ÜBUNG

Fünf Kommodenfotos

Bitte lassen Sie uns eine kleine Übung machen. Sie dauert nicht lange, und Sie müssen sie nicht perfekt erledigen. Entscheidend ist eigentlich nur, dass Sie Ihre spontanen Einfälle notieren – und dann zum nächsten Kapitel übergehen.

Ihr Held, Ihre Heldin als alter Herr, als alte Dame

Stellen Sie sich bitte jetzt einmal vor, Ihr Held, Ihre Heldin ist ein alter Mensch geworden. Vielleicht sehen Sie ihn oder sie direkt vor Ihrem geistigen Auge, vielleicht hören Sie seine oder ihre Stimme, vielleicht haben Sie es einfach auch nur im Gefühl: Hauptsache, Sie nehmen nun Ihren Helden, Ihre Heldin als alten Menschen wahr, der ein erfülltes und inspiriertes Leben geführt hat.

Fünf Fotos auf der Kommode

Stellen Sie sich nun weiter vor, dass Ihr Held auf einer Kommode fünf Fotos aufgestellt hat, die schöne, bemerkenswerte und wirklich wichtige Erinnerungen wiedergeben. Allerdings können Sie nur die Rückseite der Fotos sehen. Nehmen Sie deshalb jetzt ein Foto nach dem anderen in die Hand und drehen Sie es um. Was ist darauf zu sehen?

Beispiele

Wenn ich diese Übung mache, dann sehe ich:

_Meine Enkelkinder: Ich habe eine glückliche Familie gegründet und bin Opa geworden.

_Eine Villa im Süden: Ich habe mir mit meiner Frau den Wunsch erfüllt, in einer schönen Villa im Süden zu leben.

_Blitzlichtgewitter: Ich bin mit meiner Frau bei der Premiere eines Films, dessen Drehbuch ich geschrieben habe.

_Musik: Ich halte eine CD mit Musik von mir in den Händen.

_Internet-Site: Ich sehe Webauftritte, die vielen Menschen weiterhelfen.

5 Kommodenfotos

Foto 1: ____________________

____

Foto 2: ____________________

____

Foto 3: ____________________

____

Foto 4: ____________________

____

Foto 5: ____________________

____

ÜBUNG

Amélie: Die Tür öffnen

Während Rose uns zeigt, dass wir ein magnetisches Drama verhindern oder auflösen können, indem wir uns dem Leben zuwenden, das in uns angelegt ist, erläutert uns Amélie, wie große Wunden zu heilen sind.

So gut wie jede Figur aus ihrer fabelhaften Welt leidet unter dem Nachhall einer mehr oder minder traumatischen Erfahrung und deren Folgen.

Statt die alten Erinnerungen loszulassen, hängt jeder von ihnen auf die eine oder andere Weise in der Vergangenheit fest:

_Amélies Vater hat den Tod seiner Frau nicht verwunden und bleibt in seinem kleinen Dörfchen kleben. Die Vergangenheit kultiviert er, indem er in seinem Garten eine Art Mausoleum für die Verstorbene pflegt.

_Madame Wallace, die von ihrem Gatten verlassen wurde, trauert auch heute noch dem Verflossenen hinterher. Und »Schwarzer Löwe«, der Hund der beiden, der wegen des großen Kummers verstarb, steht als ausgestopftes Mahnmal vor dem Foto des Untreuen.

_Der eifersüchtige Giuseppe kultiviert seine Verlustängste und den damit verbunden Kontrollwahn, indem er sie immer wieder von der einen Geliebten auf die nächste projiziert.

_Von dem alten Mann aus Glas ist zwar keine Wunde bekannt, aber seine zerbrechlichen Knochen erinnern an seine (und damit auch an unser aller) Verwundbarkeit. In seiner Wohnung, die er so gut wie nie verlässt, sind alle Ecken und Kanten gepolstert, damit er sich nicht stoßen kann.

_Amélies große Wunde, die aus der Isolation ihrer Kindheit entstand, spiegelt sich in der von Nino wider, der nicht zu wenig, sondern zu viel Kontakt hatte: Statt einsam zu Hause zu sitzen, wurde er in der Schule von Lehrern und Mitschülern gehänselt.

Wer möchte es einer dieser Figuren verdenken, dass sie so ist, wie sie ist? Jedem von ihnen wurde auf die eine oder andere Weise vom Leben übel mitgespielt. Es war gewiss nicht Madame Wallaces Fehler, dass ihr Mann in die Kasse griff und sich mit seiner Sekretärin ins Ausland absetzte. Auch Amélies Vater hatte es sich nicht ausgewählt, seine Frau auf tragische Weise zu verlieren. Und der Mann aus Glas leidet schlicht und ergreifend unter einem Geburtsfehler. Kurz und bündig: Jeder der Beteiligten hat auf seine Weise Recht damit, vom Leben enttäuscht zu sein.

Das ist das fatale an großen Wunden: Man kann sie nicht durch ein bisschen Hurra-Optimismus weiß übertünchen und hoffen, dass sie damit geheilt sind. Auch scheint die Zeit die Wunden nicht heilen zu können, denn die meisten Figuren aus Amélies fabelhafter Welt erlitten die Verletzung vor einem, oft sogar mehreren Jahrzehnten. Wenn also das alles nicht hilft, was ist es dann?

Nun, die Antwort offenbart sich, wenn man die Frage andersherum stellt: Warum heilen die Wunden eigentlich nicht von selbst? Was ist das eine Element, das alle Beteiligten miteinander teilen und das dafür sorgt, dass der Schmerz weiter pulsiert?

Es ist: die Isolation.

Alle haben sich mehr oder minder stark von ihren Mitmenschen und damit auch vom Leben zurückgezogen. Jeder von ihnen hat, als die Verletzung geschah, eine oder vielleicht sogar mehrere Türen zugeschlagen und lebt nun für sich in einem kleinen, begrenzten Kosmos, der mit wachem Auge vor möglichen Eindringlingen abgeschirmt wird:

_Amélies Vater unternimmt keine Reisen, weil er sich zu alt fühlt.

_Madame Wallace lässt keinen neuen Mann an sich heran.

_Giuseppe bewacht seine Beziehungen eifersüchtig und führt penibel Buch über alle Geschehnisse.

_Der Mann aus Glas hat den Kontakt auf Amélie und den geistig gestörten Lucien reduziert.

_Und Amélie ist zwar etwas geselliger als die anderen, aber was Nino betrifft, hält sie die Tür geschlossen.

Der Drache, wenn man so möchte, der die Grenzen dieser kleinen Universen bewacht, ist die Erinnerung an das schmerzhafte Erlebnis der Verletzung. So gesehen ergeht es allen Beteiligten wie dem persischen Teufel, der in seiner Hölle schmort, weil er in seiner Fantasie immer wieder die alten Erinnerungen hervorholt und damit in seinem »Ort der Verdammnis« gefangen bleibt.

Nur, dass die Figuren aus der fabelhaften Welt der Amélie im Gegensatz zum persischen Teufel nichts ausgefressen haben, wenn Sie mir diesen saloppen Ausdruck gestatten, sondern dass sie – aus welchem Grund auch immer – Opfer einer Situation wurden und sich dabei die eine oder andere Verbrennung zugezogen haben.

Was die Wunde wieder zum Heilen bringt ist also letztendlich nichts weiter als die Entscheidung, wieder rauszugehen und sich auf seine Mitmenschen und damit auf das Leben an sich einzulassen.

Dezente Winke des Schicksals

Interessanterweise ist es ausgerechnet Amélie selbst, die auf ihre schelmische Art und Weise alle Beteiligten genau dazu inspiriert. Das beginnt mit Bredoteau, dem sie das Schatzkästlein zuspielt und ihn so an die Vergänglichkeit des Lebens erinnert. Der nimmt den Stein des Anstoßes auf und beschließt, wieder auf seine Tochter, mit der er sich aus welchen Gründen auch immer zerstritten hat, zuzugehen und ihren Sohn Lucien endlich persönlich kennen zu lernen. Am Ende des Films sehen wir ihn tatsächlich mit seinem Enkel grillen. Genau das ist es, was eine Wunde heilt.

Amélies Vater dagegen wird auf eine äußerst kuriose Weise aus seinem Kokon herausgeholt. Nachts stiehlt Amélie den Gartenzwerg, den der Vater auf das kleine Mausoleum der Mutter gestellt hatte und gibt ihn einer befreundeten Stewardess mit. Die Freundin fotografiert den Zwerg an exotischen Orten wie den Pyramiden von Giseh oder dem Roten Platz in Moskau und sendet ihm die Aufnahmen als Postkarte zu. Ein Zwerg auf Reisen quasi. Amélies Vater reagiert zunächst verstört, aber etwas gerät in ihm in Bewegung. Aber erst als eines Tages der Gartenzwerg von seiner Reise zurückkehrt und eines Morgens wieder auf seinem angestammten Platz steht, fällt bei Amélies Vater der Groschen. Am Ende des Films sehen wir, wie er mit einem Koffer sein Haus verlässt und in ein Taxi steigt.

Auch Madame Wallace erhält einen Wink des Schicksals, der allerdings alles andere als dezent ist. Als Amélie in der Zeitung liest, dass man auf einer Bergexpedition einen alten Postsack mit Briefen findet, der bei einem Flugzeugabsturz verloren gegangen war und dessen Inhalt nie zugestellt wurde, reift in ihr ein Plan heran. In einem unbeobachteten Augenblick entwendet sie Madame Wallace die Briefe des Ex-Manns, kopiert diese und setzt aus einzeln Worten einen völlig neuen Text zusammen, den sie durch eine Spezialbehandlung ordentlich altern lässt. In diesem Brief entschuldigt sich der geflohene Gatte für seine Flucht ins Exil und schwört ihr ewige Liebe. Das ist es, was Madame Wallace gut tut. Sie fühlt sich wieder geliebt und sie kann – endlich – einen Schlussstrich unter die alte Geschichte ziehen.

Dem Mann aus Glas schließlich lässt sie leicht bizarre Videos zukommen. Moment, werden Sie jetzt vielleicht sagen, ist er nicht Amélies Mentor? Ja, ist er, aber wie im echten Leben belehren sich auch diese beiden gegenseitig. Auf einem dieser Videos sehen wir zunächst Babys, die unter Wasser tauchen, gefolgt von einem abrupten Schnitt auf einen Schwarzen, der ein Holzbein hat. Er verlässt ein Haus, stellt sich auf die Straße und – beginnt zu steppen. Beeindruckend gut übrigens. Trotz oder gerade mit Holzbein. Am Ende sagt er: »Hier sehen sie einen geborenen Verlierer. Ich wurde am Freitag, den 13. geboren.«

Das wiederum veranlasst den Mann aus Glas, seinerseits eine Videobotschaft für Amélie zu inszenieren. Aber ich greife vor: Denn Amélie, die so zielsicher das Kuddelmuddel der anderen Beteiligten zu richten versteht, hat ihr ganz eigenes Durcheinander noch nicht in den Griff bekommen.

Die Tür öffnen

Sie erinnern sich noch an Amélies schwarzen Augenblick im Café, als ihr Giuseppe steckt, dass Nino mit ihrer Kollegin abgezogen ist? Amélie läuft nach Hause und weint. In Gedanken sehen wir, wie sie sich ausmalt, dass Nino zu ihr kommen würde, aber das sind nur Träumereien. Bis es auf einmal tatsächlich an ihrer Tür schellt. Als sie hingeht und Ninos Stimme hört, hält sie inne. Wieder macht sie nicht auf. Der Drache ist stark. Immer noch stärker als sie. Nino schreibt ihr einen Zettel, dass er gleich zurückkäme, und verschwindet. Amélies Verzweifelung gurgelt hoch: Was soll sie nur tun? In diesem Augenblick klingelt das Telefon. Der Mann aus Glas ist dran: »Gehen Sie ins Schlafzimmer.« Sie folgt den Anweisungen und findet ihren Fernseher vor, vor dem Kerzen angezündet sind. Wie ein Altar. Sie schaltet den Videorekorder ein, und der Mann aus Glas erscheint auf der Mattscheibe: »Sie haben keine Knochen aus Glas. Sie dürfen sich ins Leben stürzen. Die Chance dürfen Sie nicht ungenutzt vorbeigehen lassen, sonst wird Ihr Herz mit der Zeit nach und nach so trocken und so verletzlich wie mein Skelett. Also: Verdammt noch mal. Los jetzt!«

Genau das ist die Botschaft, die uns aus der fabelhaften Welt der Amélie erreichen möchte: Wenn wir unsere Chancen nicht nutzen, verdörrt unser Leben. Amélie begreift und macht den entscheidenden Schritt: Sie öffnet die Tür und fällt – endlich! – Nino in den Arm.

Eine Geschichte mit Happy End also. Und warum auch nicht? Denn Amélies Mut, den Drachen zu überwinden und diesen einen Schritt zu machen und sich zu öffnen, eröffnet ihr ein ganz neues Leben. So erleben wir die beiden Liebenden in zärtlicher Umarmung im Bett liegend und danach, wie sie beide lachend auf Ninos Moped durch die Gassen von Paris pesen.

Schön und gut, werden sie jetzt vielleicht sagen. Aber das ist ja alles nur Kino.

Stimmt. Und darum wird es nun Zeit, dass wir uns dem echten Leben zuwenden ...

Das Elixier bergen

Beginnen wir doch ganz einfach mit meinem ganz persönlichen schwärzesten Punkt der Nacht: ein verlorener Prozess und der Banker, der meine Kreditlinie aufkündigt. Obwohl mir so etwas in dieser gerafften Form nicht widerfahren ist, habe ich Teile daraus tatsächlich schon mal erlebt.

In meiner Krisenzeit in den Neunzigern gab es eine Phase, die nicht nur von unglaublich vielen Streitigkeiten geprägt war, sondern in denen es finanziell eng wurde, sehr eng sogar.

In dieser Zeit war ich obendrein auch noch unglücklich verliebt, so dass neben dem ganzen geschäftlichen Kummer auch noch der ganz persönliche kam. Die Frau, die ich liebte, arbeitete eng mit mir zusammen, was die ganze Situation nicht einfacher machte, denn ich war auf alles angewiesen, was mir Geld brachte. Emotional verstrickt, finanziell geknebelt lag ich zahllose Nächte wach, in denen ich zur Decke hochstarrte und mich fragte, in welchem Albtraum ich da eigentlich gelandet war.

In diese Situation drang dann schließlich auch noch das Finanzamt, das mich mit einer ordentlichen Steuernachzahlung bedrohte. Die Höhe der Summe genügte, um mir den Hals zu brechen.

In dieser nahezu aussichtslosen Situation, in der mich die Nacht tief umschlungen hielt, setzte ich mich an meinen PC und begann, einen Brief an das Finanzamt zu schreiben. Eigentlich wollte ich nur um Aufschub bitten, aber kaum hatte ich angefangen, die ersten Worte auf den Monitor zu tippen, als der ganze Kummer, der ganze Schmerz aus mir herausbrach und ich einfach scheißehrlich (ja, Umgangssprache, Sie haben richtig gelesen) schrieb, was mit mir los war.

Ich erzählte von der Frau, in die ich verliebt war, die mich nicht liebte, die mich aber auch nicht gehen ließ, weil wir ja gerade gemeinsam beruflich etwas aufbauten. Und die mir auch noch ins Gewissen redete, dass ich zu meinem Wort zu stehen habe, während ich nicht wusste, wie ich das alles finanziell durchstehen sollte. Dann erzählte ich von den geschäftlichen Partnerschaften, in denen ich mich höllisch anstrengte und aus denen einfach nichts wachsen wollte. So erstellte ich für eine Agentur immer wieder Konzepte, und der Kunde wollte sich einfach nicht richtig entscheiden (»Bitte geben Sie uns noch etwas Zeit ...«).

Gleichzeitig waren wir soweit, uns mit einer anderen Agentur zusammenzuschließen, von der wir uns einen großen Kundenstamm versprachen, die aber außer großen Versprechungen und den damit verbundenen Ankündigungen nichts zu bieten hatte. Aber immer schwang in allem mit: Warte noch ein Weilchen, dann wird alles besser. Tatsächlich aber war alles schlimmer geworden.

Und nun, da ich mich am Ende meiner Kräfte fühlte und ich den Drang immer stärker in mir emporwachsen spürte, alles hinzuwerfen und endlich, endlich aufzugeben, trat aus der Dunkelheit – leise und gefährlich schnaubend – ein Drache hervor, den ich so deutlich und klar noch nie gesehen hatte. Sein Name: »Die Angst zu versagen«.

Ich konnte und wollte mir nicht eingestehen, dass ich mich mit der Befürchtung, als Versager dazustehen, in eine Sackgasse getrieben hatte und nun an deren Ende angelangt war, von wo aus es nicht mehr weiterging. Ich hatte alles getan, um ein äußeres Bild aufrechtzuerhalten, anstatt mir einzugestehen, dass die Situation untragbar war und dass es Zeit wurde auszusteigen.

An diesem Punkt hörte ich auf zu schreiben. Etwas in mir hatte sich zu Wort gemeldet, und in meinem zermarterten Verstand begann sich so etwas wie eine erste Einsicht zu formieren. Müde und vom Schreiben zerschunden ging ich zu Bett und schlief ein.

Am nächsten Morgen druckte ich mein Werk aus. Als ich es durchlas, zuckte zwar meine schriftstellerische Seite wegen der vielen Schreibfehler und Formulierungsunfälle zusammen. Aber zwischen all den selbstgerechten Anklagen erhob eine leise Stimme ihr Wort, die eine ganz andere Botschaft für mich bereithielt: Sieh dir an, was aus dir geworden ist. Das ist das Ergebnis, wenn du es den anderen recht machen möchtest. Es wird Zeit, damit aufzuhören, die Umstände und die anderen Menschen für deine Situation verantwortlich zu machen. Klar haben sie ihren Teil dazu beigetragen, sicher haben sie sich nicht immer korrekt verhalten, aber das ist es nicht, was wirklich entscheidend ist. Du hast gestattet, dass es geschehen ist. Du hältst diese Situation aufrecht. Und du musst sie beenden.

Ich wusste beim besten Willen nicht, wie ich das tun sollte. Aber ich wusste, dass diese Einsicht richtig war. Es hatte keinen Sinn, gegen die Umstände zu kämpfen, die ich selbst angezettelt hatte.

All diese Menschen, Geschäftspartner und Kunden, um deren Aufmerksamkeit ich rang, waren auf gewisse Weise ein Spiegelbild. Sie zeigten mir, wie ich selbst mit all meinen eigenen Seiten umging, die um meine Aufmerksamkeit rangen und die ich beiseite schob, weil ich einen schönen Schein aufrechthalten wollte.

Was war mit meiner schriftstellerischen Seite? Was mit meiner psychologischen Leidenschaft? Warum ließ ich sie in einem Keller eingesperrt, während ich mich damit abmühte, Konzepte für den Online-Verkauf von Kragarmregalen zu schreiben?

Ich entschied, dass ich mich da rausmanövrieren würde. Aber während Amélie, Rose, Harry und Luke ihre Bedrohung und deren Auflösung in einer Szene verdichtet erlebten, ging es bei mir eher hintereinanderweg, dafür aber Schlag auf Schlag.

Der erste bestand darin, dass ich zum Finanzamt fuhr. Zwar hatte meine Steuerberaterin angeboten, ein Schreiben aufzusetzen, aber ich entschied mich dazu, den Stier bei den Hörnern zu packen. Ich weiß noch, wie ich aus meinem Wagen stieg und zu dem kastenförmigen Bau hinüberschaute, in dem ich mein potenzielles Scheitern vermutete. Aber die Wahrheit meiner tatsächlichen Situation zeigte sich zehn Minuten später genauso ernüchternd wie befreiend. Der für mich zuständige Bearbeiter erwies sich als ein schüchterner Typ, der sich sogar ein bisschen zu freuen schien, dass ich persönlich vorbeigekommen war. Ich schilderte ihm in kurzen, aber direkten Worten meine Lage und machte ihm einen Vorschlag, wie ich die Steuern in Raten zurückzahlen wolle. Er schlug mir vor, die Rückzahlungsfrist vielleicht etwas zu verlängern und dafür die monatlichen Raten etwas runterzufahren. Natürlich sagte ich ja, und so wurden wir uns handelseinig.

Als ich das Finanzamt verließ, war ich nicht nur eine Last ärmer, sondern um ein neues Fragezeichen reicher: Wovor in aller Welt hatte ich da eigentlich Angst gehabt? Vielleicht war das Finanzamt als Behörde ein Ungetüm. Die Menschen, die dort arbeiteten, waren es indes nicht. Zumindest nicht der, den ich persönlich kennen gelernt hatte.

Der Fotofix-Mann

Diese frappierende Einsicht kommt übrigens auch in der fabelhaften Welt der Amélie in der Figur des Fotofix-Mannes zum Ausdruck: Vielleicht erinnern Sie sich noch an das Fotoalbum, das Nino aus den Schnappschüssen zusammengestellt hatte, die Menschen nach einer Sitzung im Fotofix weggeworfen hatten? Inmitten all der schrägen und unbrauchbaren Fotografien prangte immer wieder die Vierer-Serie eines Mannes, dessen Aufnahmen vollkommen normal aussahen. Warum in aller Welt ließ er sich immer wieder in den über Paris verstreuten Fotofix-Apparaten fotografieren? Und warf die Bilder dann weg?

Während der Mann aus Glas vermutet, dass der Fotofix-Mann möglicherweise von der Angst besessen sein könnte, alt zu werden, und er sich auf diese Weise zu beruhigen versuchte, mutmaßt Amélie, dass er vielleicht ein Toter ist und Angst hat, in Vergessenheit zu geraten. Deswegen nutzt er die Fotofix-Automaten, »um sich den Lebenden in Erinnerung zu rufen«.

In diesem kurzen Gedankenaustausch steckt etwas Profundes: Wenn wir versuchen, etwas festzuhalten, das nicht unserer Natur entspricht, wird unser Handeln zwanghaft. So erging es mir, als ich an Umständen und den damit verbundenen Menschen klebte, die meinem Wesen nicht entsprachen. Ich versuchte etwas aufrechtzuerhalten, was nicht mit meinem Inneren übereinstimmte, und erlebte, wie Umstände zu erodieren begannen.

Aber der Fotofix-Mann spielt in Wirklichkeit eine Doppelrolle. Denn Amélie findet sein Geheimnis heraus und ist genauso ernüchtert wie verblüfft: Weder ist der Mann ein Besessener noch ein Toter – sondern lediglich der Servicetechniker, der die Automaten in Schuss hält und nach vollzogener Reparatur Probeaufnahmen macht.

Die Banalität dieser Erkenntnis ist ein perfektes Sinnbild für den Drachen: Das, was ich fürchtete, war nur ein Gedankenungetüm, das ich mir – wie Amélie – in meiner Fantasie lebhaft ausmalte, das aber im nackten Licht der Realität auf ein nüchternes Maß herunterschrumpfte.

Etwa vierzehn Tage nach meinem Finanzamterlebnis rief mich die Agentur an, für die ich schon eine ganze Reihe von Konzepten erstellt, jedoch keinen Pfennig Geld erhalten hatte, weil die Entscheidung des Kunden noch ausstünde. Ich teilte dem Agenturleiter mit, dass ich nicht einen einzigen Handschlag mehr machen würde, es sei denn, die Konzepte würden bezahlt. Und zwar ordentlich. Zunächst versuchte er, noch etwas unangenehm zu werden, erinnerte mich an all die Jobs, die er mir gegeben hätte und ob ich das denn nun aufs Spiel setzen wolle. Nein, sagte ich, die waren ja auch o.k., weil sie bezahlt wurden. Ich spürte seine Empörung, aber die interessierte mich nicht mehr. Schließlich willigte er knurrend ein. Wir arrangierten dann in einem weiteren persönlichen Gespräch monatliche Abschläge, die es mir nicht nur ermöglichten, die Raten beim Finanzamt zu überweisen, sondern auch mein Konto wieder in einen angenehmen Zustand zu überführen.

Die berufliche Trennung von meiner damaligen Geschäftspartnerin indes ging nicht ganz so schnell vonstatten. Wir standen kurz davor, mit zwei weiteren Partnern eine gemeinsame Agentur zu gründen, als wir durch eine Reihe von Zufällen erfuhren, dass die beiden Hoffnungsträger uns einige Lügen aufgetischt hatten. Das wäre ein perfekter Augenblick gewesen, mich ganz aus der Chose zu befreien, aber da ich meine Partnerin nicht auf diese Weise im Stich lassen wollte, entschied ich mich dazu, die Trennung gemeinsam durchzustehen. Da es einige Verflechtungen in Form von ge-meinsam gewonnenen und bearbeiteten Kunden gab, mussten wir durch eine Reihe von zähen Verhandlungen gehen. Wie in solchen Situationen nicht unüblich, wurden wir auch mit einigen äußerst unverdienten Forderungen konfrontiert. Es gelang uns aber, auch die auf ein faires Maß herunterzuhandeln.

Wir suchten uns ein neues Büro, und kurze Zeit später erhielten wir einen großen Auftrag, der unserem Unternehmen eine solide Basis verschaffte. Dabei blieb es jedoch nicht. Ein Projekt gesellte sich zu dem nächsten, und unsere kleine Agentur begann nicht nur finanziell, sondern auch menschlich aufzublühen: Wir stellten einen ersten Auszubildenden ein, dem wir ein Jahr später einen weiteren zur Seite stellten. Die beiden wurden Kumpels, zogen abends durch die Stadt oder hackten sich gemeinsam durchs Internet.

Ist es nicht seltsam, wie sich die Dinge wenden können, wenn man das Zepter in die Hand nimmt?

In dieser Zeit öffnete ich auch mein Herz für eine neue Liebe, und herein kam Maren, die zu meinem Sonnenschein wurde.

Mein »Sonnenschein« Maren!

Weil sie so ganz anders war als alle anderen Frauen, die ich mir bis dahin ausgesucht hatte, dachte ich erst, dass unsere Verbindung nicht lange halten würde. Viele meiner bisherigen Favoritinnen hatten wie ich eine große Wunde erlitten und waren deswegen nie ganz bereit gewesen, sich wirklich ganz auf mich einzulassen. Das war mein ganz persönliches magnetisches Drama, wenn Sie so wollen, und Maren passte da überhaupt nicht herein: Sie sagte ganz einfach »Ja!« zu mir. Ohne Wenn und Aber nahm sie mich, wie ich war.

Mich ihr zu öffnen ging für mich nur Schritt für Schritt. Ich hing noch eine Zeit meiner alten Flamme nach, aber je mehr Zeit ich mit Maren verbrachte, desto mehr begann ich zu begreifen, welch großen Schatz mir das Leben mit ihr geschenkt hatte. Nicht nur, dass meine Blessuren und Wunden heilten, die ich mir in einer äußerst kalten Winterzeit meines Lebens zugefügt hatte – wir zogen nach einigen Jahren zusammen, heirateten und haben heute, da ich Ihnen diese Zeilen schreibe, einen gemeinsamen Sohn, den ich – wie Maren – über alles liebe.

Ihr Lebensdrehbuch

Sie haben Ihren Helden, so hoffe ich, an den schwierigsten Punkt herangeführt – nun wird es Zeit, dass Sie ihn über den Drachen hinauswachsen lassen.

Entscheidend dabei ist, dass Ihr Held nicht vor der Befürchtung davonläuft, sondern ihr ins Auge blickt. Wenn er Angst hat, von seinem Lebenspartner betrogen zu werden, dann konfrontieren Sie ihn mit einer Situation, in der er seinen Partner fremdgehen sieht. Hat Ihr Held Angst vor einem öffentlichen Gesichtsverlust, dann ist es das, was ihm jetzt zustoßen muss. Umtreibt ihn die Sorge, geschäftlich zu scheitern, dann führen Sie ihn genau in eine solche Situation hinein.

Welche Angst steht dahinter?
Sobald Sie die Situation identifiziert haben, bringen Sie die Angst, die Ihren Helden umtreibt, auf den Punkt. Fürchtet sich Ihr Held vor ...

_Einsamkeit und Isolation (»Niemand wird mich lieben, wenn ich ...«)?

_materiellen Verlusten (»Ich gehe pleite und muss am Hungertuch nagen ...«)?

_Versagen (»Ich bin der Situation nicht gewachsen und werde untergehen ...«)?

_Verlust der sozialen Anerkennung (»Was werden die Leute sagen, wenn ich ...«)?

_Erfolg und somit davor, den Boden zu verlieren (»Wenn ich erst mal erfolgreich bin, habe ich keine Zeit mehr/bin ich nicht mehr so locker wie früher/mag mich niemand mehr ...«)?

Was auch immer es ist: Schreiben Sie es auf.

Den Drachen realistisch machen
Nachdem Sie Ihre Angst benannt haben, wird es Zeit, sie wie beim Fotofix-Mann auf ein realistisches Maß zu reduzieren.

Fragen Sie sich, ob die Angst Ihres Helden wirklich berechtigt ist: Ist es wirklich so, dass Sie niemand mehr mag, wenn Sie scheitern? Oder dass die Leute von Ihnen abrücken, wenn Sie so erfolgreich sind, wie Sie es sich wirklich wünschen? Kann es nicht sein, dass die Leute über einen reden, weil man sich immer in allem anpasst? Ist das Gerede der Leute wirklich so wichtig, dass man sich ihm beugt? Könnte es nicht sogar zu mehr Respekt führen, wenn Sie Ihrem eigenen Wesen folgen – auch

ÜBUNG

wenn Sie mal scheitern? Sind nicht unsere größten Helden diejenigen, die immer wieder mal umgefallen und danach wieder aufgestanden sind? Gibt es nicht nach jedem materiellen Verlust früher oder später die Chance, wieder Land zu gewinnen? Ist der potenzielle materielle Verlust überhaupt wahrscheinlich? Gab es nicht in der Vergangenheit unzählige Situationen, in denen Sie etwas befürchtet haben, was nie eintrat?

Kurz und gut: Fragen Sie sich, wie realistisch Ihre Ängste tatsächlich sind. Oft erweist sich jetzt schon, dass viele Befürchtungen nichts weiter sind als aufgeblähte Lappalien.

Falls Sie zu denen gehören, die dem noch nicht so ganz zustimmen können, macht das nichts. Denn wir kommen erst jetzt zu der eigentlichen Arbeit.

Licht in die Dunkelheit bringen
Als Nächstes analysieren Sie, wozu die Situation den Helden auffordert: Welche Eigenschaft muss in ihm wachsen, um die Situation zu meistern? Muss er ...

_wie Luke in einer bedrohlichen Situation zu seinen Idealen stehen?

_wie Rose den Willen entwickeln, ihr eigenes Leben in die Hand zu nehmen?

_wie Amélie den Mut aufbringen, auf ihre Gefühle zu hören und die Tür zu einem anderen Menschen aufzustoßen?

_wie ich lernen, sich selbst wieder zu lieben und damit seine Plagen aufzulösen, die ihn bedrängten?

Oder ist es noch etwas ganz anderes? Das ist sehr gut möglich. Denn die oben genannten Beispiele sind nur einige der vielen Optionen, die möglich sind. Entscheiden Sie selbst, was Ihr Held braucht, um die Situation zum Guten zu wenden.

Schreiben Sie Ihre Szene
Lassen Sie nun Ihren Helden genau die Erfahrungen machen, die er braucht, um über sich selbst hinauszuwachsen.

Es ist übrigens vollkommen in Ordnung, wenn Sie mehrere Fassungen schreiben. Wichtig ist nur, dass Sie für sich selbst nicht nur die Situation bis zur potenziellen Niederlage durchspielen (wo dann die meisten dicht machen und die geistigen Augen schließen), sondern auch die glückliche Wendung in Ihrer Fantasie visualisieren. Erst die Kombination aus Herausforderung und Sieg macht die Sache rund.

Zusammenfassung

Stellen Sie sich dem Drachen
Hören Sie Ihrem Drachen zu, wenn Sie weiterkommen möchten.

Wer sich nicht kennt, ist anfällig für fremde Visionen
Solange man seinen Ruf nicht folgt, kann von anderen vereinnahmt zu werden.

Liebe ist eine starke Kraft
Liebe zahlt sich in persönlichen Beziehungen und beruflichen Aktivitäten aus.

Isolation macht schwach
Wir können nicht verhindern, dass wir vom Leben verletzt werden. Solange wir uns jedoch vom Leben zurückziehen, können die Wunden nicht heilen.

Der Drache ist nur ein Gedankenungetüm
Jeder Drache schrumpft er auf Normalmaß, sobald wir uns mit ihm konfrontieren,

Liebe heilt alle Wunden
Meine Frau Maren zeigte mir: Nach jeder Nacht bricht ein neuer Morgen an.

Fußnoten

[1]: Rowling,1998, S. 313 ff

[2]: Frédéric Beigbeder, 2001, Seite 15

[3]: Rowling, 1998, 324

[4]: Ich habe diese Einsichten bei der Lektüre des Buches »How to make Love all the Time« von Barbara DeAngelis gewonnen (seltsamer Titel, aber wirklich gutes Buch) USA, 1991.

[5]: Harvard Business Magazin, zuerst 1994 erschienen und dann 2000 noch einmal überarbeitet

[6]: Moyers, 1994, Seite 177

[7]: Cameron, 1999, diese und alle folgenden Szenen: Seite 142 ff

[8]: Dawson ist Jacks Nachname.

[9]: Jacks Ausspruch in der berüchtigten »Spuckszene«

[11]: Zeitschrift Stern vom 08.02.2004

[10]: Siehe auch: http://www.beatricewood.com/

[12]: Cameron, 1999, Seite 7

DIE RÜCKKEHR

Sobald der Held sein Elixier gewonnen hat, gilt es, in die normale Welt zurückzukehren und andere an seinen Schätzen teilhaben zu lassen!

_Die Pforte

_Der Ruf

_Die Entscheidung

_Der Weg

_Der Drache

_Das Elixier

_Die Rückkehr

Nach der Erleuchtung – die Wäsche

Dies ist ein alter Zen-Spruch, der schlicht und einfach meint: So wichtig alle Einsichten über Ruf, Drachen und Elixier sein mögen, draußen wartet der Alltag auf uns; das dreckige Geschirr in der Küche, Rechnungen, die bezahlt werden wollen, Termine, Verpflichtungen und so weiter. Deswegen werden wir uns in dieser gemeinsamen letzten Etappe unserer Reise der Frage widmen: Wie bekommen wir all die Einsichten, all die großen Visionen in unseren ganz normalen Alltag integriert? Wie stellen wir sicher, dass unsere Ziele nicht unter dem Druck der vielen Ansprüche des täglichen Lebens in den Hintergrund geraten und wieder vergessen werden? Dazu empfehle ich Ihnen einige für mich in der Praxis bewährte Methoden, mit denen Sie Ihren ganz persönlichen Ruf Schritt für Schritt Realität werden lassen. Bevor ich im Detail auf sie eingehen werde, das Wesentliche im Überblick:

Ihr Geschenk an die Welt

Machen Sie es anders als Siegfried, der den Drachen tötete, einen großen Schatz einheimste und dann der Hybris zum Opfer fiel, weil er glaubte, unverwundbar zu sein. Teilen Sie Ihre Einsichten, Ihre neu dazu gewonnenen Stärken und realisieren Sie Ihren Ruf mit anderen und auch für andere.

Erinnerungen an die Zukunft

Es ist ungemein wichtig und inspirierend, eine groß angelegte Vision vor Augen zu haben. Noch wichtiger jedoch ist, dass Sie sich konkrete, handfeste und innerhalb der nächsten 24 Monate realisierbare Ziele setzen. Zwei Jahre sind ein überschaubarer Zeitrahmen, in dem sich viel bewegen lässt.

Rituale

Aus eigener Erfahrung weiß ich, wie schnell man seine eigenen Ziele aus den Augen verlieren kann, weil der Alltag mit seinen typischen Verpflichtungen und spontanen Unvorhersehbarkeiten eine ganz eigene Dynamik entfalten kann. Deswegen ist es wichtig, dass Sie sich ein einfaches Ritual zulegen, in dem Sie sich Ihre Ziele vor Augen führen, den Ist-Zustand bilanzieren und daraus die nächsten konkreten Schritte ableiten.

Beginnen Sie: Jetzt!

Wo auch immer Sie sich gerade in Ihrem Leben befinden, wie auch immer Ihre momentanen Umstände aussehen: Fangen Sie einfach mit dem an, was Sie haben. Wie das gehen kann, zeige ich Ihnen anhand einiger praktischer Beispiele aus meinem eigenen Leben.

Ihr Geschenk an die Welt

Vielleicht ist Ihnen aufgefallen, dass wir uns in **Quest** auf gewisse Weise sehr einseitig mit der Frage befasst haben, wie Ihr Held das Leben führen kann, das in ihm angelegt ist. Immer geht es, so scheint es zumindest, um die eigenen Bedürfnisse. Nicht um die der anderen. Was will *ich*? Was macht *mir* Spaß? Was ist meine Vision von einem großartigen Leben?

Genau das ist meines Erachtens auch gesund, denn wie soll man glücklich werden, wenn wir nach den Vorstellungen anderer Menschen leben? Und doch ist der Fokus auf den ganz persönlichen Lebensweg nur ein Teil der ganzen Wahrheit. Denn ohne die anderen können wir in unserem Leben nichts, aber auch einfach gar nichts erreichen.

Mag sein, dass man sich selbständig macht, um sein eigener Herr oder seine eigene Frau zu sein: Ohne Kunden, ohne Partner, ohne Zulieferer, ohne die Mitarbeiter, ohne die Bank und ohne viele, viele andere Menschen und Unternehmen würde in puncto Umsatz und Rendite nichts laufen. Alles ist miteinander vernetzt und verbunden.

Was für die Wirtschaft gilt, stimmt auch für die Kunst: Ein Musiker sehnt sich nach einem Publikum, sehnt und braucht es für die eigene künstlerische Arbeit. Ohne ein Publikum verhallt sein Werk ungehört. Das gilt auch für mich als Autor: Ich verfasse **Quest** ganz gewiss auch für mich, keine Frage, aber ohne Sie als Leser oder Leserin würde ich mir nicht diese Mühe machen, das können Sie mir glauben. **Quest** ist nichts ohne Sie. So einfach ist das.

Kurz und gut: Realisieren Sie Ihren Ruf *mit* und *für* andere. Sie profitieren davon in vielerlei Hinsicht. Denn ...

Materielles allein reicht nicht

Besitz, Geld und Beziehungen können starke Motivatoren sein. Aber nur begrenzt.

Denken Sie bitte für einen Augenblick zurück an Ihr eigenes Leben: Haben Sie sich mal etwas Materielles inbrünstig gewünscht, und als Sie es dann hatten, wurde es unwichtig für Sie?

Beispiel: Sie haben sich eine teure Uhr, ein Auto oder ein Möbelstück zum Ziel gesetzt und sich in den schönsten Farben ausgemalt, wie es sein würde, wenn Ihr Traum in Erfüllung gehen würde – nur um dann festzustellen, dass das Gewünschte einige Wochen, nachdem Ihr Verlangen erfüllt worden war, stark an Reiz verloren hatte.

Es gibt eine ganze Reihe von Motivationstrainern, die empfehlen, dass man sich deswegen schnell wieder neue und möglichst größere Ziele setzen soll. Das ist vollkommen legitim, kann aber in einen »Egozentrismus« ausarten, wie Fredmund Malik[1] kritisch festgestellt hat. Der Hunger nach mehr steigert sich von Mal zu Mal: noch mehr Geld, noch mehr Kleidung, noch schnellere PCs, ein noch größeres Auto, noch mehr dies und noch mehr das.

Ob das eine funktionierende Glücksformel ist, wage ich zu bezweifeln. Damit möchte ich aber die schönen Dinge des Lebens nicht in Frage stellen. Ich wohne selbst in einer großen Altbauwohnung mit hohen Decken, großen Fenstern, Parkettboden und schönen Möbeln. Ich fahre ein Cabriolet, liebe gutes Essen (man sieht es mir an!), trinke gern große Weine und bin einfach ein »sinnesfroher« Mensch.

Den eigenen Blickwinkel erweitern

Aber das alleine kann nicht Sinn und Erfüllung geben. Denn das Leben besteht nicht nur aus Sonnenschein, sondern hat auch seine »Schattenseiten«. Und das eine kann ohne das andere nicht bestehen. Wir können nicht wissen, wie gut wir es haben, wenn wir nicht ab und zu mal das Gegenteil erleben. Das aber bedeutet im Klartext auch, dass die Vorstellung von einem rosaroten, schier grenzenlos glücklichen Leben, wie es in der Selbsthilfe-Literatur immer wieder vollmundig angepriesen wird, eine Illusion ist.

So sehr ich Ihnen endloses Glück versprechen würde, so anders zeigt sich das Leben, wenn man wachen Auges durch die Straßen geht, eine Tageszeitung durchblättert oder sich abends eine Viertelstunde Tagesschau gönnt.

Einige Menschen verhärten angesichts des ungesunden Zustands, in dem sich unsere Welt momentan befindet, und retten sich in Kaltschnäuzigkeit. Andere wiederum überblättern die Schlagzeilen und denken bei Horrormeldungen in der Tagesschau daran, dass man morgen noch die Kontoauszüge sortieren muss – während sie innerlich von einer namenlosen Unruhe getrieben werden, denn sie wissen, dass etwas nicht stimmt. Und dann gibt es noch die Sorte von Menschen, die nur auf die negative Seite schaut und von einer deprimierenden Erfahrung zur nächsten humpelt. Aber Weggucken oder Wehklagen helfen nicht, das Problem wirklich bei der Wurzel zu packen. Es gibt jedoch eine Alternative:

Verbinden Sie Freude und Leid

Eine Form mit den schwierigen Seiten der Welt umzugehen ist, etwas zu tun, das die Gesamtlage an irgendeiner, meinetwegen noch so kleinen Stelle, verbessert. Statt passiv die Hände in den Schoß zu legen, zu trauern oder das Leben auszublenden: aktiv werden und in einem Bereich etwas ändern, der einem nahe liegt.

Warum nicht seine Gaben, Talente und Fähigkeiten in einen Bereich einfließen lassen, wo man anderen Menschen das Leben etwas einfacher, besser, lebenswerter machen kann?

Warum seinen Ruf nicht in Form eines Beitrags verwirklichen, der die Welt zu einem besseren Ort macht?

Eine wirklich starke Motivation

Eine solche Vorgehensweise hat eine Menge positiver »Nebenwirkungen«, auf die ich gleich noch zu sprechen kommen werde. Aber eine davon möchte ich jetzt schon herausstellen: Zu wissen, dass das eigene Handeln einen Unterschied macht, verleiht unserem Leben Sinn und Bedeutung. Und damit auch eine Form der Motivation und Erfüllung, die uns kein Geld, Auto oder Haus je vermitteln kann.

Menschen, die für karitative Zwecke tätig sind, wissen das. Mentoren, die in Unternehmen einen jungen Mitarbeiter betreuen, der in eine Führungsposition hineinwachsen möchte, wissen das auch. Eine Mutter, die ihr Neugeborenes versorgt, weiß es ebenfalls. Es gibt nichts Befriedigenderes als das Gefühl, gebraucht zu werden.

Was aber kann Ihr Beitrag für eine bessere Welt sein?

Warum in die Ferne schweifen, wenn das Gute so nah liegt?

Für einige Leute besteht der Beitrag darin, dass sie als Entwicklungshelfer in ein armes Land auswandern, um den Menschen dort zu helfen. Aber das ist nur ein Weg, wie man seinen Beitrag leisten kann, und er gilt keineswegs für alle.

Sie finden Ihren ganz persönlichen Platz in der Welt, wenn Sie das aufgreifen, was Sie persönlich stört, ärgert oder plagt (und damit schließen wir auch den Kreis zur dritten Reise-Etappe »Der Ruf«).

Es ärgert Sie, dass es Führungskräfte gibt, die Ihre Mitarbeiter schlecht behandeln? Werden Sie eine bessere Führungskraft!

Sie finden den Zustand der deutschen Schulen unbefriedigend? Unterstützen Sie die Schule, auf die eines Ihrer Kinder geht, durch Ihre Mitarbeit. So gründete ein Partner von mir gemeinsam mit anderen Eltern eine Gruppe, die ihren Kindern samstags zusätzliche Fähigkeiten wie Mindmapping, Selbstbehauptung oder Rhetorik beibringt.

Sie sind in Partnerschaften immer wieder auf die Klappe gefallen, weil Sie sich die falschen Männer gesucht haben? Helfen Sie jüngeren Frauen, dass sie nicht den gleichen Fehler machen. Zum Beispiel durch die Teilnahme an einer frechen Frauen-Kabarettgruppe, wie das eine Teilnehmerin des **Quest-Online-Seminars** regelte.

Sie waren ein Leben lang nur auf den beruflichen Erfolg fokussiert und haben dafür mit einer schmerzhaften Scheidung bezahlt? Beraten Sie jüngere Führungskräfte, wie sie es besser machen können.

Sie hatten eine lausige Kindheit? Schenken Sie Ihrem eigenen und/oder anderen Kindern ein besseres Leben. Das kann so etwas Einfaches und Bequemes wie eine Patenschaft für ein Kind bei einer gemeinnützigen Organisation sein. Oder dass Sie – wie ein anderer Teilnehmer von **Quest** – eine Schachgruppe für Kinder gründen.

Ob Sie Ihren Beitrag ehrenamtlich, neben- oder hauptberuflich leisten, spielt dabei keine Rolle. Auch nicht, ob Sie sehr viel oder sehr wenig tun. Sondern, dass Sie es gerne tun.

Das meinen die Buddhisten, wenn sie sagen: »Das Leben ist eine freudige Teilnahme am Leid der Welt.« Oder wie es der amerikanische Berufsberater Richard Nelson Bolles ausdrückt: »Ihre Aufgabe im Leben ist die Stelle, in der Ihre Freude und die tiefe Bedürftigkeit der Welt zusammenpassen.«

Genau das ist die Frage, um die es hier geht: »Wie kann ich helfen? Welches Leid möchte ich beenden?«

Realistisch sein

Vielleicht fällt Ihnen auf diese Frage spontan etwas ein wie zum Beispiel: »Den Hunger in der Welt abschaffen.« Das wäre nicht nur ein edles, sondern auch ein sehr großes Ziel. Zu groß, als dass es ein Einzelner realisieren könnte.

»Realistisch betrachtet ist es natürlich letztlich unmöglich, ein solches Gelübde zu erfüllen«, schreibt Bernard Glassman, der genau mit diesem Ziel vor Augen ein sehr erfolgreiches Projekt ins Leben gerufen hat, in dem heute viele Obdachlose arbeiten.

»Es gibt einfach zu viele hungrige Geister mit zu vielen unbefriedigten Bedürfnissen auf dieser Welt«, so Glassmann. »Niemand kann den ungeheuren Hunger all dieser Menschen stillen.«[2]

Aber man kann ganz praktisch dort beginnen, wo man sich befindet. So gründete Glassmann gemeinsam mit Freunden 1982 die kleine Greyston-Bäckerei[3], die Obdachlosen Arbeit anbot, um damit ein »Dach über dem Kopf« finanzieren zu können. Ein nicht immer einfaches, aber erfolgreiches Projekt, das heute 14 Millionen US-Dollar Umsatz erwirtschaftet, 180 Angestellte beschäftigt und über 1.200 Frauen, Kindern und Männern mit Jobs, Wohnungen und Gesundheitsvorsorge zu Diensten ist.

So beeindruckend diese Zahlen auch sein mögen: Entscheidend ist, dass man einfach etwas tut, das in dem eigenen Einflussbereich liegt. Wie groß oder klein der Beitrag dabei ausfällt, ist unerheblich. Obwohl – so ganz stimmt das nicht, denn ...

Kleiner Beitrag ! große Wirkung

So wie der Flügelschlag eines Schmetterlings die Wetterlage eines ganzen Kontinents beeinflussen kann, so kann auch ein einzelner Beitrag eine große Wirkung haben.

Das gilt zum Beispiel für so ein scheinbar »bescheidenes« Ziel wie: »Ein Kind zur Welt bringen und in Liebe aufziehen«. Was auf den ersten Blick wenig spektakulär wirkt, kann große Kreise ziehen. Denn jedes Kind ist ein Multiplikator, der im Laufe seiner persönlichen Geschichte das Leben vieler anderer Menschen berühren wird.

Allerdings heißt dies alles nicht, dass Sie sich damit in eine Märtyrer-Rolle begeben müssen, wie uns Jean-Pierre Jeunett in seiner *fabelhaften Geschichte der Amélie* erläutert und mit einer äußerst populären Figur dezent unterstreicht: Lady Di.

Zwar taucht Lady Diana nur am Rande auf, und doch setzt ihr Schicksal wichtige Akzente: So entdeckt Amélie das Schatzkästchen des jungen Bredoteau an dem Tag, als Lady Di tödlich verunglückt. In den Tagen danach taucht Lady Di in den Schlagzeilen am Kiosk auf und wird Thema eines kurzen Streitgesprächs zwischen dem Mann aus Glas und dem geistesgestörten Lucien. Und als Amélie eines Abends von Selbstmitleid überfallen wird, fantasiert sie ihren eigenen Tod in Form einer kitschigen Wochenschau: Während man kantige Schwarzweiß-Ausschnitte aus ihrem Leben sieht, stellt sie der Sprecher als eine Art Don Quichotte dar, der gegen die »unbezwingbaren Windmühlen des menschlichen Elends ankämpfte« und im »Strudel des universalen Weltschmerzes« versank. Amélie als »Madonna der Ungeliebten«, die den Hungrigen Speisen reicht und den Blinden die Füße wäscht. Danach sehen wir Hunderttausende, ach was, Millionen von Menschen, die Amélies prächtig aufgebahrtem Sarg durch die Straßen von Paris folgen, während sich die Geigen im Hintergrund in immer schwermütigere Akkorde ergießen. Die Parallele zu Lady Di, die tatsächlich eine Wohltäterin war und doch selbst ein nicht immer glückliches Leben führte, springt ins Auge.

In meinem eigenen Leben bin ich oft zwischen Hybris und Märtyrertum hin und her gependelt. Es gab Phasen, in denen mir richtig viel gelang und mein Kopf vor Überheblichkeit anschwoll, nur um dann ebenso intensiv dessen Gegenteil auszuloten, indem ich meine eigenen Bedürfnisse unterordnete.

Ein typischer Fall von Hybris war zum Beispiel, als ich mit Anfang zwanzig eine unglaublich starke Jobchance geboten bekam, ich zu einem Höhenflug ansetzte, noch mehr forderte und damit einen äußerst ungemütlichen Streit provozierte. Hochnäsig, wie ich war, verließ ich das Unternehmen, um in eine Arbeitslosigkeit zu segeln.

Und dann gab es Zeiten, in denen ich Geschäfte abwickelte, bei denen ich den Kürzeren zog. Hauptsache, der andere war glücklich. Während ich alles für ein gemeinsames Projekt gab, rutschte mehr als einmal nicht nur mein Kontostand, sondern auch meine Stimmung bedenklich ab. Schließlich gab es aufgrund des Ungleichgewichts oft einen großen Knall, aus dem ich mit einer ordentlichen Portion Enttäuschung marschierte, denn ich hatte es ja »mit allen gut gemeint«. Richtig! Nur nicht mit mir.

Lange Rede, kurzer Sinn: Falls Sie entschieden haben, sich für andere Menschen und deren Belange einzusetzen (was ich nicht nur nobel finde, sondern wirklich gutheiße), sollten Sie darauf achten, die Balance zu finden zwischen dem, was Sie geben möchten, und dem, was Sie geben können.

Wir müssen also nicht auf einen Schlag die gesamte Welt retten wollen; es reicht, dass wir mit unserem Leben beginnen und so leben, wie wir es für richtig halten. Das ist es, was Gandhi meinte, als er sagte: »You need to be the change you wish to see in the world.« Verkörpern Sie die Veränderung, die Sie in der Welt sehen möchten.

Erinnerungen an die Zukunft

Sie haben in verschiedenen Reise-Etappen Ihre Berufung herausgearbeitet, erste Skizzen eines möglichen Weges aufgezeichnet und wichtige Höhepunkte auf den Punkt gebracht (Kommodenfotos aus dem »Elixier«). Jetzt lade ich Sie ein, sich ein handfestes Szenario zu schaffen, wie Ihr Leben in zwei Jahren aussehen könnte.

Stellen Sie sich vor, Sie sind Ihrem Ruf ganz konsequent gefolgt und haben sich ein Leben nach Ihren Wünschen und Träumen aufgebaut. Klar, nicht immer ging alles glatt; es gab auch das eine oder andere Hindernis, mit dem Sie nicht gerechnet hatten. Aber alles in allem führen Sie nun genau das Leben, das ganz nach Ihrem Geschmack läuft.

Stellen Sie sich bitte weiter vor, ein Fernsehreporter ist auf Sie aufmerksam geworden (vielleicht, weil Sie beruflich so erfolgreich sind oder durch einen privaten Tipp) und möchte nun einen Fernsehbericht über Sie bringen. Dazu besucht er Sie zu Hause mit einer kleinen Filmcrew, die Sie den ganzen Tag begleitet. Gegen Nachmittag dann führt der Journalist mit Ihnen ein Interview, in dem er Sie nach Ihren letzten zwei Jahren befragt. Sie erzählen ihm unter anderem, dass Sie sich vor genau zwei Jahren eine eigene Lebensaussage für Ihr Handeln zugrunde gelegt hätten und dass dies der Anstoß für Ihre bemerkenswerte Entwicklung gewesen sei.

Zwei Wochen später wird der Bericht im Fernsehen ausgestrahlt. Es ist ein außerordentlich fairer Bericht, der Ihr Leben gut auf den Punkt bringt.

Bitte stellen Sie sich das jetzt für ein, zwei Minuten vor und beantworten Sie dann die folgenden Fragen:

Wie heißt die Sendung, in der dieser Bericht ausgestrahlt wird?
(Falls Ihnen keine bekannte Sendung einfällt, können Sie ruhig auch einen Fantasienamen wählen)

____

An welche Zuschauer wendet sich diese Sendung?

____

Warum ist Ihr Leben ausgerechnet für diese Zuschauer so interessant?

____

____

ÜBUNG

Wer ist der Interviewer bzw. die Interviewerin?

___

Die Einleitung

Bevor das Interview beginnt, sieht man Szenen aus Ihrem jetzigen Leben, die von der Filmcrew im Laufe des Tages aufgezeichnet worden sind.

Das Frühstück

Man sieht Sie beim Frühstück zu Hause.

Mit wem frühstücken Sie?

___

___

Wie ist die Stimmung beim Frühstück?

___

___

Man zeigt nun Ihr Zuhause. Man sieht erst das Haus, in dem Sie wohnen, von außen. Bitte beschreiben Sie es kurz.

___

___

Wie sieht Ihr Zuhause von innen aus?

Wie groß ist es?

___ qm

Hat es einen Garten?

___

ÜBUNG

Wie ist Ihr Zuhause eingerichtet? Luxuriös? Gemütlich? Schlicht und edel? Rustikal?

______

______

Jetzt schwenkt der Bericht um auf Ihren Tagesablauf.
Es werden drei wichtige Szenen gezeigt.

Was tragen Sie für Kleidung?

Szene 1 ______

Szene 2 ______

Szene 3 ______

Das Interview

Nach dem kurzen Einstiegsbericht kommt nun das Interview.

Sie haben mir vorhin erzählt, dass Sie vor zwei Jahren eine Lebensaussage geschrieben haben und dann Ihrem Ruf gefolgt sind. Auf welche Ergebnisse sind Sie heute ganz besonders stolz?

______

______

______

______

______

Was lieben Sie an dem, was Sie tun, ganz besonders?

______

______

ÜBUNG

Auf welche Hindernisse sind Sie in den zwei Jahren gestoßen?

____

____

Wie hat Sie das als Person beeinflusst? Inwiefern haben Sie sich verändert?

____

____

Wie haben Sie von dieser Entwicklung finanziell profitiert?

____

____

Und wie geht es Ihnen heute gesundheitlich?

____

____

Wie haben sich die Beziehungen zu Ihren Liebsten verändert?

____

____

Und was ist mit Freundschaften?

____

____

Was war Ihre wichtigste Einsicht aus all Ihren Erlebnissen?

____

Wir danken Ihnen für dieses Interview.

Rituale

Nachdem Sie jetzt, wie ich hoffe, eine Zukunftsperspektive entwickelt haben, die Sie persönlich inspiriert, motiviert und begeistert, möchte ich mich jetzt einem sehr bodenständigen Thema zuwenden: Wie bekommen Sie Ihre großen Ambitionen ganz handfest realisiert?

Meine Antwort: Schritt für Schritt.

Beharrlichkeit. Beständigkeit. Kontinuität. Das sind die Zutaten, die man meines Erachtens benötigt, wenn man seine Vision, seinen Ruf, seine Berufung umsetzen möchte. Dabei geht es nicht so sehr darum, sturen, strikten, starren Regeln und Verfahrensweisen zu folgen als vielmehr Wege zu finden, auch dann noch an seinem Ziel dranzubleiben, wenn sich die Entwicklungen überschlagen.

Aus diesem Grunde lege ich es Ihnen ans Herz, sich ein regelmäßiges Ritual zu schaffen, in dem Sie prüfen, was Sie bereits erreicht haben, wo Sie gerade stehen und was Sie sich als Nächstes vornehmen sollten.

Wie oft Sie das machen, ist natürlich Geschmackssache. Wenn Sie zu denen gehören, die ungern planen und stattdessen lieber vieles auf sich zukommen lassen, werden Sie vielleicht einmal pro Monat oder vielleicht auch nur alle drei Monate an eine solche Zwischenbilanz gehen wollen.

Die Wochenplanung. Wenn Sie wie ich beruflich stark engagiert sind und mehrere Projekte gleichzeitig jonglieren, empfehle ich Ihnen die Wochenplanung.

Sie nimmt ca. eine halbe Stunde pro Woche in Anspruch und ist ein ideales Werkzeug, um

_aus den positiven wie negativen Erfahrungen der vergangenen Woche zu lernen,

_Woche für Woche zu prüfen, ob Sie sich noch auf dem Weg zu Ihren Zielen befinden, und ggf. zeitnah den Kurs zu korrigieren,

_Ideen, Einfälle und Randnotizen durchzusehen und für weitere Aktivitäten nutzbar zu machen.

_Richtig angewandt hilft sie Ihnen, auch die Ziele zu erreichen, die einen langen Atem benötigen.

Aus diesem Grund halte ich Ihnen auf der Website http://buch.qu-e-st.de eine Bonus-Lektion bereit, in der Sie die Wochenplanung Schritt für Schritt kennen lernen und erproben können.

Wenn Sie schon im Vorfeld wissen sollten, dass eine Wochenplanung nicht für Sie in Frage kommt, gibt es noch andere Alternativen:

Ein Tagebuch zu führen ermöglicht es Ihnen, mehrere »Fliegen mit einer Klappe« zu schlagen.

_Die Aufzeichnung von Erlebnissen und Erfahrungen hilft Ihnen, Ungedachtes in Worte zu bringen – und so bewusst reflektieren zu können.

_Diese Reflektion wiederum hilft Ihnen, Erfahrenes in größere Zusammenhänge zu bringen.

_In bestimmten Fällen kann die schriftliche Wiedergabe von schwierigen Erfahrungen zu einer innerlichen Reinigung und Entlastung führen.

_Über einen längeren Zeitraum hinweg hilft Ihnen das Tagebuch, Muster in Ihrem Leben zu erkennen, die Sie so vorher nie gesehen haben. Beispielsweise typische Stimmungsmuster, verdeckte Konflikte und Probleme, die in immer neuen Gewändern auftauchen.

_Wenn Sie nach einiger Zeit das Tagebuch neu durchblättern, können Sie mehr Abstand zu dem täglichen Auf und Ab gewinnen.

Folgende Fragen können Ihnen bei der Reflektion dienlich sein:

_Wofür kann ich dankbar sein?

_Welche Ziele habe ich letzte Woche erreicht? Welche nicht? Und warum?

_Was habe ich letzte Woche gelernt?

_Was habe ich an neuen Einsichten dazugewonnen, die bisherige Erkenntnisse in Frage stellen?

_Wo befinde ich mich auf meinem Weg?

_Welche Herausforderungen stehen zurzeit an? Was kann ich von ihnen lernen?

_Worauf sollte ich jetzt am meisten achten?

_Wo sollte ich als Nächstes hingehen?

Der regelmäßige Rückzug ist eine Methode, das Gleiche auf andere Weise zu erreichen. Dabei nehmen Sie sich am besten ein paar Stunden Zeit, um sich zurückzuziehen und die oben stehenden Fragen durchzugehen. Meine Erfahrung ist, dass man aus einer solchen Besinnungsrunde oft mit frischem Elan und starken Plänen zurückkehrt. Mein Tipp: Planen Sie einen Rückzug mindestens alle drei Monate ein. Nur so können Sie sicherstellen, dass Sie auf Ihrem Weg bleiben.

Beginnen Sie: Jetzt!

»Es gibt nichts Gutes, außer man tut es« heißt ein altes und überaus wahres Sprichwort. Und genau darum geht es in dem letzten Kapitel unserer abschließenden Reise-Etappe.

Lassen Sie mich bitte dazu eine kleine persönliche Geschichte erzählen: Als ich im Sommer 1999 beschloss, meine erste eigene Website (www.reiki-online.de) zu produzieren, stand ich vor einem seltsamen Problem. Ich war motiviert, ich hatte viele tolle Ideen – aber jedes Mal, wenn ich mich an die Site begeben wollte, kam etwas dazwischen. Macht ja nichts, dachte ich, dann feile ich eben noch am Konzept.

Denn eins war klar: Ich wollte eine ganz besondere Site auf die Beine stellen. Und so schob ich die Realisierung meiner Website wochenlang vor mir her, bis mich mein Vater bei einem gemeinsamen Essen auf etwas aufmerksam machte, das ich bis dahin die ganze Zeit übersehen hatte. Ich erzählte ihm von meinen Plänen und deren Verhinderung, und er entgegnete vollkommen unvermittelt: »Sag mal, Martin, kennst du eigentlich den Spruch: ›Das Bessere ist oft der Feind des Guten‹?«

»Nee«, erwiderte ich etwas irritiert.

»Manchmal blockiert man sich selbst«, antwortete er, «weil man etwas immer besser machen möchte. Na ja, und das Ende vom Lied ist, dass man am Ende gar nichts fertig hat.«

Das saß. Er hatte den Nagel auf den sprichwörtlichen Kopf getroffen: Ich fing die Reiki-Site nicht an, weil ich sie mir in Gedanken immer noch größer ausmalen konnte. Dabei wurde die Kluft zwischen dem, was für mich machbar war, und dem, was ich in meinem Kopf zelebrierte, immer größer.

An diesem Abend hat mir mein Vater eine sehr wichtige Lektion fürs Leben beigebracht: Visionen können Hemmschwellen sein. Sicher: Ohne Vision gibt es kein Ziel, das motiviert. Aber man muss auch in der Lage sein, die Spannung auszuhalten, die entsteht, wenn man etwas umsetzt und dann sieht, wie weit man noch von der Realisierung seiner Träume entfernt ist.

Diese Spannung erträgt nicht jeder. Ich kenne eine Menge Leute, die zwar in schönen Träumen schwelgen, aber nichts dafür tun. »Irgendwie« ist das viel angenehmer, als loszugehen, sich einzusetzen, Rückschläge in Kauf zu nehmen und immer wieder zu merken, wie viel man noch zu lernen hat.

An diesem Abend lehrte mich mein Vater, wie wichtig es ist, dass man einfach anfängt. Auch wenn die ersten Anläufe nicht die besten Ergebnisse bringen, so bilden sie immerhin eine Basis, auf der man Schritt für Schritt aufbauen und etwas immer besser machen kann.

Ich begann am nächsten Tag, ein leicht umsetzbares Konzept zu erstellen, ein einfaches Design zu gestalten und die ersten Texte zu schreiben. Das war der Anfang. Von dort aus gelang es mir dann, die Site nach und nach immer weiter zu entwickeln. Aus ursprünglich rund 20 Seiten, die ich für meine Site vorgesehen hatte, wurden am Ende über 400. Aber dazu gleich mehr.

Seitdem hat sich bei mir ein Knoten gelöst. Ich habe gelernt, dass es gut ist, ab einem bestimmten Punkt die Planung zu beenden, anzufangen und in Kauf zu nehmen, dass es zuerst nicht so wird, wie man es sich ausgemalt hat. Das heißt jedoch keineswegs, dass man sich mit Kompromissen zufrieden geben sollte. Ganz im Gegenteil: Das, was man im ersten Durchgang nicht realisieren konnte, bildet die Motivation für eine zweite, verbesserte Version. So bleibt man am Ball.

Arbeiten mit dem, was ist

Eine beliebte Form, sich vor dem ersten Schritt zu drücken, ist die Vorstellung, dass man noch etwas Bestimmtes braucht, bevor man beginnen kann. »Erst muss ich noch einen Kredit aufnehmen« oder »Ich brauche dieses Equipment...« oder »Erst, wenn bestimmte Leute zusagen, kann ich beginnen...«

»Viele Menschen glauben«, meint Bernard Glassman, der das eingangs beschriebene Bäckerei-Projekt so erfolgreich umgesetzt hat, »dass das, was sie anzubieten haben, ihr Mahl, begrenzt ist, weil sie nur über begrenzte Zutaten verfügen – ob es sich nun um Nahrung, Geld, Zeit, Talent, Intelligenz oder Energie handelt.«[4]

Stattdessen schlägt Glassman vor, einfach mit dem zu beginnen, was da ist: »Wir nehmen, was uns zur Verfügung steht und was sich direkt vor unseren Augen befindet, und machen daraus das Bestmögliche. Wir nutzen in jedem Augenblick, was wir haben. Unser Körper ist eine Zutat, die wir benutzen können. Unsere Beziehungen sind ebenfalls Zutaten, genauso wie unsere Gedanken, unsere Gefühle und unsere Handlungen.«[5]

Wenn Sie an **Quest** aktiv mitgearbeitet haben, kennen Sie bereits eine Menge Zutaten: Ihre Stärken, Ihren Ruf, Ihre Begleiter, Ihre Mentoren, Ihre Herausforderungen inklusive deren Lösungen – sowie die eine oder andere Einsicht, die Ihnen unsere Helden und Heldinnen Luke, Harry, Amélie und Rose vermittelt haben. Das reicht, um zu beginnen. Glauben Sie mir. Der Rest ergibt sich von selbst.

Die Arbeit weist den Weg

Das war das Motto meines ehemaligen Vermieters, der seine Häuser selbst baut und renoviert. Er erklärte mir, dass er sich zunächst einen Überblick macht, was zu tun ist, anschließend beginnt und sich dann immer nur auf den nächsten Schritt konzentriert. So ergibt sich aus den jeweils aktuellen Umständen die nächste, folgerichtige Aktion. Seine Begründung: Obwohl es wichtig ist zu planen, ergeben sich im Laufe der Arbeit immer wieder Richtungswechsel, die man nicht vorausahnen kann.

Noch während ich die Texte für die Reiki-Site schrieb, erhielt ich eine E-Mail von einer Frau, die auf meine Site gestoßen war, auf der sich zu diesem Zeitpunkt nur ein kurzer Text befand. Sie hatte viele Fragen zu Reiki, und so entspann sich sofort ein sehr fruchtbarer, manchmal durchaus auch kontroverser Dialog, der meine Arbeit inspirierte, mich zum Nachdenken anregte und dazu führte, dass die Site inhaltlich gehörig anschwoll.

So haben sich die meisten meiner Projekte erst nach und nach entwickelt. Die Website *www.active-books.de* begann mit rund 60 Titeln und verfügt heute über einige hundert. Nach dem ersten Start Ende November 2000 ging die Site durch viele »Updates« und Verbesserungen – oft angeregt durch Kunden, die uns gesagt haben, woran wir noch feilen müssen.

Das Gleiche gilt für meine eLearning-Aktivitäten. Für das erste Online-Seminar hatte ich einen Kunden gewonnen, der bereit war, das eLearning zu testen, und so produzierte ich gemeinsam mit zwei Praktikanten die ersten Lektionen. Nach vier Wochen fuhren wir zum Kunden, und obwohl wir auch Lob ernteten, gab es viele Verbesserungsvorschläge. Fazit: Unser Konzept war zwar insgesamt nicht schlecht, aber richtig gut war es noch nicht.

Aus Situationen wie diesen kann man sehr viel Kapital schlagen. Denn das Feedback ist der Wegweiser für die nächsten Schritte. Mit jedem Online-Seminar, das ich durchführte, gab es neue Anregungen und Hinweise, wie wir etwas noch besser machen können.

Den Kreislauf nutzen

Es ist dieser Kreislauf aus Erstellen → Ausprobieren → Vorschläge → Verbessern → Ausprobieren → Vorschläge → etc., auf den es bei der Umsetzung ankommt. Diese Politik der kleinen Schritte ist durchaus auch mal mühsam, keine Frage. Aber sie hilft, Ziele Schritt für Schritt zu verwirklichen. Und mit jedem Stückchen Terrain, das man bei der Eroberung seines ganz persönlichen Neulands gewinnt, ergeben sich oft auch neue Kontakte und Optionen.

Als mich schließlich die *DaimlerChrysler Services AG* aus Berlin anrief, waren wir so weit, ein erstes Online-Seminar zu präsentieren, das inhaltlich und technisch auf einem ganz anderen Level stand als die ersten Gehversuche (www.e-ffectivity.biz). Das wäre aber im ersten Anlauf niemals zu schaffen gewesen. Dazu war das Thema zu komplex, zu vielfältig und zu herausfordernd. Es jedoch nach und nach anzugehen, aus jedem Schritt zu lernen und Verbesserungen abzuleiten, ist eine Strategie, mit der sich über einen gewissen Zeitraum hinweg auch ambitionierte Ziele und Pläne entwickeln lassen.

Und damit wird es Zeit, dass Sie jetzt Ihr Lebensdrehbuch abschließen, indem Sie beschreiben, welchen ersten Schritt Ihr Held unternehmen kann, um seinem Ruf zu folgen ...

ÜBUNG

Ihr Lebensdrehbuch

Ihr letzter Schritt bei Quest ist schlicht und ergreifend einfach. Beantworten Sie dazu folgende Frage:

Welche ersten, konkreten und jetzt machbaren Schritte kann Ihr Held / Ihre Heldin in den nächsten Tagen in puncto Ruf angehen?

Was auch immer es ist, das Aufräumen eines Zimmers, die Anmeldung zu einem Kurs, der Anruf eines für Ihr Ziel wichtigen Menschen oder die Entwicklung eines Geschäftsplanes: Tun Sie es einfach. Jetzt!

Zusammenfassung

Realisieren Sie Ihren Ruf mit anderen

Was auch immer Sie sich vorgenommen haben: Sie können Ihren Ruf nur mithilfe anderer Menschen erreichen.

Realisieren Sie Ihren Ruf für andere

Sie stoßen einen gesunden Kreislauf von Geben und Nehmen an, wenn Ihre Arbeit anderen Menschen gut tut.

Schaffen Sie sich eine bodenständige Zwei-Jahres-Vision

So inspirierend eine groß angelegte Lebensvision ist: Schaffen Sie sich konkrete Vorstellungen davon, wie Ihr Leben in zwei Jahren aussieht.

Rituale

Ziehen Sie sich regelmäßig zurück, um sich Ihre Ziele vor Augen zu führen, den Ist-Zustand zu bilanzieren und daraus die nächsten konkreten Schritte abzuleiten.

Das Beste ist der Feind des Guten

Perfektion ist ein ausgezeichneter Weg, gar nichts zu schaffen.

Arbeiten Sie mit dem, was ist

Beginnen Sie mit dem, was Sie haben: Ihre Gedanken, Gefühle, Fertigkeiten, Stärken, Ambitionen und Beziehungen.

Den Kreislauf nutzen

Durch den Kreislauf von Erstellen → Ausprobieren → Vorschläge → Verbessern → Ausprobieren → Vorschläge → etc. schaffen Sie nach und nach, wovon Sie träumen.

Beginnen Sie: Jetzt!

Wo auch immer Sie sich gerade in Ihrem Leben befinden, wie auch immer Ihre momentanen Umstände aussehen: Fangen Sie an. Heute noch.

Fußnoten

[1]: Lesetipp: http://www.mzsg.ch/

[2]: Bernard Glassman, Hamburg, 1997, Seite 38

[3]: Siehe dazu auch: http://www.greystonbakery.com/

[4]: Bernard Glassman, Hamburg, 1997, Seite 34

[5]: Bernard Glassman, Hamburg, 1997, Seite 41

EPILOG

Die Fragen sind es, aus denen das,
was bleibt, entsteht.
Erich Kästner

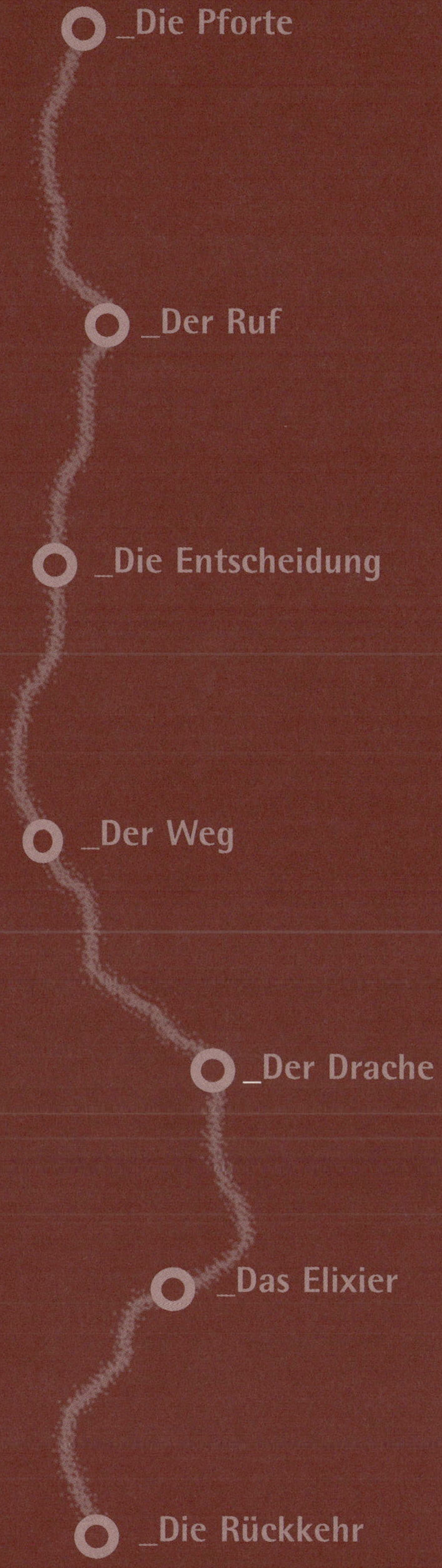
_Die Pforte
_Der Ruf
_Die Entscheidung
_Der Weg
_Der Drache
_Das Elixier
_Die Rückkehr

EXIT

Epilog

Wir sind gemeinsam am Ende unserer Reise angelangt, und es wird Zeit, dass ich mich – zumindest hier im Rahmen des Buches – von Ihnen verabschiede.

Sie haben Ihr Leben und vor allem sich selbst aus einer neuen, vielleicht ungewohnten Perspektive betrachtet. Und ich hoffe, dass Sie neue Einsichten gewonnen haben, wer Sie sind, worum es in Ihrem Leben geht und wohin es Sie in Zukunft zieht.

Jetzt frage ich Sie: Werden Sie all die Einsichten, Ziele und Pläne umsetzen? Werden Sie Ihrem Ruf folgen? Ja oder Nein?

Ich kann Ihnen diese Entscheidung nicht abnehmen. Aber vielleicht interessiert es Sie ja, wie es mir momentan ergeht. Wenn ich mein jetziges Leben betrachte, so steht fest, dass ich mich inmitten einer ganzen Reihe spannender Abenteuer befinde: Die Familie, die ich mit meiner Frau gegründet habe, ist eines davon. Dieses Buch, das Sie gerade lesen, ein anderes. Und mein Unternehmen ein weiteres.

Es liegt mir viel daran, Ihnen zu sagen, dass ich nicht auf einer rosaroten Glückswolke durchs Universum segele – sondern dass ich, wie alle anderen auch, mit den üblichen Auf's und Ab's des Lebens zurecht kommen muss. Ich will Ihnen in dieser Hinsicht nichts vormachen. Die eigene Bestimmung zu kennen, schützt nicht vor Fehlentscheidungen oder dem einen oder anderen Rückschlag.

Und doch gibt es einige deutliche Unterschiede zu Früher. Ganz wesentliche sogar: Letztes Jahr im Mai habe ich geheiratet, und einige Monate später wurde ich Vater. Verglichen zu den einsamen Jahren meiner Krisenzeit habe ich in punkto Partnerschaft einen Quantensprung gemacht. Allerdings möchte ich meine damaligen Erfahrungen nicht missen. Ganz im Gegenteil: Weil ich weiß, dass das Leben eben auch ganz anders laufen kann, gewinnen meine heutigen Erfahrungen an Tiefe. Ich kann das, was heute ist, auf dem Hintergrund meiner Krisenzeit ganz anders wertschätzen.

Wenn ich mir ansehe, was beruflich in den letzten vier Jahren entstanden ist und was wir (ich arbeite mittlerweile mit mehreren Wegbegleitern an der Umsetzung meines Rufes) momentan realisieren, kann ich nur sagen: Mit nichts in der Welt möchte ich tauschen. Ich liebe, was ich tue. Und wenn Menschen mir schreiben, dass sie durch das eine oder andere, was wir auf die Beine gestellt haben, inspiriert werden, dann durchströmt mich ein intensives Gefühl, das ich mit Worten nicht beschreiben kann. Außer: Es fühlt sich richtig gut an. Genauer: Richtig. Und gut.

Dabei lief wie gesagt nicht immer alles nach Plan. Deutschland geht – nicht nur wirtschaftlich betrachtet – seit längerer Zeit schon durch ein tiefes Tal der Tränen, und bei diesem Marsch durch widrige Winde gab es für unser Unternehmen Phasen, in denen ich dachte: »Junge, Junge, muss das sein?« Ja, es hat auch Augenblicke gegeben, in denen ich am Liebsten alles hingeworfen hätte. Dagegen bin ich trotz **Quest** nicht gefeit – ich bin nur ein Mensch. Der Unterschied von früher zu heute besteht jedoch darin, dass ich mich ziemlich zügig fange, auf die Spur zurückkehre und dran bleibe.

Und es mag Zufall sein oder auch nicht: Aber ausgerechnet heute, da ich dieses Schlusswort verfasse, erhielt ich nach einer längeren Durststrecke einen richtig großen Auftrag. Um genau zu sein: Den größten, den ich bisher in meiner über zwanzigjährigen Laufbahn je bekam! Wirklich wahr.

Und ist das nicht ein ausgezeichnetes Omen, das einen daran erinnern kann, wie das Leben so läuft? Ja: Jeder Weg hat Windungen. Ja: In der einen oder anderen wartet ganz gewiss ein Drache auf uns. (In meinem Fall: »Was, wenn ich keine Aufträge mehr bekomme und mein Unternehmen schließen muss? Und was werden dann die Leser und Leserinnen von **Quest** sagen?«). Aber: Es gibt auch Passagen, in denen wir auf vielerlei Weise reich beschenkt werden. In denen wir nicht nur erhalten, was wir uns wünschen, sondern obendrein noch viel, viel mehr Gutes drauf gepackt bekommen. Dabei meine ich nicht nur Geld, materielle Annehmlichkeiten oder berufliches Lob. Sondern auch: gute Freunde, ein inspirierendes Gespräch, Musik, die etwas Neues in uns zum Schwingen bringt, oder jene Augenblicke der Stille, in denen man einen Zipfel von dem erhascht, was Leben wirklich ist.

So.

Genug geredet.

Es wird Zeit, dass ich zum Ende komme.

Gestatten Sie mir bitte, das letzte Wort Amélies »Mann aus Glas« zu überlassen: »Das Glück ist wie die Tour de France. Man wartet so lange – und dann rast es vorbei. Ist also der Moment gekommen, muss man die Barriere überwinden. Ohne zu zögern.«

ANHÄNGE

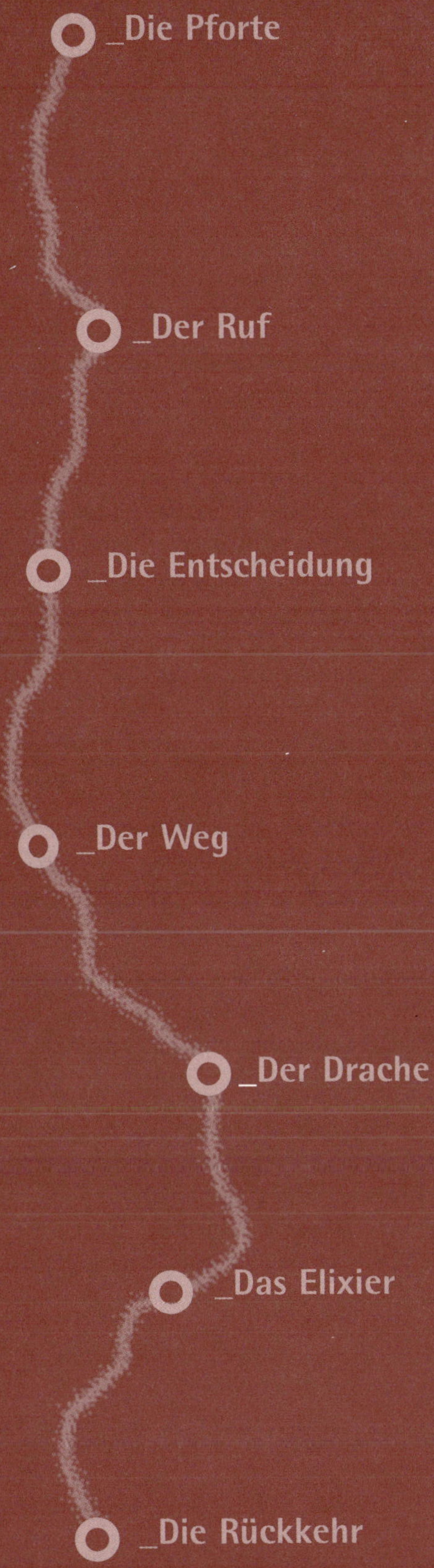
_Die Pforte
_Der Ruf
_Die Entscheidung
_Der Weg
_Der Drache
_Das Elixier
_Die Rückkehr

Danke

Ohne die zahlreiche Hilfe, die ich erhalten habe, wäre dieses Buch nie entstanden.

Zunächst einmal danke ich allen Teilnehmer und Teilnehmerinnen von Quest, die ich im Laufe der letzten Jahre begleiten durfte. Dass Sie sich mir gegenüber geöffnet haben, dass Sie mich an Ihrem Leben und an Ihrer Berufung teilhaben ließen, hat mich unglaublich berührt – vor allem aber: inspiriert.

Ich danke meine Eltern, die sich von früh an als starke und gewitzte Sparringspartner engagierten und mich forderten, meine Einsichten auf den Punkt zu bringen (besonders berüchtigt: Die Abendbrotdiskussionen am Tisch! Meinen Schwestern graut es noch heute bei der Vorstellung an die zahlreichen Diskussionsrunden). Mama, vielen Dank fürs kritische Hinterfragen. Ohne diese Verstandestugend wären meine Herzenswünsche nur Träume geblieben. Und Dir Papa danke ich, weil Du an mich geglaubt und mir immer wieder Mut gemacht hast, meinem eigenen Weg zu folgen.

In punkto Design gilt mein erster Dank Dominik Laffin (www.dominik-laffin.de), der **Quest** ein Gesicht verlieh. Unter anderem stammt das schöne Logo von ihm. Martina Lorenz gestaltete das Grundlayout des Buches (E-Mail: mlorenz@etageeins.de). Alexandra Dorn danke ich, weil sie sich viel Zeit nahm, mir Quark Xpress zu zeigen. Meiner Frau schließlich gebührt ganz besonderer Dank, weil sie den gesamten Satz des Textes besorgte. Eine Heidenarbeit! (Ich brauchte am Ende nur noch die Bilder einfügen und hier und da ein paar Worte hin und her schieben).

Das hingebungsvolle Lektorat und die damit verbundenen Korrekturen haben mehrere Personen besorgt: Meine Mitarbeiterin Nadine Hüther, Maria Reitzki, meine Frau Maren sowie Mitarbeiterinnen des Junfermann Verlages (Danke Moni!).

Apropos Junfermann Verlag: Ein großes Danke-Schön an alle, die an **Quest** glauben und sich für das Projekt eingesetzt haben: Herr Probst, der zu der Buch-Idee von **Quest** »Ja!« sagte. Simone Cegelski, die an **Quest** teilnahm und mir wertvolle Rückmeldungen gab. Und Heike Carstensen, meine Lektorin, die sich intensiv mit **Quest** auseinander setzte und mir half, dieses Buch wirklich rund zu machen. Heike, Du bist eine tolle Geburtshelferin!

Martin Weiss im August 2004

Zeitleiste

1987	
Februar	Erster Ruf in San Francisco
Mai	Zweiter Ruf im Sommerregen
Juli	Abendessen bei Freunden
Oktober	Rückkehr aus Düsseldorf in meine Heimatstadt Bielefeld
1988	
Februar	RIAS Berlin sagt Ja! zu meinem Hörspiel
Oktober	Start meiner NLP Ausbildung
1992	
Februar	Erstes eigenes Seminar
1993	
September	Erste Begegnung mit Joseph Campbell
1994	
November	Erste Begegnung mit dem Internet
1995	
März	Beginn der Krisenzeit
1997	
Sommer	Gründung der Internetagentur networker MEDIENFABRIK
1998	
Januar	Ende der Krise. Maren tritt in mein Leben
2000	
Januar	Gründung e:works trainings
2001	
Januar	Hollandreise und Reorientierung
2002	
Februar	Erstes Online-Seminar
2003	
Mai	Hochzeit
Oktober	Rocco kommt zur Welt

Literatur- und Filmliste

Bücher

Amery, Carl: Hitler als Vorläufer. Luchterhand, München 2002

Banzhaff, Hajo: Tarot und die Reise des Helden. Hugendubel, München 1997

Beck, Martha: Das Polaris Prinzip. Integral, München 2001

Beigbeder, Frédéric: Neunundreißigneunzig. Rowohlt, Reinbek 2001

Bolles, Richard Nelson: What Color is Your Parachute? Ten Speed Press, Berkeley 2003

Cameron, James: Titanic Storybook. Burgschmiet Verlag, Nürnberg 1999

Campbell, Joseph: Der Heros in tausend Gestalten. Insel, Frankfurt am Main 1999

De Angelis, Barbara: How to Make Love all the Time. Dell Publishing, New York 1991

Gerken, Gerd: Die fraktale Marke. Econ, Düsseldorf 1994

Glassman, Bernard: Anweisungen für den Koch. Hoffmann und Campe, Hamburg 1997

Gruen, Arno: Der Fremde in uns. Klett-Cotta, Stuttgart 2001

Henderson, Mary: Star-Wars-Magie und Mythos. Vgs Verlagsgesellschaft, Köln 1998

Horx, Matthias: Trendbuch. Econ, Düsseldorf 1995

Mary, Michael: Der geheime Lebensplan. Kreuz, Stuttgart 2001

Moyers, Bill & Campbell, Joseph: Die Kraft der Mythen. Artemis & Winkler, Düsseldorf 1994

Rowling, Joanne K.: Harry Potter und der Stein der Weisen. Carlsen Verlag, Hamburg 1999 (Ausgabe Club Bertelsmann)

Vogler, Christopher: The Writers Journey. Michael Wiese Productions, Seattle 1992

Wieland, Friedemann: The Journey of the Hero. Kösel, München 1986

Filme

James Cameron, Titanic, USA, 1997

Jean-Pierre Jeunet, Die fabelhafte Welt der Amelie, Frankreich, 2001

George Lucs, Star Wars 4–6, USA, Directors Cut von 1996

Bildnachweis

Bilder der Joseph Campbell Foundation

Prolog: Seite 9

Elixier: Seite 204

Bilder von Photos.com

Prolog: Seite 7

Pforte: Seite 21

Ruf: Seite 55, 63, 66, 79

Entscheidung: Seite 105

Weg: Seite 141

Drache: Seite 169

Elixier: Seite 197, 201

Rückkehr: Seite 227, 228

Epilog: Seite 247

Neue Westfälische

Entscheidung: Seite 107, Foto von C. Schormann, Ausgabe vom 22.08.1998